A RELIGIÃO NOS LIMITES
DA SIMPLES RAZÃO

As obras de Kant publicadas na Coleção Pensamento Humano estão sob a coordenação de:
Bruno Cunha, UFSJ
Diego Kosbiau Trevisan, UFSC
Robinson Santos, UFPEL

Dados Internacionais de Catalogação na Publicação (CIP)
(Câmara Brasileira do Livro, SP, Brasil)

Kant, Immanuel, 1724-1804
  A religião nos limites da simples razão / Immanuel Kant ; tradução de Bruno Cunha. – Petrópolis, RJ : Vozes, 2024. – (Coleção Pensamento Humano)

  Título original: Die religion innerhalb der grenzen der blossen vernunft.
  ISBN 978-85-326-6788-5

  1. Bem e mal 2. Filosofia alemã 3. Kant, Immanuel, 1724-1804 4. Religião – Filosofia I. Título. II. Série.

23-187891   CDD-193

Índices para catálogo sistemático:

1. Kant : Obras filosóficas 193

Tábata Alves da Silva – Bibliotecária – CRB-8/9253

Immanuel Kant

A RELIGIÃO NOS LIMITES DA SIMPLES RAZÃO

Tradução, notas e estudo introdutório de Bruno Cunha

EDITORA VOZES

Petrópolis

Tradução do original em alemão intitulado
Die Religion innerhalb der Grenzen der blossen Vernunft

© desta tradução:
2024, Editora Vozes Ltda.
Rua Frei Luís, 100
25689-900 Petrópolis, RJ
www.vozes.com.br
Brasil

Todos os direitos reservados. Nenhuma parte desta obra poderá ser reproduzida ou transmitida por qualquer forma e/ou quaisquer meios (eletrônico ou mecânico, incluindo fotocópia e gravação) ou arquivada em qualquer sistema ou banco de dados sem permissão escrita da editora.

CONSELHO EDITORIAL	**PRODUÇÃO EDITORIAL**
Diretor	Aline L.R. de Barros
Volney J. Berkenbrock	Marcelo Telles
	Mirela de Oliveira
Editores	Otaviano Cunha
Aline dos Santos Carneiro	Rafael de Oliveira
Edrian Josué Pasini	Samuel Rezende
Marilac Loraine Oleniki	Vanessa Luz
Welder Lancieri Marchini	Verônica M. Guedes
Conselheiros	**Conselho de projetos editoriais**
Elói Dionísio Piva	Isabelle Theodora R.S. Martins
Francisco Morás	Luísa Ramos M. Lorenzi
Gilberto Gonçalves Garcia	Natália França
Ludovico Garmus	Priscilla A.F. Alves
Teobaldo Heidemann	
Secretário executivo	
Leonardo A.R.T. dos Santos	

Editoração: Giulia Araújo
Diagramação: Editora Vozes
Revisão gráfica: Fernando Sergio Olivetti da Rocha
Capa: Editora Vozes

ISBN 978-85-326-6788-5

Este livro foi composto e impresso pela Editora Vozes Ltda.

Dedico esta tradução
aos meus finados parentes
Davi Cunha, Geraldo Cunha,
Jorge do Nascimento
e Cecílio Caetano

Bruno Cunha

SUMÁRIO

Estudo introdutório, 19

A RELIGIÃO NOS LIMITES DA SIMPLES RAZÃO, 43

Prefácio à primeira edição, 45
Prefácio à segunda edição, 55

PRIMEIRA PEÇA: Da morada do princípio mau ao lado do bom ou Sobre o mal radical na natureza humana, 59
Observação, 65
    I. Da predisposição originária para o bem na natureza humana, 69
    II. Da propensão para o mal na natureza humana, 72
    III. O ser humano é mau por natureza, 77
    IV. Da origem do mal na natureza humana, 86
Observação geral: Do reestabelecimento da predisposição originária para o bem em sua força, 91

SEGUNDA PEÇA: Da luta do princípio bom com o mau pelo domínio sobre o ser humano, 103
    PRIMEIRA SEÇÃO: Da pretensão legal do princípio bom ao domínio sobre o ser humano, 109
        a) Ideia personificada do princípio bom, 109
        b) Realidade objetiva dessa ideia, 111
        c) Dificuldades diante da realidade dessa ideia e sua solução, 116
    SEGUNDA SEÇÃO: Da pretensão legal do princípio mau ao domínio sobre o ser humano e da luta dos dois princípios um com o outro, 130
Observação geral, 138

TERCEIRA PEÇA: A vitória do princípio bom sobre o mau e a fundação de um Reino de Deus sobre a terra, 145

Primeira divisão: Representação filosófica da vitória do princípio bom sob a fundação de um Reino de Deus sobre a terra, 149

I. Do estado de natureza ético, 149

II. O ser humano deve sair do estado de natureza ético para se tornar um membro de uma comunidade ética, 151

III. O conceito de uma comunidade ética é um conceito de um povo de Deus sob leis éticas, 153

IV. A ideia de um povo de Deus não é realizável (sob a organização humana) senão na forma de uma Igreja, 155

V. A constituição de cada Igreja sempre parte de alguma fé histórica (revelada) que se pode denominar fé eclesial, e esta está fundada, no melhor dos casos, em uma Sagrada Escritura, 158

VI. A fé eclesial tem, como sua intérprete suprema, a fé religiosa pura, 166

VII. A transição gradual da fé eclesial para a autocracia da fé religiosa pura é a aproximação do Reino de Deus, 173

Segunda divisão: Representação histórica da fundação gradual do domínio do princípio bom sobre a terra, 184

Observação geral, 199

QUARTA PEÇA: Do serviço e pseudosserviço sob o domínio do princípio bom, ou da religião e clericalismo, 211

Primeira parte: Do serviço de Deus em uma religião em geral, 216

Primeira seção – A religião cristã como religião natural, 220

Segunda seção – A religião cristã como religião erudita, 228

Segunda parte: Do pseudosserviço de Deus em uma religião estatutária, 234

§ 1. Do fundamento subjetivo universal da desilusão religiosa, 235

§ 2. O princípio moral da religião oposto à desilusão religiosa, 237

§ 3. Do clericalismo como um regimento no pseudosserviço do princípio bom, 243

§ 4. Do fio condutor da consciência moral em questões de fé, 255

Observação geral, 261

Glossários, 274

ESTUDO INTRODUTÓRIO[1]

Informações sobre a tradução de *A religião nos limites da simples razão*

Esta tradução faz parte de um esforço coletivo de traduzir e reunir as obras de Kant em uma mesma coleção em língua portuguesa. O início deste esforço remonta ao ano de 2012, com a publicação da nova tradução da *Crítica da razão pura* para a Coleção Pensamento Humano da Editora Vozes. Desde então, outros importantes títulos foram acrescentados ao catálogo e a Coleção vem assumindo, progressivamente, o caráter de uma edição crítica, preocupada não apenas em preencher as lacunas das publicações das obras de Kant em língua portuguesa, mas também em oferecer uma apresentação textualmente bem articulada, rigorosa em termos conceituais e dotada de aparato crítico. A esse empreendimento acrescentamos agora a primeira tradução, realizada diretamente do original alemão, de *A religião nos limites da simples razão* para o português do Brasil, cuja publicação também marca a estreia de uma coordenação própria dedicada à organização das obras de Kant na Coleção Pensamento Humano.

Esta tradução foi elaborada tendo como base o texto alemão editado por Georg Wobbermin no volume seis da *Edição crítica das obras de Kant*, organizada pela Academia de Berlim (*Kant's gesammelte Schriften*). De maneira alternativa, também se utilizou da reprodução digital desse texto disponibilizada na internet pela Universidade de Bonn no site korpora.org. Por esta razão,

---

1. Por Bruno Cunha, professor da Universidade Federal de São João del-Rei, Departamento de Filosofia e Métodos (DFIME) e Programa de Pós-graduação em Filosofia da Universidade Federal de São João del-Rei (PPGFIL). Contato: brunocunha@ufsj.edu.br

na lateral do texto traduzido, disponibilizamos a referência das páginas da Edição da Academia. Embora esse critério já tenha sido adotado nas traduções anteriores, acrescentamos também o número do volume da Edição da Academia, de modo a termos o formato de referência completo utilizado pela pesquisa internacional, com o volume do texto original indicado do lado esquerdo e o número da página do lado direito (p. ex., 6:45). Na tradução, buscamos fidelidade ao original, a começar pela estética do próprio texto, constituído, de forma habitualmente característica, por frases e períodos demasiadamente longos. Para deixá-los mais palatáveis em língua portuguesa, utilizamos recursos textuais, tais como a vírgula, o ponto e vírgula e, quando necessário, nos períodos maiores, o traço, para que os períodos fossem mais facilmente separados e identificados. As adaptações só foram acrescentadas em casos indispensáveis à adequação do texto às regras da língua portuguesa. No caso de adaptações mais relevantes, buscamos deixá-las indicadas nas notas de rodapé. Para orientar algumas de nossas escolhas conceituais, empreendemos o trabalho de cotejamento com outras traduções, dentre as quais citamos especialmente a tradução em língua inglesa de George de Giovanni, *Religion within the boundaries of mere reason*, encontrada no volume *Religion and rational theology* da *Cambridge edition of the works of Immanuel Kant*, de 1996, e a tradução em língua inglesa de Werner Pluhar, *Religion within the bounds of bare reason*, publicada em 2009. Consultamos também, além das edições citadas, a tradução para a língua francesa de Jean Gibelin, de 1943, intitulada *La religion dans les limites de la simple raison* e a tradução para o português, publicada em Lisboa por Artur Morão em 1992, intitulada *A religião nos limites da simples razão*. Com menos frequência, também foram consultadas a tradução italiana de 1970, *Religione nei limiti della semplice ragione,* de Pietro Chiodi, e a tradução em língua inglesa de Theodore Greene e Hoyt Hudson, *Religion within the limits of reason alone*, publicada em 1934.

    O resultado desse cotejamento é apresentado nas notas de rodapé. Nelas, os termos são discutidos em relação às traduções estrangeiras ou apenas apresentados em suas diversas opções. Ademais, além de discutir e apresentar opções de tradução, as notas de rodapé também apresentam informações sobre aspectos históricos e contextuais relevantes ao texto, tais como fatos, personagens e referências bibliográficas, ou, ainda, são utilizadas com propósito interpretativo, para explicar certos conceitos ou ligá-los a outras referências do *corpus* filosófico de Kant. Uma vez que o texto também apresenta um conjunto de notas do próprio autor, marcadas com asterisco, tomamos o cuidado de diferenciar as notas do tradutor, que são apresentadas em numeração distinta e em caracteres menores em relação às notas do autor. As notas do tradutor *às notas do autor estão*, por sua vez, apresentadas com recuo. Em relação aos termos técnicos, optamos por manter os mais relevantes na língua original e entre colchetes no corpo do texto. Além disso, para fins comparativos, outros termos originais foram disponibilizados no glossário ao fim da tradução.

Como se sabe, o trabalho de tradução das obras de Kant não é uma tarefa fácil. Exige, sobretudo, um equilíbrio entre letra e espírito, de forma a reproduzir de maneira fiel a estrutura do texto kantiano, mantendo, ao mesmo tempo, compreensível o seu significado. Tomamos um cuidado especial na tradução dos termos técnicos, tais como *Wille* (vontade), *Willkür* (arbítrio), *Gesinnung* (disposição de ânimo), *Triebfeder* (móbil), *Anlage* (predisposição) etc., e no rigor de mantê-los constantes no decorrer de todo texto. Embora, como tem sido sugerido por algumas edições estrangeiras, seja possível traduzir de maneira mais literal o título original *Die Religion innerhalb der Grenzen der bloßen Vernunft*, optamos por manter o título já popularizado em língua portuguesa pela tradução de Artur Morão. É importante também chamar a atenção para a alteração que fizemos, seguindo a sugestão de Werner Pluhar, em relação à tradução do termo alemão *Stück*, usado para separar as quatro "partes" do texto. Em vez de "parte", optamos por traduzi-lo por "peça", uma vez que, além de manter o sentido mais literal da palavra, "peça" expressa melhor o caráter dos quatro capítulos do texto, que seriam publicados separadamente, segundo as intenções iniciais do autor, como "porções", "pedaços" ou "peças", no periódico *Berlinische Monatschrift*. Por último, ainda é importante esclarecer algo sobre a decisão de apresentar, nas notas de rodapé, os trechos da Bíblia aos quais Kant faz referência no decorrer de todo texto. Essa decisão foi tomada com o objetivo de proporcionar para o leitor um aparato de apoio para a compreensão do texto kantiano. Os trechos foram retirados da Bíblia da Editora Vozes. No entanto, para os leitores especializados, buscando uma interpretação mais precisa, indicamos aqui, em nota, a referência bibliográfica da Bíblia luterana que foi utilizada por Kant em sua época[2]. A despeito das dificuldades e dos possíveis desacertos do presente empreendimento, esperamos oferecer, com este trabalho, uma tradução totalmente nova e atualizada de *A religião nos limites da simples razão*, de Kant. E esperamos, da mesma forma, que esta nova edição possa contribuir para os estudos kantianos em língua portuguesa.

O contexto de publicação de *A religião nos limites da simples razão*: Kant contra a censura

Em 1792, quando um ainda jovem e desconhecido Fichte publicou anonimamente[3] com a ajuda de Kant seu *Ensaio de uma crítica a toda revelação*, alguns dos leitores imediatamente supuseram que se tratava da esperada obra sobre a religião de Kant. A confusão se consolidou ainda mais devido a uma resenha publicada no periódico de Jena, *Allgemeine Literatur Zeitung*, para o qual Kant teve prontamente de redigir uma carta com o propósito de desfazer o mal-entendido, creditando a Fichte a autoria do livro. Nesse contexto, era natural que os leitores esperassem de Kant, enquanto reconhecido expoente do iluminismo alemão, sobretudo após a publicação das três *Críticas*, um tratado sobre a religião, visto que o tema, tão importante para as instâncias esclarecidas, apenas fora exposto abstratamente, associado aos tópicos da metafísica e da moralidade, em suas obras anteriores. Desde a publicação da *Crítica da razão pura*, em 1781, foi apontado como

---

2. LUTERO, M. *Biblia, das ist: Die ganze Heilige Schrifft, Alten und Neuen Testaments*. Prefácio de Hieronymo Burckhardt. Basel: Johann Rudolf Im. Hof, 1751. A edição de 1745 está disponível em: https://www.biblegateway.com/versions/Luther-Bibel-1545-LUTH1545/#booklist

3. A publicação anônima de tópicos sobre a religião fazia sentido à luz dos acontecimentos reacionários da Prússia de Frederico Guilherme II. Não é de se admirar a confusão dos leitores e resenhistas de Kant. Eles já esperavam um escrito sobre a religião. Então, não seria surpresa que este escrito aparecesse anonimamente. Além disso, o ensaio de Fichte, publicado sem identificação e sem o prefácio, e composto segundo os princípios da filosofia transcendental, facilmente poderia ser confundido com um escrito de Kant.

uma necessidade do sistema da razão pura acrescentar àquelas perguntas essencialmente críticas, a saber, "o que posso conhecer?" e "o que devo fazer?", a pergunta fundamental da religião, "o que me é permitido esperar?" E, se é verdade que esta questão já estava colocada e de algum modo respondida na década das *Críticas*, ainda lhe faltava um tratamento específico junto ao fenômeno religioso propriamente dito. Desde o momento da repercussão equivocada do escrito de Fichte, no entanto, a espera não foi longa e muito menos vã. Em 1793, Kant publicou em Königsberg *A religião nos limites da simples razão*, livro amplamente considerado, ao lado do *Tratado político teológico*, de Espinosa, e dos *Diálogos sobre a religião natural*, de Hume, uma das principais referências sobre a filosofia da religião – senão a principal – no contexto do pensamento moderno.

Os leitores confundidos com a publicação anônima e ansiosos pelo escrito sobre a religião de Kant não estavam errados sobre a intenção de Kant de publicar sobre o tema logo depois da conclusão da empreitada *Crítica*, embora a intenção original do autor não fosse propriamente a de publicar um livro, mas a de apresentar sua perspectiva sobre a religião em quatro artigos que seriam publicados gradativamente. Estas quatro peças já estavam compostas na ocasião em que Kant escreveu para o editor do periódico *Berlinische Monatsscrift*, Johann Erich Biester, em 1792[4], enviando em anexo a primeira peça intitulada "Sobre o mal radical na natureza humana". Como era comum no contexto da Prússia de Frederico Guilherme II, as publicações precisavam ser previamente avaliadas por um censor. O ensaio de Kant foi submetido ao censor filosófico Gottlieb Friedrich Hilmmer, de Berlim, que decidiu autorizar a sua publicação no volume de abril[5] do periódico, alegando, com certo desdém, ter constatado, depois de "uma leitura cuidadosa", que, assim como os demais escritos de Kant, "apenas os eruditos de capacidade de investigação e distinção" o leriam, mas não "os leitores em geral"[6].

---

4. Esta carta foi perdida. Mas existe a carta de resposta a ela. Carta de Biester a Kant de 6 de março de 1793.
5. O artigo foi publicado praticamente ao mesmo tempo do livro anônimo de Fichte.
6. Como nos informa uma carta de março de 1792 (AA 11:329).

No entanto, a segunda peça, intitulada "Da luta entre o princípio bom e mau pelo domínio do ser humano", submetida posteriormente, não teve a mesma sorte. Ao submeter a peça à censura de Berlim[7], Kant foi informado por Biester, em junho de 1792, que seu manuscrito fora rejeitado[8]. Inicialmente submetido ao censor de filosofia Hilmmer, o manuscrito foi repassado ao censor de teologia Johann Timotheus Hermes, que decidiu proibir a publicação do ensaio por considerar seu conteúdo impróprio enquanto pertencente à área da teologia bíblica[9]. O editor do *Berlinische Monatsschrift*, Biester, tentou apelar, primeiro escrevendo para Hermes e, depois, solicitando uma audiência com o próprio gabinete do rei[10]. Sem o sucesso das apelações, mas sem querer ao mesmo tempo renunciar ao seu direito de publicação, Kant precisou buscar uma nova alternativa. Primeiramente, Kant solicitou a Biester a devolução de seu manuscrito[11]. Pela impossibilidade de

---

7. Tecnicamente, Kant não precisava submeter seu artigo à censura de Berlim, uma vez que o periódico *Berlinische Monatsscrift* já havia se transferido para fora da Prússia, para Jena. Kant, contudo, não queria parecer "como se quisesse seguir um caminho literário secreto e apenas quisesse expressar opiniões por assim dizer ousadas, desviando-se propositalmente da censura estrita berlinense" (Kant apud Borowski, 1804, p. 231) Cf. tb. AA 6:498.

8. Na carta de 18 de junho de 1792, Biester informa Kant: "Nunca pude compreender por que você, querido amigo, absolutamente insistiu com a censura local. Mas obedeci ao seu pedido e enviei o manuscrito para o Sr. Himmler. Ele me respondeu, para minha grande surpresa, que visto que o manuscrito interfere na teologia bíblica, ele o leu, em conformidade com sua instrução, junto com seu colega Sr. Hermes, e visto que este recusou seu *imprimatur*, ele o seguiu" (AA 11:343).

9. Lemos na própria explicação de Kant em sua carta para Stäudlin: "a segunda peça não teve tanta sorte, uma vez que o Sr. Hilmmer achou que ela parecia intervir na teologia bíblica (por algum motivo desconhecido ele achou que a primeira peça não o fez) e achou boa ideia conferir sobre isso com o censor bíblico, o conselheiro consistorial superior Hermes, que então de modo natural (quando um mero clérigo recusou qualquer poder?) o tomou como pertencente a sua jurisdição e se recusou a aprová-lo" (AA 11:430).

10. Biester perguntou a Hermes se a rejeição do manuscrito se baseava em algum conteúdo específico do ensaio ou era devido a alguma parte da regulação de censura que lhes era desconhecida. Em resposta, Hermes se limitou a afirmar que "o édito real foi seu guia nesse caso" e que "não podia explicar mais". Carta de Biester a Kant de 18 de junho de 1792 (AA 11:343).

11. Carta de 30 de julho de 1792 a Biester: "Caro amigo, seus esforços para que meu último artigo fosse aceito na *Berlinische Monafsshrift* provavelmente impediram que ele me fosse enviado de volta quando o solicitei. Agora reitero esse pedido, porque pretendo fazer outro uso dele [...]" (AA 11:349).

publicá-lo no formato de um artigo[12], a alternativa era juntá-lo às outras três peças a fim de lançá-lo como um livro acadêmico, visto que este tipo de publicação gozava do privilégio de poder ser avaliado no âmbito interno das universidades. Para tanto, o primeiro passo era saber se o livro deveria ser avaliado pela faculdade de filosofia ou pela faculdade de teologia, considerando o fato de a censura ter suscitado antes a dúvida sobre a natureza de seu conteúdo, quando Hilmmer transferiu para Hermes a avaliação da segunda peça com base na justificativa de ela ser de competência de um teólogo. A primeira atitude de Kant foi, naturalmente, a de submeter o livro à faculdade de teologia[13]. Kant cogitou submetê-lo, em um primeiro momento, às faculdades de Göttingen e Halle, mas acabou decidindo-se pela faculdade de teologia de Königsberg[14], de onde recebeu o parecer de que, por se tratar de uma obra de conteúdo filosófico, ela deveria ser submetida à área competente, à faculdade de filosofia. Com o caminho desobstruído não apenas burocraticamente, mas também diante de sua própria consciência, Kant enviou o livro para o corpo científico da Universidade de Jena, cuja localização estava fora da jurisdição da censura prussiana. É compreensível a decisão de Kant de enviar o texto à outra universidade, pois enviá-lo a Königsberg, além de colocá-lo em um provável problema com a censura, seria como uma autoavaliação[15], uma vez que o reitor da universidade, Christian Jacob Kraus, tinha sido um aluno seu e era, naquele tempo, um colega e amigo. Não são claras as razões de tê-lo enviado especificamente a Jena[16], embora possa-se pressupor ao menos o motivo de não o ter submetido à Universidade de Halle: afinal seu reitor

---

12. Como salienta Giovanni (1996, p. 45), tentar publicá-lo fora do âmbito da jurisdição da censura de Berlim poderia levar os censores a acusarem Kant de conduta desonesta.

13. Lemos na carta de Kant a Stäudlin de 4 de maio de 1793: "Agora, para cumprir toda justiça, eu apresentei este escrito à faculdade teológica para seu julgamento sobre se eles reivindicam o livro como interferindo na teologia bíblica ou se, ao contrário, sua censura pertence à faculdade filosófica" (AA 11:430).

14. Como relata Borowski (1804, p. 104).

15. Segundo Giovanni (1996, p. 45).

16. Giovanni (1996, p. 45 n) sugere que a escolha poderia se justificar por razões comerciais, uma vez que o livro foi impresso em Jena. No entanto, poderia ser também, ao contrário, que ele foi impresso em Jena justamente porque foi aprovado lá.

era um declarado adversário, Johann August Eberhard[17]. Tomada a acertada decisão de submetê-lo ao corpo científico de Jena, o manuscrito foi aprovado pelo reitor, J. C. Hennings, que lhe concedeu o *imprimatur* e, então, o texto foi impresso em Jena e publicado pelo livreiro Nicolovius, em Königsberg, na primavera de 1793, depois de percorrer um longo caminho desde sua pretensão inicial.

Para uma melhor compreensão da epopeia envolvendo a publicação do *Escrito da religião* é preciso retornar, no entanto, ao contexto da década de 1780 e, especificamente, à sucessão do trono da Prússia em 1786. Durante grande parte da vida de Kant, de 1740 a 1786, a Prússia foi governada por Frederico II, também conhecido como Frederico, o Grande, a quem Kant clamou ser, em seu famoso texto sobre o esclarecimento de 1784, a personificação do iluminismo alemão (AA 8:40)[18]. Além de filósofo, o rei também se mostrava comprometido com os ideais políticos da *Aufklärung* e recebeu, por isso, até mesmo o epíteto de o "déspota esclarecido"[19]. Dessa forma, não é de surpreender que o reino de Frederico II tenha se tornado terreno fértil para a disseminação das mais diversas posições filosóficas e teológicas, permitindo o aparecimento e o desenvolvimento de perspectivas teológicas heterodoxas, como as de Hermann Samuel Reimarus e Karl Friedrich Bahrdt (AA 6:81n), e da erudição crítica escriturária de autores

---

17. Eberhard foi editor dos periódicos *Philosophisches Magazin* (1788-1792) e *Philosophisches Archiv* (1792-1795) e publicou alguns artigos atacando a *Crítica da razão pura*. Kant respondeu a Eberhard em um ensaio de 1790 intitulado *Sobre a descoberta segundo a qual toda nova crítica da razão pura tem sido feita dispensável por uma crítica mais antiga* (AA 8:185).

18. Eis as palavras de Kant ao fim do opúsculo *Respondendo à pergunta: o que é esclarecimento*: "Assim considerada, esta época é a época do Esclarecimento, ou o século de Frederico. Um príncipe que não acha indigno de si dizer que tem por dever nada prescrever aos homens em matéria de religião, mas deixar-lhes aí a plena liberdade, que, por conseguinte, recusa o arrogante nome de tolerância, é efetivamente esclarecido e merece ser encomiado pelo mundo grato e pela posteridade como aquele que, pela primeira vez, libertou o gênero humano da menoridade, pelo menos por parte do governo, e concedeu a cada qual a liberdade de se servir da própria razão em tudo o que é assunto da consciência" (AA 8:40).

19. Kant defende a posição política de Frederico nestes termos em algumas ocasiões, como em *À paz perpétua*: "Um Estado também já pode governar-se de maneira republicana, mesmo que ainda possua um poder soberano despótico" (AA 8:372). Cf. tb. *O conflito das faculdades* (AA 7:91).

como Johann David Michaelis (AA 6:13; 110) e Johann August Ernesti. Com a morte de Frederico II em 1786 e a ascensão do sobrinho do rei ao trono, Frederico Guilherme II, a situação política da Prússia sofreu grandes mudanças, mudanças que Kant já parecia preconizar em seu apelo[20] ao final de seu ensaio sobre a orientação do pensamento de 1786 (AA 8:146-147). Na medida em que estas mudanças pouco a pouco se instauravam, elas colocavam em risco a liberdade de pensamento que tinha firmado suas raízes no solo outrora fértil de uma Prússia esclarecida. De índole diferente da de seu antecessor, Frederico Guilherme II estava envolvido, desde antes de sua ascensão, com sociedades secretas, tais como a *maçonaria* e a *Ordem dos rosacruzes* (e com suas práticas místicas), e professava uma vigorosa fé ortodoxa, influenciado por oficiais e clérigos prussianos que, não satisfeitos com a política esclarecida de Frederico II e receosos das tendências revolucionárias suscitadas por ela, desejavam iniciar na Prússia uma cruzada reacionária e antiesclarecimento.

A mudança mais significativa, que afetaria diretamente o *status* dos pensadores livres do Esclarecimento, foi a nomeação de Johann Christoph Wöllner em julho de 1788 como ministro da justiça e do Estado e chefe do departamento de assuntos espirituais no lugar de Karl Abraham von Zedlitz, o barão esclarecido para quem Kant dedicou a *Crítica da razão pura*. Descrito por Frederico, o Grande, como um "pároco enganador e intriguista"[21], uma das primeiras ações de Wöllner no governo foi, ainda em julho de 1788, a promulgação de um édito de religião que regulava a conduta de clérigos e professores. Embora o édito pregasse a "tolerância" religiosa na condição de que os súditos guardassem suas convicções religiosas para si mesmos, evitando influenciar a fé dos outros, e cumprissem seus deveres como bons cidadãos,

---

20. Ao fim do ensaio "O que significa orientar-se no pensamento", depois de discutir a questão da liberdade de pensamento, Kant exorta: "Amigos do gênero humano e do que para ele é mais sagrado! Aceitai o que, após um exame cuidadoso e honesto, vos parecer mais digno de fé, quer sejam factos, quer princípios de razão; somente não impugneis à razão o que dela faz o supremo bem na terra, isto é, o privilégio de ser a derradeira pedra-de-toque da verdade" (AA 8:146). Trad. Artur Morão. Lisboa: Edições 70, 2018.

21. O rei descreve Wöllner nestes termos ao negar sua solicitação a um título de nobreza, do qual Wöllner precisava para gozar dos bens da esposa nobre. O título lhe é concedido em 1786 logo depois da morte de Frederico II e da ascensão do novo rei.

ele atacava diretamente o *Esclarecimento*, descrevendo-o como "abuso" e suporte para posições "falaciosas" que corrompiam o respeito para com a Bíblia enquanto palavra revelada de Deus. Quase que imediatamente ao Édito de religião se acrescentou um Édito de censura, promulgado em dezembro de 1788, e outro Édito de novembro de 1790. O último propunha a formação de uma "comissão de fé" para avaliar o nível de "adesão à crença" de todos os candidatos de teologia e de cargos eclesiais. Além do grau de conhecimento da doutrina cristã, os candidatos também deveriam ser avaliados, sob juramento, segundo sua "profissão de fé". Kant viu essa exigência "ortodoxa" como uma afronta à consciência moral e uma fonte genuína para a disseminação da mentira e da hipocrisia[22]. Sua reação a isso é clara em sua abordagem constante do tema da "sinceridade", que aparece tanto em seu ensaio de 1791, *Sobre o fracasso de todas as tentativas filosóficas na teodiceia*, quanto em *A religião nos limites da simples razão* e em *O conflito das faculdades*. No entanto, de magnitude maior são os problemas relacionados ao Édito de censura, que impôs, mesmo alegando a moderação da liberdade de "escritores imprudentes" em defesa da "ampliação das ciências", a censura a todos os livros e periódicos publicados em Berlim que tivessem como assunto a moral e a religião. É verdade, no entanto, que, desde 1749, já existia um Édito real incumbido de instituir o controle das publicações por meio de uma comissão de censura que se situava em Berlim. Mas esta comissão não atuava de maneira rigorosa. O édito existia, na verdade, muito mais como uma precaução para uma possível ameaça aos assuntos do Estado. Não é de se surpreender, então, que ele não fosse, de fato, um obstáculo para a liberdade de pensamento. A comissão deixava espaço, por exemplo, para que os livros desenvolvidos e impressos no âmbito das universidades, com raras exceções, fossem avaliados internamente pelas faculdades. Se também é verdadeiro o fato de que o Édito de Wöllner não se distinguia muito do anterior em relação à "letra", não era esse o caso no que diz respeito ao "espírito". O novo Édi-

---

22. Como Kant observa em *O conflito das faculdades*, esse tipo de avaliação, que "se fundamenta em um Schema Examinationis [...] afugentou, em bandos, dos cargos eclesiásticos os candidatos conscienciosos da Teologia, levando a uma superpopulação da Faculdade de Direito" (AA 7:10). Trad. de A. Perez e L.G. Nascimento. Petrópolis: Vozes, 2021.

to não aumentava de maneira considerável o poder do rei[23] e, na verdade, nem mesmo retirava das universidades a incumbência de avaliar sua própria produção, mas abria, por outro lado, espaço para a implementação da nova política. Em um primeiro momento, no entanto, a implementação das medidas ortodoxas do ministério de Wöllner encontrou resistência no próprio *Consistório Superior* de Berlim, dentro do qual havia conselheiros contrários à cruzada obscurantista do novo governo[24]. Mas era questão de tempo até que o poder desse conselho fosse enfraquecido. Diante da relutância da *Comissão de Berlim*, criou-se em 1791 a *Comissão Imediata de Investigação*, que deveria responder diretamente ao rei no que diz respeito aos assuntos relacionados à censura. Como principais conselheiros foram nomeadas figuras conservadoras ligadas ao rei, como o professor ginasial, Gottlob Friedrich Hilmmer, o teólogo e pastor pietista que seria responsável pela área de teologia, Johann Timotheus Hermes e o também teólogo e pastor Theodor Carl George Woltersdorff, justamente os atores responsáveis pelo início dos problemas de Kant com a censura.

O rescrito real de proibição: as consequências da publicação da *Religião*

Nesse contexto, era de se esperar que cedo ou tarde acontecesse o embate de Kant com os censores. Em uma carta de junho de 1791, Kant já havia sido avisado pelo tutor real e ex-aluno, Johann Gottfried Kiesewetter, de um boato que circulava na corte, que o conselheiro da *Comissão Imediata*, T.C.G. Woltersdorf, havia influenciado o rei a tomar a decisão de proibi-lo de escrever: "disseram-me aqui por alto (o assunto é certamente apenas invenção e só pode ser invenção) que o novo conselheiro consistorial superior, Woltersdorf, conseguiu convencer o rei de proibi-lo de continuar escrevendo e eu mesmo fui questionado na corte sobre esta história" (AA 11:265). Pouco depois, em uma carta para Fichte, de fevereiro de 1792, Kant já se mostra bastante consciente das dificuldades de publicar sobre assuntos de religião naquele

---

23. Dilthey (1890, p. 287, Giovanni, 1996, p. 42).
24. Muitos destes conselheiros eram membros esclarecidos da hierarquia da Igreja que haviam sido nomeados ainda no ministério do Barão von Zedlitz.

momento. No início desta carta, ao responder a um pedido de ajuda de Fichte para remediar o indeferimento de seu *Ensaio de crítica a toda revelação*, Kant mostra não saber como lidar com o problema da censura: "você pede uma instrução minha sobre se pode ser encontrada uma solução para que o seu tratado, que fora rejeitado pela censura estrita atual, não seja completamente posto de lado. Eu respondo: não!" (AA 11:321). Poucas semanas depois, em uma carta para Christian G. Selle, Kant admite que a nova censura pode representar, de fato, uma ameaça ao seu novo projeto (o projeto da religião): "[...] recentemente inaugurou-se uma nova ordem de coisas que poderia frustrar completamente e em absoluto este projeto; refiro-me à limitação da liberdade de pensar publicamente sobre coisas que apenas indiretamente poderiam ter relação com a teologia" (AA 11:327). No entanto, a despeito dos fatos e convicto de estar agindo de "maneira conscienciosa e em conformidade à lei" (AA 11:500), Kant recusou-se, em um primeiro momento, a acreditar em uma implementação abrangente dessa censura[25]. Sem estar disposto a ceder à restrição da liberdade de pensamento, Kant buscou uma rota alternativa para a publicação de *A religião nos limites da simples razão* em 1793, o que foi claramente um tapa de luvas no rosto de Wöllner e de seu ministério. Além disso, no mesmo ano de publicação da *Religião*, Kant ainda teceu críticas à política do governo em seu ensaio sobre *Teoria e prática*, ao reivindicar não apenas a "liberdade de consciência religiosa", mas afirmando, ainda, a "liberdade de escrever" como "o único paládio dos direitos do povo" (AA 8:304). Em uma crítica que se dirige nas entrelinhas à figura do rei, mas que certamente se estende a todo seu ministério, Kant observa que, ao lado da "obediência ao mecanismo da constituição política", deve haver, ao mesmo tempo, "um espírito de liberdade", pois "obediência sem o espírito de liberdade é a causa que induz a todas as *sociedades secretas*" (AA 8:305). Era questão de tempo até que o mecanismo repressivo tomasse medidas mais duras contra o filósofo, o que de algum modo ele mesmo já antecipa em uma carta a Biester de 18 de maio de 1794, anexa ao seu opúsculo *O fim de todas as coisas*: "apresso-me, estimado amigo,

---

25. Cf. o tom cético de Kant quanto à censura na carta a De La Garde de 30 de março de 1792 (AA 11:330).

a enviar-lhe o prometido tratado antes que chegue ao fim a minha e a sua atividade de escritor [...]. Agradeço a vocês a mensagem transmitida e, convicto de proceder sempre de maneira conscienciosa e em conformidade com a lei, aguardo, com expetativa, o fim destes estranhos acontecimentos" (AA 11:500-501). A tolerância do governo chega finalmente ao limite depois da publicação do mencionado ensaio sobre o fim de todas as coisas[26], que continua a tecer críticas à autoridade, exaltando a importância do "modo de pensar liberal" e do "amor" em detrimento de qualquer tipo de "coerção religiosa": "O sentimento de liberdade na escolha dos fins últimos é aquilo que torna para eles a legislação digna de amor. Se o cristianismo chegasse a tal extremo que deixasse de ser digno de amor [...], o modo de pensar entre os seres humanos deveria ser a repulsa e a insubordinação contra ele" (AA 8:337).

Neste ponto, ultrajado com a conduta de Kant, Wöllner intercedeu ao rei para a emissão de um documento oficial que pusesse um fim a sua intransigência, o qual chegou a Kant na forma de uma carta real assinada por Wöllner em 1º de outubro de 1794[27]. Neste rescrito, o rei acusa Kant de, já há algum tempo, estar fazendo uso da própria filosofia "para desfigurar e degradar muitas das mais importantes e fundamentais doutrinas das Escrituras Sagradas e da Cristandade", citando como exemplo "notadamente" o A *religião nos limites da simples razão*, bem como "outros trabalhos menores" (AA 7:6). O rei admite ter concedido tolerância e seu voto de confiança ao filósofo com a esperança da adequação de sua conduta: "Nós nos enganamos em esperar que fôsseis melhor; que vós mesmo devêsseis ter percebido como agistes irresponsavelmente contra vosso dever". No entanto, sem a esperada mudança de comportamento, ele exige agora, em tom

---

26. Arnoldt supôs que os escritos menores (sobretudo o ensaio *O fim de todas as coisas*) desencadearam o rescrito real, uma vez que o documento não apareceu como uma reação imediata ao *A religião nos limites da simples razão*, mas só foi emitido depois da publicação da segunda edição em 1794. No entanto, como argumenta Fromm, baseado em registros oficiais, a condenação de Kant já estava sendo preparada a algum tempo e só foi atrasada devido às circunstâncias externas (Giovanni, 1996, p. 47-48 n).

27. A carta do rei, assim como sua réplica, foi publicada na íntegra por Kant depois da morte do rei no prefácio de seu ensaio de 1798, *O conflito das faculdades*. Esta correspondência também está disponível no volume 11 da *Akademie Ausgabe* (AA 11:525-526; 527-530).

de ameaça, "sua responsabilização conscienciosa" e adverte "para que vós eviteis nosso supremo desfavor" que "vós, futuramente, não sejais culpado por tais coisas" com pena de, ao contrário, "esperar infalíveis consequências desagradáveis" (AA 7:6). A resposta de Kant aparece imediatamente em uma carta de 12 de outubro, na qual a primeira atitude é a de esclarecer a acusação segundo a qual a sua filosofia desfigura e degrada as Sagradas Escrituras e contraria o seu dever de súdito como "professor da juventude". Kant argumenta que, em seus cursos universitários, todo teor de seus ensinamentos sempre foi puramente filosófico, como comprova o seu uso em sala de aula dos manuais de Baumgarten, e nunca extrapolaram o seu próprio domínio ousando incursões na área da teologia bíblica. Ao mesmo tempo, enquanto "professor do povo", Kant afirma que no seu *Escrito da religião*, "livro incompreensível e hermético para o povo", o que se visou não foi causar "dano à religião pública do país", mas apenas fomentar o debate acadêmico, que, enquanto baseado na livre atividade e no intercâmbio das faculdades, é, em última instância, de suma importância para a própria instituição da religião pública. Kant justifica-se perante a acusação de depreciar a Cristandade, argumentando que seu *Escrito da religião* trata apenas com "a religião natural"; e se ele menciona algumas passagens da Bíblia não o faz com o objetivo de "introduzir algo bíblico na filosofia ou de extrair algo de filosófico da Bíblia", mas apenas para confirmar no texto histórico a concordância das proposições racionais nele defendidas. Ao estabelecer a moral racional como a essência da religião, não se trata, como Kant observa, de considerar a revelação em si mesma como supérflua, mas apenas de exaltar a origem primeira da qual brotam os requisitos da "universalidade, unidade e necessidade" (AA 7:8) que são fundamentais para uma doutrina da fé. Com suas histórias e alegorias, a revelação preenche a lacuna teórica da fé racional pura, contribuindo, dessa forma, para suprir uma necessidade da razão. Mas a prova manifesta de que a doutrina filosófica da religião não promove qualquer degradação da Cristandade – cita Kant – se encontra no fato de a Bíblia ser exaltada, no transcorrer de todo o livro, "como a melhor orientação possível para a instrução religiosa pública" (AA 7:9), uma vez que ela é explicitamente reconhecida como a manifestação histórica mais perfeita da fé racional pura.

Depois de se justificar, a segunda atitude de Kant na carta é, naturalmente, aquela que se espera de um humilde servo do Estado: obediência e resignação. Diante das acusações, Kant cede à solicitação real, prometendo, enquanto "súdito mais *fiel* de vossa *Honrada Majestade Real*", abster-se "totalmente de todas as exposições públicas sobre religião, tanto a natural quanto a revelada, seja nas preleções ou nos escritos" (AA 7:10), uma promessa que seria categoricamente cumprida até a morte de Frederico Guilherme II em 1797. Tem se falado com reprovação da atitude de Kant de ceder à repressão, uma vez que, supostamente, devido ao *status* que gozava, poderia ser que ele se mantivesse impune ainda que incorrendo em um ato de desobediência civil[28]. No entanto, talvez fosse muito esperar essa atitude de um reformista como Kant, que tem defendido em sua filosofia política a reforma institucional gradativa em detrimento da revolução. Como se sabe, esta posição já estava estabelecida publicamente nessa época, como vemos em seu ensaio sobre *Teoria e prática*, de 1793, no qual Kant defende, segundo essa perspectiva, o dever do súdito de obedecer, mesmo a uma ordem injusta da autoridade (AA 8:297-306)[29]. Além disso, do ponto de vista pessoal, Kant receia justificadamente quão fatigante e infrutífera poderia ser, neste momento da vida, uma disputa com o governo e uma tentativa de influenciar a opinião pública[30]: "Entro daqui a cerca de quatro semanas contando de hoje em meu septuagésimo ano de vida. Nesta idade, sobre que coisas particulares se pode esperar querer influenciar homens de espírito? E sobre o vulgo? Seria um trabalho perdido e, por certo, até mesmo bastante prejudicial para quem o tentasse"

---

28. Como afirma Wood (1996, p. xix), "naquela época o renome de Kant era tal que ele poderia provavelmente ter desconsiderado tal ordem imprudente e não esclarecida com impunidade, como alguns de seus amigos insistiram que ele fizesse". Devemos admitir, em contrapartida, que não se sabia qual seria a reação do governo. A pergunta é: quão producente isto seria? Como Palmquist destaca, "o que mais ele [Kant] poderia fazer da prisão – onde ele teria terminado se tivesse desobedecido – que ele não fez de seu pódio profissional nos anos seguintes" (2009, p. xviii).

29. Cf. tb. *Metafísica dos costumes* (AA 6:318-23).

30. Como argumenta Cassirer, "sobre o papel que é possível ao indivíduo desempenhar num Estado governado de modo absolutista, Kant tinha uma opinião bastante modesta" (2021, p. 364).

(AA 11:417)[31]. Depois de se decidir pela resignação e se manter alguns anos em silêncio sobre a questão, Kant se vê liberado de sua promessa com a morte do rei em 16 de novembro de 1797, como ele mesmo relata em *O conflito das faculdades*, onde esclarece que o cumprimento de sua promessa estava condicionado apenas à sua posição de "súdito" de "vossa majestade"[32]. Dessa forma, nos anos que se seguem, enquanto sua carreira tardia como filósofo continua com a publicação de importantes tratados de filosofia política, como *À paz perpétua* e *Metafísica dos costumes*, será apenas em 1798 que Kant se manifestará publicamente sobre toda a polêmica que o envolveu, em um escrito no qual apresentará sua perspectiva sobre o papel específico e institucional das faculdades. Em *O conflito das faculdades*, ele defende a independência da faculdade de filosofia diante da faculdade de teologia e da censura estatal e se vê novamente livre para reafirmar o princípio hermenêutico[33], amplamente defendido na *Religião*, que coloca a razão moral como autoridade absoluta de interpretação dos aspectos históricos e contingentes da religião.

A filosofia da religião de Kant em *A religião nos limites da simples razão*

Em *A religião nos limites da simples razão*, Kant se propõe a investigar o núcleo racional da religião e sua relação com a religião histórica. O ponto de vista da filosofia crítico-transcendental e os princípios da religião racional-moral desenvolvidos nas três *Críticas* são apresentados como a base de uma análise da religião histórica, sobretudo da religião cristã. Com efeito, o conjunto de dogmas e estatutos da religião cristã é interpretado como um conjunto de símbolos que representam os meios pelos quais os princípios morais puramente racionais se tornam intuitivos na

---

31. Carta de 22 de março de 1793 para Karl Spender.

32. Lemos em uma nota no Prefácio de *O conflito das faculdades*: "também esta expressão escolhi com cuidado, de forma que eu não abdicasse da liberdade em meus juízos, neste processo religioso, para sempre, mas somente enquanto Sua Majestade vivesse" (AA 8:10 n).

33. Cf. as quatro regras de interpretação da religião proposta em *O conflito das faculdades* (AA 7:38; 7:41-44).

experiência humana. De um modo geral, o propósito dessa exegese é verificar e demonstrar, respeitando certos limites, que existe compatibilidade e unidade entre os princípios da religião racional e os dogmas da religião cristã. Ao mesmo tempo, ela se propõe a acusar os elementos que não são compatíveis ou não são essenciais à religião. O resultado disso é um discurso consistente sobre a "essência moral" do cristianismo, que culmina em um manifesto contra todo tipo de "entusiasmo" religioso e contra as "práticas religiosas espúrias". Em última instância, pode-se argumentar ainda que o objetivo de Kant na *Religião* ultrapassa o empreendimento de oferecer um discurso sobre a essência da religião ou mesmo uma interpretação moral do cristianismo, dirigindo-se a uma investigação sobre as condições de possibilidade do progresso moral da humanidade e da realização do objeto último da razão, para o qual tanto a religião racional quanto a religião histórica desempenham um papel fundamental.

O tratado é constituído por dois prefácios e quatro peças ou partes. Cada uma das quatro peças é concluída com uma "observação geral", a que Kant denomina *parergon*, palavra grega usada para designar "suplemento". A segunda edição de 1794 acrescenta como adendo o segundo prefácio, bem como uma série de observações que são marcadas no texto com uma cruz. O livro aborda uma grande quantidade de temas, dos quais trataremos apenas alguns. Os dois prefácios se complementam no propósito de afirmar como a moralidade leva necessariamente à religião e de explicar as linhas básicas do método que será empregado na investigação. O que primeiramente salta aos olhos no prefácio, no entanto, é a remissão que Kant faz ao problema anterior com a censura, ao contrastar o conflito entre teólogos bíblicos e filosóficos. Há, segundo ele, dois tipos de teólogos: o responsável pelo bem-estar das almas, os clérigos, e o responsável pelo bem-estar das ciências, os eruditos universitários. O teólogo bíblico começa com as Escrituras e usa a razão como auxiliar, enquanto o teólogo filosófico começa com a simples razão e usa a Escritura para comprovar e esclarecer suas verdades. Então, da mesma forma que o teólogo bíblico tem o direito de pegar emprestado algo da filosofia e de outras disciplinas, a filosofia também deve ter o direito de pegar algo emprestado das Escrituras para conduzir suas investigações. As duas áreas desempenham uma importante função, mas devem estar atentas aos seus limites de atuação. E, aliás, os eruditos devem ter prioridade sobre os clérigos em relação aos assuntos de censura, pois, na verdade, são eles que têm o dever de zelar pela integridade das ciências, de modo que o clérigo só tem o direito de censurar o filósofo se provar de fato que houve uma interferência em sua área (AA 6:9-10).

O primeiro prefácio destaca, em consonância com os pressupostos da *Fundamentação da metafísica dos costumes* e da *Crítica da razão prática,* que a moral é independente da religião e não precisa da ideia de Deus, uma vez que é capaz de reconhecer por si mesma todos os deveres. Ainda assim, ela conduz necessariamente à ideia de Deus e à religião. Isto é, embora a moral não precise de nenhum fim que deva "preceder" a determinação da vontade, ela conduz necessariamente a um fim, na medida em que a razão prática projeta e fomenta, como consequência própria do agir moral, um objeto que reúne a condição formal de todos os fins. Este objeto é o "sumo bem", que pressupõe a união sistemática entre "virtude e felicidade", para cuja possibilidade devemos necessariamente assumir a ideia de um ser supremo, moral, santo e onipotente (AA 6:5). Segundo os pressupostos da *Crítica da razão prática*, é apenas "postulando" a existência de Deus que o ser humano que segue as leis morais pode "esperar" um mundo (o "melhor dos mundos"), no qual sua virtude está adequada àquilo para a qual ela se torna "digna", a saber, a felicidade (AA 5:124-126). É dessa forma que a moral leva inevitavelmente à religião. Essas considerações não são certamente arbitrárias no primeiro prefácio, pois representam uma tentativa de destacar, logo de partida, o papel e a significância da religião dentro do sistema da filosofia crítico-transcendental. Longe de ser apenas um adendo da moral ou uma peça dificilmente conciliável com a estrutura do sistema, a religião é o "ponto de referência" a partir do qual Kant vislumbra a possibilidade da união de todos os fins. Nesse sentido, é notável que a religião vai além da moral, uma vez que proporciona resposta a um problema que está além do âmbito próprio da moralidade. Em consonância com a segunda e a terceira *Crítica*,

Kant reitera que é a religião que proporciona "realidade prática objetiva" à ligação dos "fins da liberdade" com os "fins da natureza" (AA 6:5). Em última instância, portanto, é a religião racional que permite fundamentar, mediante seus postulados, as condições de possibilidade da unidade sistemática que a razão exige entre teoria e prática, natureza e liberdade.

Se moral e religião estão, dessa forma, necessariamente interligadas, resta saber agora como é possível pensar a relação entre essa religião racional e a religião histórica. Para compreender essa relação, é bastante explicativa a famosa metáfora dos dois círculos concêntricos apresentada no prefácio da segunda edição, na qual a religião deve pressupor duas esferas ou dois "círculos concêntricos" um ao outro, em que "a revelação" ou "a religião histórica" é considerada "como uma esfera *mais ampla* da fé" que inclui dentro de si "a religião racional pura como uma esfera *mais estrita*" (AA 6:12). Do que a metáfora nos sugere, é como se o aspecto histórico da religião, com seus dogmas, ritos e revelações, fosse um "invólucro" ou uma "roupagem" que reveste o núcleo racional moral da religião. O filósofo deve, naturalmente, permanecer dentro da esfera mais estrita, a partir da qual deve ser capaz de realizar um "experimento"[34] que consiste em verificar, partindo de alguma suposta "revelação" compreendida como "sistema histórico", se esta não nos conduz de volta ao sistema nuclear e racional da religião. Dessa forma, como marca característica do método hermenêutico sugerido na *Religião*, o objetivo desse experimento não é apenas verificar se há "compatibilidade", mas também "unicidade" entre as perspectivas racionais e históricas da religião. O método da *Religião*, portanto, a partir das características apresentadas nos dois prefácios, tem como propósito empreender uma

---

34. No prefácio da segunda edição, Kant fala de um "segundo experimento". Mas não é muito claro qual seria o "primeiro experimento". Alguns comentadores compreendem que o primeiro experimento tem o objetivo de analisar os elementos transcendentais da religião e verificar se a religião é possível dentro dos limites da simples razão (Wood, 2020, p. 14-15). Outros defendem que o primeiro experimento busca resolver o conflito entre teologia filosófica e bíblica, desenvolvendo uma versão da primeira que abranja as ideias centrais da última (Palmquist, 2009, p. xxiii). Há quem defenda, ainda, que não se trata de dois experimentos, mas apenas de uma segunda tentativa do mesmo experimento implícito no primeiro prefácio (Pasternack, 2017).

investigação sobre a maneira como podem coexistir e se relacionar a fé histórica e a religião racional pura, utilizando a última como guia para distinguir na primeira tudo aquilo que é "genuíno" ou "essencial".

O mal radical e o pecado original

Na primeira peça do livro, intitulada "Do mal radical na natureza humana", Kant aborda o problema mais básico da teodiceia, a saber, o problema do mal, concedendo-lhe, no entanto, um tratamento particular à luz de sua filosofia moral. Diferente das chamadas tentativas "doutrinais"[35] de teodiceia, Kant não investiga o problema do mal de um ponto de vista ontológico e metafísico, como fez, por exemplo, Leibniz e, bem antes dele, Agostinho, mas propõe uma investigação que se revela de natureza antropológica[36] e transcendental[37]. Essa tentativa pode ser vista sob o prisma daquilo que chamamos de "antropodiceia", uma vez que busca uma explicação do mal baseada em uma análise das condições de

---

35. Segundo Kant, a "teodiceia doutrinal" é uma explicação da natureza na qual Deus nos dá a conhecer diretamente os seus propósitos na constituição do mundo, mas, uma vez que isso pressupõe o conhecimento do suprassensível, trata-se de uma compreensão que nenhum mortal pode alcançar. Se o mundo pode ser considerado como uma publicação divina de seus propósitos, este nos é decerto um livro fechado (MpVT, AA 8:264).

36. A análise é certamente antropológica, uma vez que parte de uma investigação sobre a natureza humana. No entanto, é incerto se é possível falar de uma prova antropológica, retirada "da quantidade de exemplos da experiência", visto que, como Wood (2020, p. 74; p. 86-87) argumenta, a experiência nos permite, no máximo, uma suposição a respeito da existência deste mal.

37. Os comentadores têm levantado a questão sobre se Kant estaria comprometido em fornecer uma prova transcendental e *a priori* do mal radical. Em sua interpretação, Wood (2020, p. 74; p. 86) compreende que não há uma prova do mal radical no sentido de uma dedução ou demonstração *a priori*, nem uma prova mediante a indução, a partir da generalização empírica. Kant admite, no máximo, que "a quantidade de exemplos gritantes que a experiência nos coloca diante dos olhos nos atos dos seres humanos" (AA 6:32-33) permite uma suposição acerca dele. Por outro lado, Palmquist (2009, p. xxvi) compreende que Kant oferece um tipo de prova transcendental, que se deduz do fato de que a propensão para o mal é uma inferência necessária a partir da constatação de que o ser humano é bom, pois, caso contrário, não seria possível explicar como a predisposição boa falha na determinação do caráter moral. O argumento é mais bem desenvolvido por Palmiquist (2008, p. 261-297).

possibilidade da agência humana. A natureza da investigação se revela imediatamente transcendental[38] ao se articular tendo como base a doutrina moral do imperativo categórico[39]. É notável que, ao assumir esse ponto de partida, Kant acredita alcançar uma explicação sobre a origem e a natureza do mal partindo de uma análise do funcionamento do livre-arbítrio. Não é de se surpreender, então, que ele rejeite prontamente qualquer tipo de explicação determinista da origem do mal, como por exemplo a de que a origem do mal se encontra nas inclinações naturais (AA 6:21; 34) ou, ainda, em uma razão moralmente corrompida (AA 6:35). Kant argumenta que o mal se relaciona especialmente com as máximas da vontade[40]. O fundamento do mal reside em um "fundamento subjetivo", a saber, em uma "máxima" (AA 6:21), cujo "móbil"[41]

---

38. Na definição apresentada na *Crítica da razão pura*: "eu denomino transcendental todo conhecimento que se ocupe não tanto com os objetos, mas com o nosso modo de conhecer os objetos, na medida em que estes devam ser possíveis *a priori*" (B 25). "A filosofia transcendental é a ideia de uma ciência para a qual a crítica da razão pura deve traçar um plano completo arquitetonicamente, isto é, a partir de princípios, com total garantia de completude e segurança em todas as peças que constituem esse edifício. Ela é o sistema de todos os princípios da razão pura" (B 27).

39. Desenvolvida na *Fundamentação da metafísica dos costumes*, a doutrina do imperativo categórico pressupõe a capacidade da razão de determinar imediatamente a vontade humana, abstraindo-se de todos os elementos materiais de determinação do arbítrio, como as inclinações naturais ou os comandos externos. A maneira pela qual a razão pode prover essa determinação é mediante uma lei, que abstraindo-se de toda matéria do arbítrio, comanda apenas segundo a sua forma: "age apenas segundo a máxima pela qual possas ao mesmo tempo querer que ela se torne lei universal" (AA 4:421). Além da fórmula que exige a universalização das máximas, Kant apresenta mais duas formulações, que segundo ele são diferentes disposições do mesmo princípio. A segunda fórmula, conhecida como fórmula da humanidade, ordena que o ser humano seja sempre tratado como fim e nunca como meio: "age de tal maneira que tomes a humanidade, tanto em tua pessoa quanto na pessoa de qualquer outro, sempre ao mesmo tempo como fim, nunca como meio" (AA 4:429). A terceira fórmula explicita o fato do próprio sujeito ser, enquanto agente racional, autolegislador, e se expressa como uma fórmula da autonomia que considera a "ideia da vontade de todo ser racional enquanto *vontade universalmente legislante*" (AA 4:432).

40. Máxima é "o princípio subjetivo para agir que o próprio sujeito transforma em regra para si (a saber, como ele quer agir)" (AA 4:225).

41. O móbil é aquilo que conecta subjetivamente o fundamento de determinação do arbítrio à representação da lei (AA 4:218) ou outra representação. Em outras palavras, o móbil é aquilo que impele a vontade na determinação das máximas.

determinante não é o respeito incondicional à lei que a razão nos prescreve, ou seja, ao imperativo categórico, mas é outro móbil qualquer. A origem do mal está essencialmente enraizada em um ato de liberdade, que emana da natureza inteligível do sujeito moral, na medida em que este opera uma inversão da ordem de prioridade dos móbis do arbítrio na determinação das máximas, escolhendo aqueles móbis da "inclinação" e do "amor de si" em detrimento dos da lei moral (AA 6:36). Uma vez que essa explicação se baseia na dinâmica interna do arbítrio, o mal é denominado "mal radical" (AA 6:32). É, portanto, "radical" não por ser "absoluto" na natureza humana, mas porque se encontra na "raiz" de nosso arbítrio, enquanto uma "propensão"[42] de nossas escolhas (AA 6:36-37). Do ponto de vista antropológico, o mal radical precisa ser admitido como uma qualidade "inata" e "inextirpável" da natureza humana e deve ser atribuído, dessa forma, a todo gênero humano (AA 6:32). Mas se ele deve ser considerado assim, como uma qualidade "universal", nem por isso ele deixa de ser "imputável", porque enquanto algo enraizado em nossa capacidade de escolha, ele equivale essencialmente a um ato de liberdade[43]. E se

---

42. O mal apresenta níveis diferentes de propensão: no nível mais inferior está "a fragilidade da natureza humana" (*fragilitas*), que consiste na incapacidade de levarmos a cabo uma máxima boa, mesmo reconhecendo a necessidade e a exigência para tal (AA 6:29). A fraqueza moral também é, por assim dizer, uma falta de virtude. Em um nível intermediário, encontra-se "a impureza do coração humano" (*impuritas, improbitas*), que consiste no fato da máxima ser capaz de se determinar como boa para um cumprimento intencionado da lei, mesmo em nível de execução, mas se apresenta como "misturada" a móbis alheios aos morais. Nesse caso, a lei sozinha não é "móbil suficiente" e precisa "na maioria das vezes" de "outro móbil" (AA 6:30). É um tipo de autoengano no qual o ser humano, muitas vezes, tem a ilusão de estar moralmente justificado. No grau mais elevado de propensão para o mal, encontra-se, finalmente, a "malignidade" (*vitiositas, pravitas*) ou "a corrupção" (*corruptio*) do coração humano, que é a propensão do arbítrio em direção às máximas que deliberadamente subordinam os móbis morais a outros. Esse grau de propensão pode ser chamado também de "perversidade" (*perversitas*) do coração, porque "inverte a ordem moral em relação aos móbis de um livre-arbítrio" (AA 6:30). Isto pressupõe uma escolha totalmente deliberada dos móbis não morais como princípios determinantes das máximas. O mal moral é adotado, nesse caso, de maneira manifesta e completamente intencional.

43. O problema mais marcante que a literatura tem observado desde a época de Kant (já apontada por Reinhold em 1792) a respeito da doutrina do mal radical é que, segundo os fundamentos da moral kantiana desenvolvida na década de 1980,

essa "propensão", enquanto "fundamento subjetivo de adoção de máximas", é sempre uma operação inteligível, ela nos é, portanto, sempre "inescrutável" e não pode ser teoricamente discernida (AA 6:20).

Após discutir os termos filosóficos mais básicos da questão, Kant propõe uma reinterpretação da alegoria bíblica do pecado original, na qual defende, na contramão da interpretação teológica, que o mal não pode ser atribuído ao ser humano como se fosse uma herança biológica dos primeiros pais. Tratar a narrativa bíblica da queda "literalmente" é uma interpretação inapropriada porque oferece uma solução empírica, para um problema que é essencialmente filosófico e, portanto, racional. A rejeição de uma interpretação literal da narrativa é, certamente, uma maneira de se resguardar do pensamento determinista de que a causa do mal poderia ser rastreada até um domínio externo ao nosso próprio arbítrio. Buscar a origem temporal de uma escolha livre é uma contradição, pois toda escolha livre é um ato inteligível que se encontra fora do tempo e do espaço (AA 6:40-41). Para Kant, mais adequado, portanto, seria interpretar a narrativa do pecado original como uma descrição simbólica da maneira segundo a qual toda má ação se origina diretamente do estado de inocência (AA 6:41). Kant quer mostrar com isso a possibilidade de se pensar o mal como uma condição inata, da qual podemos, no entanto, ainda nos considerarmos responsáveis. Nesse sentido, a narrativa bíblica descreve corretamente o mal como tendo origem não em um aspecto necessário da natureza, mas no pecado, compreendido como uma escolha racional tomada a partir do estado de inocên-

---

não seria possível falar de uma escolha livre do mal. O problema se baseia sobretudo na afirmação kantiana de que somos livres apenas na medida em que agimos como agentes autônomos, segundo a regra que legislamos para nós mesmos, o imperativo categórico. Como a literatura tem observado, para responder a essa objeção, é importante considerar a distinção que Kant deixa mais explícita a partir da década de 1790 entre os conceitos de *Wille* (vontade) e *Willkür* (arbítrio). Para Kant, *Wille* e *Willkür* expressam aspectos diferentes da volição, que precisam ser igualmente considerados. De maneira bem resumida, podemos dizer que *Wille* tem caráter legiferante, na medida em que nos dá a lei, enquanto *Willkür* tem caráter executivo, na medida em que nos permite fazer escolhas: "as leis procedem de *Wille*; as máximas de *Willkür*. Este último é, no ser humano, o livre-arbítrio; a vontade [*Wille*] que se refere apenas à lei não pode ser denominada nem livre nem não livre [...]. Somente o arbítrio [*Willkür*], portanto, pode ser denominado de livre" (MS AA 6:226). Cf. Allison (2020, p. 451-468).

cia, na qual o amor de si é colocado à frente do mandamento divino (a lei moral) (AA 6:41-42). A retratação do diabo como espírito sedutor também é adequada à interpretação racional, pois, visto ser incompreensível a queda de um anjo no mal, ela simboliza justamente essa "incompreensibilidade" da origem racional do mal moral (AA 6:43-44).

Na primeira peça da *Religião*, Kant insiste, inclusive em sua interpretação do pecado original, que o mal é uma escolha livre à qual estamos propensos devido à natureza finita de nosso arbítrio. Mas se o mal radical precisa ser certamente admitido como uma "corrupção" da qual o próprio ser humano é responsável, ele não obscurece a existência de uma "predisposição"[44] fundamental da natureza humana em direção ao bem, algo que se confirma sobretudo pela consciência manifesta da lei moral em nós (AA 6:43-46). Ao ser humano deve ser possível, por conseguinte, uma "mudança de coração", uma revolução da maneira de pensar pela qual a lei moral se torna a base fundamental de suas escolhas (AA 6:47-48). Nesse sentido, é importante a reinterpretação, proposta na segunda peça, da figura de Cristo, que, na narrativa bíblica, é o advento pelo qual é possível a remissão dos pecados e a liberação da corrupção originária. Em sua interpretação, Kant concebe Cristo como o "arquétipo" do ser humano perfeitamente moral, como representação sensível da própria lei moral dada pela razão e, portanto, como um modelo condizente com a moralidade, a partir do qual podemos, mediante a imitação, nos tornarmos agradáveis a Deus como indivíduos morais (AA 6:60-66).

---

44. É importante chamar a atenção para a distinção kantiana entre propensão [*Hang*] e predisposição [*Anlage*]. A predisposição é um certo tipo de capacidade natural ou adquirida que leva a certos tipos de ação cujo resultado geralmente acontece em benefício do agente ou do organismo. Kant fala especificamente de três predisposições que foram implantadas no ser humano pela natureza. Estas predisposições não são culpáveis, pois não estão associadas diretamente ao livre-arbítrio, e devem ser consideradas boas. A predisposição para a "animalidade" é um impulso de autopreservação, voltado para a conservação do indivíduo, a propagação da espécie e a manutenção da comunidade (AA 6:26). A predisposição para a "humanidade" diz respeito à nossa condição como ser natural e racional e leva em conta o amor de si físico e nossa tendência à comparação. Ela envolve um certo uso prudencial da razão no âmbito da sociabilidade. Por fim, a predisposição para a "personalidade" consiste em uma qualidade do ser humano enquanto ser racional e dotado de responsabilidade. Ela envolve nossa receptividade ao respeito à lei como móbil suficiente do arbítrio (AA 6:27).

O problema da graça

Enquanto a primeira peça da *Religião* apresenta os aspectos filosóficos gerais da doutrina do mal radical e a possível interpretação da alegoria bíblica do pecado original segundo seus fundamentos, as outras três peças se ocupam de investigar as condições de possibilidade de superação do mal radical, sendo que as duas últimas lidam mais proximamente com a religião histórica. A segunda peça, intitulada "Da luta do princípio bom com o mau pelo domínio sobre o ser humano", introduz o problema da graça divina, o meio pelo qual a teologia cristã acredita mitigar o problema da natureza pecaminosa do ser humano estabelecida desde o pecado original. Para a teologia bíblica, a culpa pelo pecado de Adão é expiada pela crucificação redentora de Cristo, que fornece as graças necessárias para que o ser humano supere a fraqueza de sua vontade e apareça como justificado diante de Deus. A segunda peça aborda especificamente três dificuldades em relação à doutrina da graça. A primeira refere-se à condição da "santidade", a saber, ela discute como a "mudança de coração" ou a "regeneração moral" pode concordar com a exigência da "santidade" imposta por Deus e pela lei moral (AA 6:66-7); a segunda relaciona-se à "bondade" de Deus e considera como um indivíduo pode, levando em conta a própria felicidade como consequência de sua conduta (AA 6:67-70), "persistir" em sua "mudança de coração"; e a última dificuldade diz respeito à "justiça" de Deus e considera as maneiras de se entender a "dívida do pecado" (AA 6:70-78). Kant rejeita explicitamente, nesse ponto, a ideia cristã da "expiação vicária" (AA 6:72-73; 76), ideia segundo a qual Cristo paga os pecados da humanidade. A questão da graça introduzida na segunda peça é complementada com outros importantes comentários dispersos na primeira e na quarta peça. O problema manifesto da doutrina cristã da graça é, segundo Kant, que ela coloca o ser humano em um estado de "passividade" na qual a "regeneração moral" passa a depender totalmente da esperança suplicante. A doutrina da graça, assim concebida, é, no entanto, contrária à autonomia moral (AA 6:118; 184-185). Se é verdadeira a premissa básica da religião da razão de Kant que exige que tomemos as leis morais como mandamentos divinos (AA 6:84; 110, 152-153; 192), consequentemente, o único caminho possível pelo qual o ser humano pode se tornar agradável a Deus é mediante sua boa conduta de vida. Então, com base na mesma lógica da doutrina kantiana dos postulados[45], a doutrina da graça é repensada segundo os princípios da moral racional e, nestes termos, não mais pode se basear na esperança suplicante, mas, ao contrário, deve fundar toda esperança na conduta livre do sujeito moral. Isto é, é apenas se fazemos moralmente tudo o que está a nosso alcance é que nos tornamos dignos de esperar uma "assistência divina" que possa reparar a fragilidade de nossa disposição de ânimo (AA 6:44-45; 52; 192). Portanto, uma vez que a raiz do arbítrio se encontra "corrompida", como Kant demonstrou na primeira peça, a superação do mal radical depende, consequentemente, da graça. Mas, em contraste à interpretação teológica convencional, a graça só pode ser admitida dentro dos limites da simples razão, como uma doutrina resultante da moral, enquanto baseada em uma "crença" na "assistência divina" que só adquire justificação racional a partir da boa conduta.

A comunidade ética e a fé cristã

A terceira peça continua a refletir sobre as condições de possibilidade da regeneração moral da humanidade. Do mesmo modo que a segunda peça introduziu para isso a necessidade da graça, a terceira peça, intitulada "A vitória do princípio bom sobre o mal e a fundação de um Reino de Deus sobre a terra", começa da constatação de que a superação do mal radical e a restauração completa de nossa predisposição para o bem não podem acontecer individualmente. O problema é que o indivíduo moralmente reformado, desde a "disposição de ânimo", continua, pois, sempre a sofrer as "impugnações" do princípio mau. Por causa de sua

---

45. Segundo a *Crítica da razão prática*, todos os postulados "partem do princípio da moralidade, que não é um postulado, mas uma lei, pela qual a razão determina a vontade imediatamente [...]. Esses postulados não são dogmas teóricos, mas pressuposições no modo de consideração necessariamente prático, e, portanto, certamente não ampliam o conhecimento especulativo, mas dão realidade objetiva às ideias da razão [...] e justificam conceitos cuja possibilidade ela sequer poderia, de outro modo, se atrever a afirmar" (AA 5:132) (Trad. M. Hulshof. Petrópolis: Vozes, 2018).

tendência social ou, em termos kantianos, de sua insociável sociabilidade[46], os seres humanos tendem a corromper uns aos outros em suas relações recíprocas (AA 6:94), abrindo espaço para vícios como a inveja, a ambição e a concupiscência. Tendo em vista o caráter social do mal radical, a regeneração moral da humanidade exige, portanto, o dever de um esforço conjunto da humanidade em se reunir em uma "comunidade ética" erigida sob as "leis da virtude". Antes de tudo, deve-se esclarecer que essa "comunidade ética" é distinta da "comunidade política", que, por ocasião de leis jurídicas, reprime coercitivamente as tendências más do comportamento humano, estimulando uma conduta legal que, no entanto, não é propriamente moral (AA 6:95-96). Diferente da comunidade política, então, a comunidade ética deve ser totalmente livre de coerção e, com efeito, de livre adesão. Trata-se da união livre dos seres humanos autônomos sob leis morais que equivale, na linguagem da *Fundamentação da metafísica dos costumes,* ao "reino dos fins", mas que na *Religião* é acrescida explicitamente de um dever particular, que não é um dever do ser humano para consigo mesmo, mas do ser humano para com o "gênero humano", a saber, o dever de trabalhar em conjunto para a realização de um "fim comum", o "sumo bem no mundo" (AA 6:97-98). Para tanto, essa "comunidade ética", enquanto manifestação de um "povo de Deus", deve se erigir na forma de uma "Igreja", que se manifesta primeiramente na forma de uma "Igreja visível", a qual, embora contingente e suscetível ao erro, deve contudo servir de "veículo" para a realização da religião moral pura, da "Igreja invisível", e de seu fim (AA 6:100-101). Nesse tocante, Kant acredita que a "fé

---

46. Como Kant esclarece na quarta proposição de *Ideia de uma história universal do ponto de vista cosmopolita,* a "insociável sociabilidade" é a tendência humana "a entrar em sociedade que está ligada a uma oposição geral que ameaça constantemente dissolver essa sociedade. Esta disposição é evidente na natureza humana. O homem tem uma inclinação para associar-se porque se sente mais como homem num tal estado, pelo desenvolvimento de suas predisposições naturais. Mas ele também tem uma forte tendência a separar-se (isolar-se), porque encontra em si ao mesmo tempo uma qualidade insociável que o leva a querer conduzir tudo simplesmente em seu proveito, esperando oposição de todos os lados, do mesmo modo que sabe que está inclinado a, de sua parte, fazer oposição aos outros" (AA 8:21-22). Trad. Ricardo Terra. São Paulo: Editora WMF Martins Fontes, 2022.

cristã" é a manifestação mais próxima da "verdadeira Igreja", a qual se constitui a partir das marcas da "universalidade", "pureza", "liberdade" e "imutabilidade" (AA 6:101-102). Essa posição especial da "fé cristã" pode ser confirmada pela natureza moral do cristianismo, manifesta nos ensinamentos de Cristo e constatada, especialmente, como Kant enfatiza na quarta peça, nos ensinamentos professados no Sermão da Montanha (AA 6:159-161). É claro que a fé cristã, como toda fé histórica, está suscetível a todas as vicissitudes de uma organização contingente e humana. É justamente aqui que se insere a prerrogativa do intérprete moral, que deve conduzir uma exegese das Escrituras, dogmas e práticas dela, de modo a extrair a sua essência moral, evitando seu desvio para o fanatismo e as práticas religiosas espúrias (AA 6:110-112). Em relação a isso, Kant chama a atenção para a inclinação humana natural de tomar o caminho mais fácil no culto de Deus, cuja consequência é a adoção de práticas religiosas que se opõem ao verdadeiro propósito da religião. Como Kant observa na quarta peça, é dessa forma que nascem as práticas não morais de devoção, súplica e bajulação de Deus que tomam lugar no culto e conduzem às várias formas de entusiasmo religioso. Apesar de afirmar explicitamente a significância histórica da doutrina cristã, como veículo indispensável da religião racional na realização de seu fim, Kant ressalta, ainda na terceira peça, a necessidade de uma transição gradual da fé eclesial para a fé religiosa pura (AA 6:121-123) e sugere, com efeito, que a religião histórica pode vir a ser dispensável um dia (AA 6:136 n).

O verdadeiro e o falso serviço de Deus

Depois de defender a religião histórica como "veículo" da religião racional pura na terceira peça, Kant contrasta o verdadeiro e o falso serviço de Deus na quarta peça, demonstrando como a religião histórica pode prestar um serviço contrário ao verdadeiro propósito da religião. Como suas práticas, a religião histórica é capaz de perverter o substrato moral da religião de várias maneiras possíveis. O pseudosserviço de Deus é aquele que se dirige a Deus sem contribuir em nada para o melhoramento moral dos seres humanos. Ele toma a forma de observâncias estatutárias, credos mecânicos, sacrifícios e fórmulas de oração que são utilizadas não como meros "meios" para se edificar no ânimo boas disposições, mas como "fins em si mesmos" no que diz respeito a maneira de se agradar a Deus. É, no entanto, importante chamar a atenção para o fato de que não se trata de condenar, dessa forma, as diversas práticas da fé eclesial, que, como vimos, têm uma importante função como veículo da religião racional, mas apenas de ponderar que tais práticas não são o "essencial" da religião e, portanto, não têm caráter incondicionado. Se estas práticas ordenassem incondicionalmente, imporiam obediência cega a elas e aos estatutos da fé eclesial e, com efeito, a religião não poderia ser pensada como intrinsecamente livre (AA 6:178-179). Dessa forma, Kant observa que qualquer coisa que o ser humano possa fazer para agradar a Deus, que não tenha em conta o aprimoramento de sua conduta de vida, é mera "desilusão religiosa" e representa um "pseudosserviço" (AA 6:170). A desilusão religiosa manifesta-se nos diversos tipos de ações, chamadas também "meios da graça" (AA 6:193), nas quais acreditamos poder influenciar a conduta de Deus a nosso favor. Entre os tipos de desilusão, encontra-se em primeira instância a "superstição religiosa", que é a desilusão de que o ser humano é capaz de se justificar diante de Deus mediante ações de culto, que passam a ter, nesse caso, caráter servil e mercenário. Embora a superstição seja certamente repreensível por se valer de meros "meios naturais" para agradar a Deus, tais como as observâncias, orações e os sacrifícios, Kant observa que estas práticas podem, ao menos, atuar como meios contra os obstáculos de uma disposição de ânimo moral. Estas práticas podem ser saudáveis na medida em que as consideramos não como uma maneira de influenciar diretamente Deus, mas apenas como um "meio" de tornar o ânimo receptivo às boas disposições morais. Totalmente contrário à razão é, no entanto, o *entusiasmo* religioso, que é a desilusão na qual alguém acredita se justificar diante de Deus sob a pressuposição de uma "relação direta" com Ele (AA 6:174-175). O "entusiasmo" ou "fanatismo" decreta, como Kant assevera, "a morte moral da razão"

A estes tipos de desilusão, Kant ainda acrescenta a desilusão de acreditar estar em posse de "uma arte de provocar um efeito sobrenatural" por meios naturais, a qual se pode chamar magia, ou, em termos melhores, fetichismo. A constituição de uma Igreja que é estabelecida na predominância do "serviço fetichista" é o "clericalismo" (AA 6:179). Neste tipo de organização religiosa, cuja constituição é de caráter despótico, a fé nos estatutos da Igreja demanda obediência incondicional e o clérigo, como guardião e único intérprete da vontade de Deus, exerce autoridade absoluta sobre o entendimento e a consciência dos crédulos. Ao submeter a "doutrina da virtude" à "doutrina da piedade" e estabelecer o fundamento do culto na adulação e na adoração a Deus, o clericalismo torna a religião mera "idolatria" (AA 6:182-184). O clericalismo impõe, dessa forma, um jugo pesado à consciência, ao submetê-la a uma obrigação externa e contingente que é contrária à autonomia moral do indivíduo (AA 6:179). Nota-se que a crítica kantiana ao clericalismo se articula a partir da tensão entre heteronomia e autonomia no que diz respeito à pretensão de autoridade sob o ânimo do sujeito religioso. Com efeito, contra o despotismo espiritual, Kant destaca, na quarta peça, o papel fundamental da consciência como fio condutor de nossas decisões. A consciência moral deve representar a autoridade da razão contra todas as formas de heteronomia. Dando substância a isso, o primeiro postulado da consciência moral em questões de religião é, segundo Kant, aquele que exige, para qualquer ação, a certeza de que ela não é incorreta. A falta de certeza moral denuncia, por exemplo, a ausência de consciência moral em um inquisidor que, baseado em estatutos de fé, condena alguém à morte por incredulidade (AA 6:186-187). Kant se indaga sobre como este indivíduo, com base em estatutos contingentes e suscetíveis ao erro, poderia ter plena certeza da corretude de sua ação. A consciência moral aponta, ao contrário, de maneira manifesta, que é incorreto tirar a vida de um ser humano por causa de sua fé religiosa. Nos mesmos termos, Kant remete-se à questão da "sinceridade" para afirmar a violação da consciência moral quando um clérigo impõe o jugo de sua fé a outras pessoas (AA 6:189-190).

A crítica ao clericalismo e ao despotismo espiritual prepara o terreno para a concepção do verdadeiro serviço de Deus, que acontece sob a pressuposição de um reino moral regido pelas leis da liberdade. Nesse sentido, Kant destaca que o verdadeiro serviço de Deus é "invisível" e representa, em "espírito e verdade", "um *serviço dos corações*", consistindo, dessa forma, "na disposição de ânimo", na "observância de todos os deveres" morais "como mandamentos divinos". Mas, como um conhecedor da natureza humana, Kant está bastante consciente de que é natural, no entanto, que, a despeito disso, seja necessário aos indivíduos em geral, nas circunstâncias contingentes da vida, uma maneira de tornar "visível" aquilo que é "invisível", de tornar o "intelectual" algo "intuitivo" (AA 6:192). Nessa prerrogativa, os símbolos religiosos operam, como Kant tem defendido, de acordo com o "esquematismo da analogia", segundo o qual um conceito torna-se apreensível mediante a analogia com algo sensível (AA 6:65n). A religião histórica é um aparato simbólico através do qual se torna intuitivo o inteligível na experiência humana. Essa demanda que nasce das necessidades de um sujeito, ao mesmo tempo, sensível e inteligível qualifica a religião histórica e os seus dogmas como "meios" pelos quais os princípios éticos, que constituem a base da religião, tornam-se acessíveis aos seres humanos, não apenas no plano individual, mas coletivamente no decorrer do desenvolvimento histórico. Mas também é uma apreciação lúcida da natureza humana reconhecer a tendência bastante humana de tomar como fim aquilo que tem meramente a função de meio, o que deve qualificar toda a proposta de Kant de também considerar legítimo o empreendimento do filósofo de interpretar *A religião nos limites da simples razão*.

Bruno Cunha
São João del-Rei, setembro de 2023

Referências

ALLISON, H. *Kant's conception of freedom*: a developmental and critical analysis. Cambridge: Cambridge University Press, 2020.

BOROWSKY, L.E. *Darstellung des Lebens und Charakters Immanuel Kants*. Königsberg, 1804.

CASSIRER, E. *Kant*: vida e doutrina. Trad. R. Garcia e L. Santos. Petrópolis: Vozes, 2021.

DI CENSO, J.J. *Kant's religion within the boundaries of mere reason*: A commentary. Cambridge: Cambridge University Press, 2012.

DILTHEY, W. *Der Streit Kants mit der Zensur über das Recht freier Religionsforschung*. Archiv für Geschichte der Philosophie, 3, 1890, 418-430.

GIOVANNI, G. Translator's introduction. In: *Religion and rational theology* – The Cambridge Edition of the Works of Immanuel Kant. Cambridge: Cambridge University Press, 1996. p. 41-54.

KANT, I. *Crítica da razão prática*. Trad. M. Hulshof. Petrópolis: Vozes, 2016.

KANT, I. *Fundamentação da metafísica dos costumes*. Trad. G. Alemdida. São Paulo: Barcarolla, 2009.

KANT, I. *Gesammelte Schriften*. Vol. I-XXIX. Berlim: Raimer (DeGruyter), 1910-1983.

KANT, I. *Ideia de uma história universal do ponto de vista cosmopolita*. Trad. R. Novaes e R. Terra. São Paulo: WMF Martins Fontes, 2022.

KANT, I. *Crítica da razão pura*. Trad. F.C. Mattos. Petrópolis: Vozes, 2012.

MILLERM, E.N. *Kant's religion within the boundaries of mere reason*: Readears guide. Londres: Bloomsbury, 2015.

NASCIMENTO L.G. Anexo I: O contexto histórico prussiano nos tempos de Kant. In: *O conflito das faculdades*. Petrópolis: Vozes, 2021, p. 145-164.

PALMQUIST, S.R. *Introduction*. Indianápolis: Hackett, 2009.

PALMQUIST, S.R. Kant's quasi-transcedental argument for a necessary and universal evil propensity in human nature. *The Southern Journal of Philosophy*, 46.2, 2008. p. 261-297.

PASTERNACK, L. The 'Two experiments' of Kant's Religion: Dismantling the Conundrum. *Kantian Review*, 22(1), 2017, 107-131.

PEREZ, A.R. Anexo II: Kant contra a censura – notas sobre a constituição e editoração de *O conflito das faculdades*. In: *O conflito das faculdades*. Petrópolis: Vozes, 2021, p.165-190.

VÖRLANDER, K. *Der Mann und das Werke*. Hamburgo: Felix Meiner, 1992.

WOOD, A. General introduction. In: *Religion and rational theology* – The Cambridge Edition of the Works of Immanuel Kant. Cambridge: Cambridge University Press, 1996. p. xi-xxiv.

WOOD, A. *Kant and religion*. Cambridge: Cambridge University Press, 2020.

A RELIGIÃO NOS LIMITES
DA SIMPLES RAZÃO

PREFÁCIO À PRIMEIRA EDIÇÃO

A moral, na medida em que é fundada no conceito do ser humano como um ser livre - o qual, no entanto, exatamente por isso, também liga a si mesmo, por meio de sua razão, às leis incondicionadas - não precisa nem da ideia de outro ser acima dele para conhecer o seu dever, nem, para observar tal dever, de outro móbil além da lei mesma. Pelo menos, é culpa do próprio ser humano se uma necessidade tal se encontra nele, necessidade que, no entanto, também não pode então ser remediada por nada mais, pois o que não nasce do ser humano mesmo e de sua liberdade não proporciona nenhuma compensação [*Ersatz*] para a deficiência de sua moralidade. — Portanto, a moral, em prol de si mesma (tanto objetivamente, no que diz respeito ao dever, quanto subjetivamente, no que diz respeito ao poder) de modo algum precisa da religião, mas é, em si mesma, suficiente em virtude da razão prática pura. — Pois visto que suas leis obrigam [*verbinden*] pela mera forma da legalidade universal das máximas, que são tomadas de acordo com isto, como condição superior (mesmo incondicionada) de todos os fins, então ela, em geral, de modo algum precisa de fundamentos de determinação materiais do livre-arbítrio*,

---

* Aqueles para quem não quer bastar, por fundamento de determinação no conceito de dever, o fundamento de determinação meramente formal (da legislação) em geral, admitem, contudo, que este não pode ser encontrado no amor de si dirigido ao próprio conforto[1] [*Wohlbehagen*]. Então restam apenas dois fundamentos de determinação, um que é racional, a saber, a perfeição própria, e outro que é empírico, a felicidade alheia. — Ora se, pela primeira, eles já não entendem a perfeição moral, que pode ser apenas uma (a saber, uma vontade incondicionalmente obediente à lei), caso que no entanto explicariam em círculo, / então eles teriam de estar se referindo à perfeição natural do ser humano na medida em que ela é capaz de aumentar, e da qual pode haver muitos tipos (como a habilidade nas artes e nas ciências, o gosto, a habilidade do corpo etc.). Mas isto é bom sempre de maneira condicionada, ou seja, apenas sob a condição de que seu uso não entre em conflito com a lei moral (a única que ordena incondicionalmente); portanto a perfeição natural, tomada como um fim, não pode ser princípio dos conceitos de dever. Isso também vale para os fins dirigidos à felicidade de outros seres humanos. Pois uma ação deve ser primeiro avaliada em si mesma, de acordo com a lei moral, antes que ela seja dirigida à felicidade de outros. O fomento dessa felicidade é, portanto, dever apenas condicionalmente e não pode servir como princípio supremo das máximas morais.

1. Kant parece estar se referindo a uma resenha anônima que foi publicada em 1786 para a *Fundamentação da metafísica dos costumes* na *Allgemeine deutsche Bibliothek* (vol. 66, parte II, p. 447-463). Essa resenha foi redigida por Hermann Andreas Pistorius (1730-1798), teólogo, filósofo e clérigo luterano alemão.

6:4 isto é, de nenhum fim nem para reconhecer o que é o dever, / nem para incitar que ele seja executado, mas, quando se trata de dever, a moral deve e pode muito bem se abstrair de todos os fins. Então, por exemplo, para saber se devo (ou também posso) ser veraz em meu testemunho diante do tribunal ou leal na reclamação de um bem alheio confiado a mim, de modo algum é necessário a demanda de um fim que eu, por acaso, pudesse, de antemão, me propor a conseguir em minha declaração, pois não importa que tipo de fim seja; antes, aquele que, ao lhe ser exigido legalmente sua confissão, ainda acha necessário procurar ao redor algum fim, já é nisto um indigno.

Mas embora a moral, em prol de si mesma, não precise de nenhuma representação de fim que teria de preceder à determinação da vontade, pode muito bem ser, contudo, que ela tenha uma referência necessária a um tal fim, a saber, não quanto ao fundamento, mas quanto às consequências necessárias das máximas que são tomadas em conformidade àquelas leis[2]. – Pois, sem nenhuma referência ao fim, de modo algum pode acontecer uma determinação da vontade no ser humano, uma vez que tal determinação não pode acontecer sem algum efeito, cuja representação tem de, contudo, poder ser admitida – mesmo que não como fundamento de determinação do livre-arbítrio e como um fim precedente ao propósito – como consequência de sua determinação para um fim por meio da lei (*finis in consequentiam veniens*); sem esse fim, um arbítrio que não acrescenta em pensamento à ação visada um objeto determinado objetiva ou subjetivamente (que a ação tem ou deveria ter) – estando instruído decerto sobre *como*, mas não *para onde* tem de atuar – não pode satisfazer a si mesmo. Então, decerto, para o agir correto, não é necessário à moral nenhum fim,

6:5 mas lhe é suficiente a lei que contém a condição formal do uso / da liberdade em geral. Da moral, no entanto, emerge um fim, pois é impossível que a razão seja, contudo, indiferente a como pode ter lugar a resposta da pergunta: *o que resulta então desse nosso agir correto* e para o que poderíamos dirigir nosso fazer e deixar

---

2. Greene e Hudson (1960) traduzem a partícula *"jenen"* para *"to that end"* (àquele fim). As traduções de Pluhar (2009) para o inglês, Gibelin (1968) para o francês e Morão (1991) para o português traduzem respectivamente como *"with those laws"*, *"avec les lois"* e "com aquelas leis".

de fazer quanto a um fim – mesmo supondo que não temos isso completamente em nosso poder – com o propósito de ao menos concordar com ele? Trata-se, portanto, apenas de uma ideia de um objeto, que contém reunido em si a condição formal de todos os fins – como devemos tê-los (o dever) – e, ao mesmo tempo, todo o condicionado – concordante com o dever – de todos aqueles fins que temos (a felicidade em conformidade com a observância do dever), isto é, a ideia de um sumo bem no mundo para cuja possibilidade devemos assumir um ser supremo, moral, mais santo e onipotente, único que pode unir ambos os elementos desse sumo bem. Essa ideia (considerada praticamente) não é, no entanto, vazia, porque ela auxilia a nossa necessidade natural – a qual, ao contrário, seria um obstáculo da decisão moral – a pensar algum fim término, para todo nosso fazer e deixar de fazer tomado como um todo, que pode ser justificado pela razão. Mas – o que é mais importante aqui – esta ideia emerge da moral e não é seu fundamento; é um fim, que para se formar, já pressupõe princípios morais. Não pode ser indiferente à moral, portanto, se ela forma ou não para si o conceito de um fim término de todas as coisas (concordar com tal fim não aumenta decerto o número dos deveres da moral, mas proporciona a eles um ponto de referência particular da união de todos os fins), uma vez que apenas dessa forma pode se proporcionar realidade prática objetiva à ligação da conformidade a fins da liberdade com a conformidade a fins da natureza, ligação que de modo algum podemos prescindir. Suponha que um ser humano que venere a lei moral e que se permite que ocorra o pensamento (algo que ele dificilmente pode evitar) sobre que mundo ele provavelmente *criaria*, guiado pela razão prática, se isto estivesse em seu poder e, decerto, de modo que ele mesmo se colocasse nesse mundo como membro, então ele não apenas escolheria um mundo exatamente como traz consigo aquela ideia moral do sumo bem, se a escolha lhe fosse simplesmente confiada, mas quereria também que um mundo em geral existisse, uma vez que a lei moral quer que o sumo bem possível seja realizado por meio de nós, muito embora, segundo essa ideia mesma, esse ser humano se veja em perigo de perder para a sua pessoa muito da felicidade, / porque é possível que ele possa não estar adequado à exigência da felicidade que a razão toma por condição; por conse-

6:6

guinte, esse ser humano se sentiria necessitado³ [*genöthigt*] pela razão a reconhecer este juízo de maneira inteiramente imparcial, como se fosse proferido por um estranho, mas, ao mesmo tempo, como sendo seu; por meio disso, o ser humano demonstra a necessidade, provocada nele moralmente, de pensar, para seus deveres, ainda um fim término como o resultado deles.

Portanto, a moral conduz inevitavelmente à religião, por meio da qual ela se estende* à ideia de um legislador moral poderoso, exterior ao ser humano, em cuja vontade o fim término (da criação do mundo) é aquele que, ao mesmo tempo, pode e deve ser o fim término do ser humano.

---

3. O termo alemão *"genötigt"* é traduzido, em situações de senso comum, por "compelido", "coagido" ou "obrigado". Optamos no decorrer do texto pelo termo técnico.

* A proposição: "há um Deus", por conseguinte, "há um sumo bem no mundo", se ela (como proposição de fé) tem de provir meramente da moral, é uma proposição sintética *a priori*, que, embora seja assumida apenas em referência prática, vai, contudo, além do conceito de dever que a moral contém (e que não pressupõe nenhuma matéria do livre-arbítrio, mas meramente suas leis formais) e, portanto, não pode ser desenvolvida analiticamente a partir da moral. *Mas como uma proposição a priori tal é possível?* A concordância com a mera ideia de um legislador moral de todos os seres humanos é, decerto, idêntica ao conceito moral de dever em geral e, nesse sentido, a proposição que ordena esta concordância seria analítica. Mas a aceitação da existência de tal legislador diz mais do que a mera possibilidade de um objeto tal. A chave para a resolução desse problema, tanto quanto acredito discerni-la, só posso aqui indicar, sem desenvolvê-la.

Um *fim é* sempre o objeto de uma *inclinação*, isto é, de um desejo imediato de possuir uma coisa mediante sua ação, assim como a *lei* (que ordena praticamente) é um objeto de *respeito*. Um fim objetivo (isto é, aquele que devemos ter) é aquele que nos é dado, como tal, pela simples razão. O fim que contém a condição inevitável e, ao mesmo tempo, suficiente de todos os demais é o *fim término* [*Endzweck*]. A felicidade própria é o fim término subjetivo de todos os seres racionais do mundo (fim que cada um deles *tem* em virtude de sua natureza dependente de objetos sensíveis e seria absurdo dizer, de tal fim, que se *deve* tê-lo) e todas as proposições práticas que têm esse fim término como fundamento são sintéticas, mas ao mesmo tempo empíricas. / Mas que todos devam fazer do sumo *bem* possível no mundo um *fim término* para si, esta é uma proposição prática *a priori* e, decerto, uma proposição prática objetiva dada pela razão pura, uma vez que é uma proposição que vai além do conceito dos deveres no mundo e acrescenta uma consequência (um efeito) de tais deveres que não está contida nas leis morais e, portanto, não pode ser desenvolvida analiticamente a partir delas. Pois estas leis ordenam absolutamente independente de sua consequência e, por certo, necessitam-nos [*nöthigen*] até mesmo a abstrair inteiramente da consequência quando se trata de uma ação

* * *

Se a moral, na santidade de sua lei, reconhece um objeto de maior respeito, então, no nível da religião, ela apresenta, / na causa suprema que executa estas leis, um objeto de *adoração* e ela aparece em sua majestade. No entanto, tudo - mesmo o mais sublime - diminui-se nas mãos dos seres humanos, quando eles / empregam a ideia disso para o seu próprio uso. O que pode ser venerado verdadeiramente só na medida em que o respeito a isso é livre, é necessitado [*genöthigt*] a se adequar a certas formas para as quais só se pode proporcionar autoridade [*Ansehen*]

---

particular, e, dessa forma, elas fazem do dever um objeto do maior respeito, sem nos apresentar e dar um fim (e fim término) que teria por acaso de constituir a recomendação delas e o móbil para o cumprimento de nosso dever. Além disso, todos os seres humanos poderiam ter o suficiente com isso, se eles se mantivessem (como deveriam) simplesmente na prescrição da razão pura na lei. Qual a necessidade de eles terem de saber o resultado de seu fazer e deixar de fazer moral que o curso do mundo provocará? Para eles basta que cumpram seu dever, mesmo que tudo possa terminar agora com a vida terrena e que, mesmo nesta vida, talvez, felicidade e dignidade nunca coincidam. Ora, mas uma das limitações inevitáveis do ser humano e de sua faculdade racional prática (talvez também da de todos os outros seres do mundo) é buscar [*umzusehen*] em todas as ações o seu resultado para encontrar nele algo que pudesse lhe servir de fim e demonstrar a pureza do propósito; esse resultado é decerto a última coisa na execução (*nexu effectivo*), mas a primeira na representação e no propósito (*nexu finali*). Ora, o ser humano procura nesse fim – embora ele lhe seja apresentado pela simples razão – algo que ele possa amar; por isso, a lei que lhe inspira unicamente respeito [*Achtung*], embora não reconheça este algo como necessidade, estende-se, contudo, em prol deste algo até o acolhimento do fim término moral da razão entre seus fundamentos de determinação; isto é, a proposição "faça o sumo bem possível no mundo seu fim término!" é uma proposição sintética *a priori* que é introduzida pela lei moral mesma e através da qual, não obstante, a razão prática se estende para além dessa lei; isso é possível pelo fato de que a lei moral se refere à propriedade natural do ser humano de ter de pensar, para além da lei, ainda um fim (propriedade do ser humano que o faz objeto da experiência) e tal proposição (igual às proposições teóricas e ainda sintéticas *a priori*) só é possível porque contém o princípio *a priori* do conhecimento dos fundamentos de determinação de um livre-arbítrio na experiência em geral, na medida em que esta experiência, que expõe os efeitos da moralidade em seus fins, proporciona ao conceito da moralidade, como causalidade no mundo, realidade objetiva, embora apenas realidade prática. – Ora, mas se a mais estrita observância das leis morais / deve ser pensada como causa da produção do sumo bem (como fim), então, uma vez que a capacidade do ser humano para provocar a felicidade no mundo em concordância com a dignidade de ser feliz não é suficiente, tem de ser assumido um ser moral onipotente como soberano do mundo sob cuja provisão isso acontece, isto é, a moral conduz inevitavelmente à religião.

mediante leis coercitivas; e o que por si mesmo se expõe à crítica pública de todo ser humano tem de se submeter a uma crítica que detém força, isto é, a uma censura.

Entretanto, uma vez que o mandamento "obedeça à autoridade [*Obrigkeit*]!" também é moral e a sua observância, como a de todos os deveres, pode ser aplicada[4] à religião, então condiz a um tratado que é dedicado ao conceito determinado da religião proporcionar, ele mesmo, um exemplo dessa obediência; mas essa obediência não pode ser demonstrada meramente mediante a atenção à lei de uma única regulação[5] no Estado e cega em vista de todas as demais, mas apenas por meio do respeito unificado a todas as regulações reunidas. Ora, o teólogo que emite juízos sobre livros pode ser apontado ou como alguém que deve zelar meramente pelo bem-estar[6] das almas ou como alguém que deve fazê-lo, ao mesmo tempo, pelo bem-estar das ciências; o primeiro juiz o pode meramente como eclesiástico, enquanto o segundo, ao mesmo tempo, como erudito. Ao último, enquanto membro de uma instituição pública (sob o nome de universidade) – à qual são confiadas todas as ciências para cultivo e proteção contra danos – é dada a incumbência de restringir as pretensões do primeiro à condição de que sua censura não provoque nenhuma destruição no campo das ciências; e, se ambos são teólogos bíblicos, então, a censura superior compete ao último, enquanto membro universitário daquela faculdade, que foi encarregada de tratar desta teologia, uma vez que, no que diz respeito ao primeiro assunto (o bem-estar das almas), ambos têm o mesmo encargo, mas, quanto ao segundo (o bem-estar das ciências), o teólogo, enquanto erudito universitário, tem, ainda, de exercer uma função

---

4. A expressão *"gezogen werden kann"* é traduzida, nas edições em língua inglesa de Giovanni (1996) e Pluhar (2009), por *"can be extended"* [pode ser estendida]. Na tradução francesa, lemos *"peut être rapportée"* [pode ser reportada] e na tradução para o português "pode-se referir".

5. Em alemão, *"Anordnung"*. Lemos nas traduções para o português, francês e italiano, respectivamente, "ordenança", *"ordonnance"* e *"ordine"*.

6. Em alemão, *"Heil"*. Nas traduções para o inglês, lemos *"welfare"*. Nas traduções para o português, francês e italiano, lemos respectivamente "salvação", *"salut"* e *"salute"*.

especial. Se se desvia dessa regra, então a coisa deve, ao fim, desembocar onde habitualmente já esteve (no tempo de *Galileu*), a saber: que o teólogo bíblico, a fim de humilhar o orgulho das ciências e poupar a si mesmo do esforço para com elas, possa ousar incursões até mesmo na astronomia / ou outras ciências, como, por exemplo, a história antiga da Terra, e possa confiscar todos os esforços[7] do entendimento humano, tal como aqueles povos, que não encontram em si mesmos nem capacidade, nem seriedade suficientes para se defender contra ataques perigosos, transformam em deserto tudo em volta de si.

6:9

Mas, no campo das ciências, uma teologia filosófica, que é o bem[8] confiado a uma outra faculdade, contrapõe-se à teologia bíblica[9]. Esta teologia – desde que permaneça nos limites da simples razão e empregue, para a confirmação e a elucidação de suas proposições, a história, a linguagem, livros de todos os povos e mesmo a Bíblia, embora somente para si, sem introduzir estas proposições na teologia bíblica e sem querer alterar as suas doutrinas públicas, que é privilégio do eclesiástico – deve ter completa liberdade para se estender tão longe quanto alcança sua ciência; e embora não se possa contestar o direito à censura ao teólogo (considerado meramente como eclesiástico) quando se estabelece que o teólogo filosófico ultrapassou de fato seus limites e interferiu na teologia bíblica, enquanto tal interferência ainda for, contudo, duvidosa – e, então, levanta-se a questão de se aquela interferência aconteceu por meio de um escrito ou de outra exposição pública do filósofo – a censura superior só compete ao teólogo bíblico *como membro de sua faculdade*, pois ele também foi instruído a cuidar do segundo interesse da comunidade, a saber, do florescimento das ciências, e está empregado de maneira tão válida quanto o primeiro.

---

7. Em alemão, *"alle Versuchen"*. Literalmente, traduz-se como "todas as tentativas".

8. As versões em inglês (1996, 2009) traduzem *"anvertraute Gut"* como *"entrusted property"* [propriedade confiada].

9. Um tema que Kant vai tratar em *O conflito das faculdades*, sobretudo na primeira seção, que se intitula "O conflito da faculdade de filosofia com a de teologia" (AA 7:15-75).

Em tal caso, decerto, a censura primeira compete à faculdade teológica, não à filosófica, uma vez que só a primeira é privilegiada em relação a certas doutrinas, enquanto a última conduz a um tráfego público e livre com as suas; por isso, só a primeira pode reclamar que ocorre uma violação de seu direito exclusivo. Mas, a despeito da aproximação das duas doutrinas uma com a outra em seu conjunto e da preocupação com a ultrapassagem dos limites por parte da teologia filosófica, uma dúvida sobre essa interferência é fácil de evitar se se considera que esse abuso não acontece pelo fato do filósofo *pegar emprestado* algo da teologia bíblica a fim de usá-lo para seu propósito (pois a teologia bíblica não vai querer negar que ela mesma contém muita coisa em comum com as doutrinas da simples razão e, além disso, contém muito do que pertence à ciência da história ou à erudição linguística e está sujeita à censura destas) e mesmo supondo que o filósofo utilize o que pega emprestado da teologia bíblica em um / significado apropriado à simples razão, mas talvez não aprazível a esta última!; em vez disso, o abuso ocorre apenas na medida em que o filósofo *introduz* algo *na* teologia bíblica e quer dirigi-la a fins outros dos que estão por ela instituídos[10]. — Então não se pode dizer, por exemplo, que o professor de Direito Natural que pega emprestado muitas expressões clássicas e fórmulas para sua doutrina filosófica do direito, a partir do código dos romanos, comete uma intromissão neste, mesmo que – como acontece frequentemente – ele se sirva delas não exatamente no mesmo sentido em que elas teriam de ser tomadas segundo os intérpretes daquele código, desde que ele não queira que os próprios juristas ou mesmo os tribunais devessem também utilizá-las dessa maneira. Pois se isso não estivesse dentro de sua competência, então poder-se-ia também inversamente acusar o teólogo bíblico ou o jurista estatutário de cometerem inúmeras intromissões na propriedade da filosofia, uma vez que ambos – visto não poderem prescindir da razão e, onde se trata da ciência, da filosofia – devem, com bastante

---

10. Literalmente a sentença *"ihre Einrichtung verstattet"* é traduzida por "dos que sua instituição permite".

frequência, dela pegar emprestado, mesmo que respectivamente apenas para seu próprio benefício. No entanto, se, em questões de religião, tivesse de se considerar para o teólogo bíblico – caso fosse possível – não ter absolutamente nada a tratar com a razão, então poder-se-ia facilmente prever de qual lado estaria o prejuízo, pois uma religião que sem hesitar declara guerra à razão não resistirá contra ela a longo prazo. – Inclusive arrisco-me a apresentar a sugestão se não seria benéfico, após o término da instrução acadêmica na teologia bíblica, sempre acrescentar ainda – para fins de conclusão, como exigido para equipar completamente o candidato – um curso[11] da doutrina *filosófica* pura da religião (que faz uso de tudo, mesmo da Bíblia), de acordo com um fio condutor, como talvez este livro (ou também um outro, se se puder ter um melhor do mesmo assunto). – Pois, mediante a separação, as ciências ganham unicamente na medida em que, primeiro, cada uma constitui, por si, um todo e só então se faz com elas, pela primeira vez, a tentativa de considerá-las em união. Ora, assim o teólogo bíblico pode concordar com o filósofo ou acreditar que deve refutá-lo, mas apenas se o escutar. Pois apenas dessa maneira ele pode estar de antemão armado contra todas as dificuldades que o filósofo poderia lhe apresentar. Mas esconder estas dificuldades, também difamando-as decerto como ímpias, é um recurso mesquinho que não se sustenta; misturar as duas ciências e, no entanto, por parte do teólogo bíblico, lançar olhares fugazes sobre essas dificuldades[12] só oportunamente é uma falta de meticulosidade, em que / no final ninguém sabe ao certo em que situação nos encontramos em relação à doutrina da religião como um todo.   6:11

Dos quatro tratados seguintes, nos quais – a fim de tornar perceptível a relação [*Beziehung*] da religião com a natureza hu-

---

11. Poder-se-ia traduzir "*Vorlesung*" por preleção, aula, palestra e mesmo lição.
12. O termo aparece no texto alemão como indeterminado [*darauf*]. A tradução inglesa de Pluhar (2009) e a tradução italiana sugerem que Kant se refere a "dificuldades". As traduções inglesas de Giovanni (1996) e Greene e Hudson (1960) sugerem "filosofia". A tradução portuguesa de Morão faz referência a "dois campos" e a francesa à "ocasião" [*l'occasion*].

mana afligida em parte pelas boas predisposições [*Anlagen*] em parte pelas más – apresento, agora, a relação [*Verhältniss*] do princípio bom e do mau justamente como duas causas atuantes, subsistentes por si, que influenciam o ser humano; o primeiro tratado já foi inserido na *Berlinische Monatschrift*[13], de abril de 1792, mas não poderia ser deixado de fora devido à conexão precisa das matérias desse escrito, que contém nos três tratados agora acrescentados a completa realização do primeiro.

O leitor desculpará a ortografia que se diverge da minha nas primeiras páginas, devido à diferença das mãos que trabalharam na cópia e à brevidade do tempo que me restou para a revisão.

---

13. Periódico berlinense publicado entre 1783 e 1811 (com mudança de nome a partir de 1796) sob a responsabilidade do editor Johann Erich Biester (1749-1816) e Friedrich Gedike (1754-1803), que deixou a editoração em 1791. Durante a carreira, Kant publicou vários ensaios na revista, dentre os quais podemos citar o ensaio "Respondendo à pergunta: o que é Esclarecimento" (1784) e a primeira peça de *A religião nos limites da simples razão* que disserta sobre o mal radical (1792).

PREFÁCIO À SEGUNDA EDIÇÃO

Além dos erros de impressão e algumas poucas expressões corrigidas, nada mudou nesta edição. As adições recém-acrescentadas estão postas sob o texto, marcadas com uma cruz (†).

Em relação ao título desta obra (pois tem-se expressado preocupações também em vista da intenção escondida nele), observo o seguinte: visto que a *revelação* pode compreender em si, ao menos, também a *religião racional* pura, mas esta última inversamente não o aspecto histórico da primeira, então poderei considerar a revelação como uma esfera *mais ampla* da fé, que inclui em si a religião racional pura como uma esfera *mais estrita* (não como dois círculos encontrados um fora do outro, mas como círculos concêntricos); o filósofo, como puro professor da razão (a partir de meros princípios *a priori*), deve se manter dentro dessa esfera mais estrita e, portanto, deve abstrair de toda experiência. Ora, deste ponto de vista, posso também fazer o segundo experimento[14], a saber, começar de qualquer revelação sustentada como tal e, abstraindo da religião racional pura (na medida em que ela se constitui um sistema subsistente por si), sustentar a revelação, como *sistema histórico*, em conceitos morais de modo meramente fragmentário e ver se este sistema histórico não conduz de volta ao mesmo *sistema racional* puro da religião, sistema este que é subsistente – não decerto do ponto de vista [*Absicht*] teórico (para o que deve ser contado também o método de instrução técnico-prático como uma doutrina da arte), mas do ponto de vista prático-moral – e suficiente para a religião propriamente dita, que, enquanto conceito racional *a priori* (que permanece depois da eliminação de todo empírico), tem lugar apenas nessa relação[15]. Se isso é verdade, então se poderá dizer que se deve encontrar,

---

14. Em alemão, "*Versucht*". Mais literalmente, traduz-se por "tentativa".
15. Nessa relação prático-moral.

entre razão e Escritura, não apenas compatibilidade, mas também unicidade [*Einigkeit*], de modo que, aquele que segue uma (sob a condução dos conceitos morais), não deixará também de coincidir com a outra. Se não fosse assim, então ter-se-ia ou duas religiões em uma pessoa – o que é absurdo – ou uma *religião* e um *culto;* nesse caso, visto que o culto não é (como a religião) fim em si mesmo, mas tem valor apenas como meio, ambos teriam de ser com frequência juntamente chacoalhados a fim de se combinarem por um curto período de tempo, mas, logo a seguir, como azeite e água, eles teriam de se separar um do outro novamente e deixar o aspecto moral puro (a religião racional) flutuar no topo.

No primeiro prefácio, observei que esta união ou a sua tentativa é, com pleno direito, assunto conveniente ao pesquisador filosófico da religião e não intromissão nos direitos exclusivos do teólogo bíblico. Desde então, encontrei essa afirmação citada na moral do saudoso Michaelis[16] (primeira parte, p. 5-11), um homem bem-versado em ambas as disciplinas, e levada a cabo inteiramente em sua obra sem que a faculdade superior tivesse encontrado nisso algo de prejudicial aos seus direitos.

Nessa segunda edição, não pude levar em consideração, como bem desejaria, as avaliações[17] de homens dignos, nomeados ou anônimos, sobre este escrito – uma vez que estas avaliações (como todo material literário estrangeiro) chegam tarde demais em nossas regiões – sobretudo em consideração às *Annotationes quaedam theologicae* etc. do célebre senhor Dr. Storr em Tübingen[18], que examinou esta obra com sua habitual perspicácia

---

16. Johann David Michaelis (1717-1791), orientalista, tradutor, estudioso da Bíblia e professor de Teologia em Göttingen. Seu trabalho sobre a moral foi publicado postumamente, em 1792, junto com a *História da moralidade cristã*, por Carl Friederich Stäudlin, a quem Kant dedica *O conflito das faculdades*. Nessa obra, Kant também cita Michaelis (AA 7:8). É importante mencionar que Michaelis foi pai de Caroline, que teve importante papel no romantismo alemão inicial como esposa de Friederich Schlegel e, depois, do filósofo Joseph Schelling.

17. Nesse parágrafo, optamos por traduzir *"Urteil"* e *"Beurteilung"* não por "juízo", mas por "avaliação", já que isso faz mais sentido em vista do contexto das resenhas que Kant menciona.

18. Gottlob Christian Storr (1746-1805), professor de Filosofia e Teologia em Tübingen. Foi defensor do supranaturalismo bíblico, que buscava provar a revelação da religião cristã do ponto de vista histórico. A obra citada por Kant, *Algumas anotações teológicas à doutrina filosófica da religião de Kant*, foi publicada em Tübingen em 1793 e defende este ponto de vista.

e também, ao mesmo tempo, com uma diligência e equidade dignas do maior agradecimento; pretendo, decerto, responder a estas avaliações[19], mas não ouso prometê-lo por causa das fadigas que a idade opõe sobretudo ao tratamento de ideias abstratas. – Há uma avaliação, a saber, aquela no *Neueste kritische Nachrichten de Greifswald*, número 29[20], que posso despachar tão brevemente quanto o recenseador fez com a minha obra. Pois, em sua avaliação, ela não é nada mais do que uma resposta à questão colocada por mim para mim mesmo: "como é possível o sistema eclesial da dogmática, em seus conceitos e doutrinas, segundo a razão pura (teórica e prática)?" – Por conseguinte, "este ensaio não se dirige àqueles que, de qualquer modo, pouco conhecem e entendem o seu sistema (de Kant), tanto quanto aos que desejam poder fazê-lo e, portanto, / tal sistema deve ser considerado para estas pessoas como inexistente" – A isso respondo: "Para entender este escrito em seu conteúdo essencial é necessário apenas a moral comum, sem se aventurar na crítica da razão prática e tampouco na teórica e se, por exemplo, a virtude, como prontidão para *ações* em conformidade ao dever (segundo a sua legalidade), é denominada *virtus phaenomenon*, enquanto a virtude, como firme *disposição de ânimo* [*Gesinnung*] a tais ações por dever (devido a sua moralidade), *virtus noumenon*, essas são expressões usadas apenas a propósito da escola, mas a matéria mesma está contida, embora com outras palavras, na instrução infantil mais popular ou na pregação e é facilmente compreensível". Quisera o céu se pudéssemos afirmar o mesmo dos mistérios da natureza divina considerados como parte da doutrina da religião e que são trazidos ao catecismo como se fossem totalmente populares, mas que devem, eventualmente, mais tarde, serem transformados em conceitos morais, caso devam ser compreensíveis para todos!

6:14

Königsberg, 26 de janeiro de 1794

---

19. Na tradução para a língua inglesa de Giovanni (1996), lemos "responder a ele (Storr)". Na tradução de Morão (1991) para o português, traduz-se "responder a este escrito (*Annotationes*)".

20. Publicado em 1793, p. 225-229. Periódico anual editado de 1779-1807 por G. Möller (1729-1807), professor da Universidade de Greifswald.

Conteúdo

Primeira peça
Da morada do princípio mau ao lado do bom; isto é, do mal radical na natureza humana

Segunda peça
Da luta do princípio bom com o princípio mau pelo domínio sobre o ser humano

Terceira peça
Da vitória do princípio bom sobre o mal e a fundação de um Reino de Deus sobre a terra

Quarta peça
Do serviço e pseudosserviço sob o domínio do princípio bom, ou da religião e clericalismo

DA DOUTRINA FILOSÓFICA DA RELIGIÃO
PRIMEIRA PEÇA

PRIMEIRA PEÇA
DA MORADA DO PRINCÍPIO MAL AO LADO DO BOM
OU SOBRE O MAL RADICAL NA NATUREZA HUMANA

Que o mundo está na infâmia[21] é uma reclamação tão antiga quanto a história, mesmo tão antiga quanto a velha arte poética e, por certo, quanto a mais antiga de todas as poesias, a religião sacerdotal. Não obstante, todos permitem ao mundo começar pelo bem: pela Idade do Ouro, pela vida no paraíso ou por uma vida ainda mais afortunada em comunidade com seres celestiais. Mas logo deixam essa fortuna [*Glück*] esvanecer como um sonho e, em queda acelerada, agora apressam, em direção ao dissabor[22], a queda no mal (o mal moral, com o qual o mal físico sempre andou de mãos dadas[23]*), de modo que vivemos agora (mas este agora é tão antigo quanto a história) na época derradeira; o último dia e a ruína do mundo estão às portas e, em algumas regiões do Hindustão[25], o Juiz do mundo e destruidor *Rudra* (habitualmente também chamado de *Shiva* ou *Siva*) já é venerado como o Deus que agora detém o poder, depois de o Mantenedor do mundo,

---

21. "Sabemos que somos de Deus, ao passo que o mundo inteiro está sob o poder do maligno" (1Jo 5,19).

22. Em alemão, *"zum Ärgern"*.

23. A expressão *"mit welchem das Physische immer zu gleichen Paaren ging"* poderia ser traduzida literalmente como "com o qual o mal físico sempre andava em pares iguais".

* Aetas parentum peior avis tulit. Nos nequiores, mox daturos Progeniem vitiosiorem (Horácio)[24].

24. Quintus Horatius Flaccus (65-8 a.C.), filósofo e poeta romano. *Odes* III, 6,46-48: "A geração dos nossos pais, pior do que a dos avós, a nós, mais desprezíveis, nos criou, e em breve uma mais viciosa cepa havemos de gerar". Trad. Pedro Braga Galvão, Lisboa: Livros Cotovia, 2008.

25. Hindustão é o termo persa para "terra dos hindus" e utilizado historicamente para designar a região do norte da Índia. O termo é, no entanto, usado para se referir à Índia como um todo.

Vishnu, cansado do ofício que recebeu do Criador do mundo, *Brahma*, ter renunciado a esse ofício há séculos[26].

Mais recente, mas muito menos difundida, é a opinião heroica oposta que encontrou, decerto, lugar apenas entre filósofos e, em nossos tempos, sobretudo, entre pedagogos, de que o mundo avança, / de maneira incessante, justamente em uma direção inversa (embora dificilmente de maneira perceptível), a saber, do mau [*Schlechten*] para o melhor; que, ao menos, a predisposição [*Anlage*] para isso é encontrada na natureza humana. No entanto, se o discurso é sobre o *moralmente* bom e mau[27] (não sobre a civilização), eles seguramente não extraíram essa opinião da experiência, pois aí a história de todos os tempos fala de maneira muito vigorosa contra essa opinião[28]; em vez disso, trata-se supostamente apenas de uma pressuposição benévola de moralistas, de Sêneca até *Rousseau*[29], para estimular o cultivo infatigável do

---

26. Bohatec (1966, p. 166-167) nos relata que, em suas descrições da religião hindu, Kant utilizava duas fontes principais. A primeira é o livro de Pierre Sonnerat, *Voyage aux Indes Orientales et à la Chine*, de 1782, na tradução alemã de Johann Pezzl, de 1783, intitulada *Reise nach Ostindien und China*. A segunda fonte é Johann, *Ith em Übersetsung und Kommentar über den Ezour-Vedam, oder die Geschichte, Religion und Philosophie der Indier*. Bohatec, Josef. Die Religionsphilosophie Kants in der "Religion innerhalb der Grenzen der Blossen Vernunft". Hamburgo: Hoffman & Campe, 1938. Reimpressão. Hidelsheim: Georg Olms, 1966.

27. Em geral, as traduções optaram, nesse ponto, por adaptar o termo *"Moralisch-Guten oder Bösen"* para "bem e mal moral".

28. Em alemão, lemos *"gegen sie"*. Na maioria das traduções, entende-se que com o pronome *"sie"* Kant se refere à "opinião". Porém, na tradução para o inglês de 2009, Werner Pluhar traduz *"sie"* por "eles" (*against them*).

29. Jean-Jacques Rousseau (1712-1778), filósofo genebrino que exerceu profunda influência no pensamento político da Modernidade. Foi responsável pela revolução moral antropológica do pensamento de Kant em meados de 1760. Em uma nota manuscrita de meados de 1760, Kant revela: "Eu sou por inclinação um pesquisador. Eu sinto uma ardente sede por conhecimento e a ávida inquietação por avançar nele, bem como a satisfação em cada passo dado adiante. Houve um tempo em que acreditava que unicamente isso poderia constituir a honra da humanidade e desprezava a população por nada saber. Rousseau corrigiu-me. Esse cego preconceito desapareceu; eu aprendi a honrar os homens e me reputaria mais inútil do que um trabalhador comum caso não acreditasse que essa consideração pode conferir valor a todas as demais: estabelecer os direitos da humanidade" (AA 20:44). Ao citar Rousseau e sua pressuposição benévola no texto da religião, Kant está fazendo referência à primeira parte do *Discurso sobre a origem e os fundamentos da desigualdade entre os homens*, em que Rousseau defende que o homem é bom por natureza.

germe para o bem que talvez resida em nós, desde que se possa contar com um fundamento natural para este bem no ser humano. Acrescenta-se a isso, ainda, que, visto que se tem, contudo, de assumir o ser humano por natureza (isto é, como ele normalmente nasce) como saudável quanto ao corpo, não há nenhuma razão para não o assumir também por natureza como saudável e bom, mesmo segundo a alma. Portanto, a natureza mesma nos seria propícia a desenvolver em nós essa predisposição moral para o bem. *Sanabilibus aegrotamus malis, nosque in rectum genitos natura, si sanari velimus, adiuvat,* diz Seneca[30].

Mas, uma vez que poderia muito bem acontecer, afinal, de alguém ter se equivocado nas duas supostas experiências, a questão é saber se não é possível ao menos um meio-termo, a saber, que o ser humano possa não ser, em sua espécie, nem bom nem mau ou, talvez, tanto um quanto o outro, em parte bom em parte mau. — Chama-se mau um ser humano, no entanto, não porque realiza ações que são más (contrárias à lei), mas porque estas são constituídas de tal modo a permitir que se infira máximas más nele. Ora, pela experiência, pode-se, decerto, notar ações contrárias à lei e mesmo (pelo menos em si próprio[31]) que elas são conscientemente contrárias à lei; mas não se pode observar as máximas, nem mesmo todas as vezes em si próprio; por conseguinte, o juízo de que o agente é um ser humano mau não pode se basear seguramente na experiência. Para se chamar mau um ser humano, portanto, ter-se-ia de se ser capaz de inferir *a priori*, a partir de algumas ações conscientemente más e, por certo, mesmo a partir de apenas uma, uma máxima má subjacente e, desta, um fundamento – que se encontra universalmente no sujeito – de todas as máximas particulares moralmente más, fundamento este que, por sua vez, é ele mesmo uma máxima.

---

30. Lucius Annaeus Seneca (4 a.C.-65 d.C.), filósofo estoico romano. A passagem citada por Kant, levemente modificada, também foi utilizada por Rousseau na página título de seu tratado de educação, *Emílio*: "padecemos de males curáveis e, como nascemos para o bem, se quisermos nos emendar, a própria natureza nos ajuda". *De Ira*, II, 13. Trad. J.E. Lohner. Penguin/Companhia das Letras, 2014.

31. Literalmente, traduzir-se-ia "em si mesmo" [*an sich selbst*]. Para evitar a ambiguidade decorrente do vocabulário técnico de Kant optou-se neste ponto por "si próprio" com o objetivo de enfatizar que isso acontece "no sujeito".

6:21 Para que, no entanto, não se tropece de imediato na expressão *natureza* – que, se fosse significar (como de costume) o oposto do fundamento das ações por *liberdade*, estaria em direta contradição aos predicados *moralmente* / bom e mau – então deve-se observar que aqui, por natureza do ser humano, entende-se apenas o fundamento subjetivo do uso de sua liberdade em geral (sob leis morais objetivas), que, independentemente de qual possa ser, precede todo ato [*That*] que cai sob os sentidos. Esse fundamento subjetivo, no entanto, deve ser sempre, por sua vez, ele mesmo um *actus* de liberdade (pois caso contrário o uso ou o abuso do livre-arbítrio [*Willkür*] do ser humano em relação à lei moral não poderia lhe ser imputado e o bem ou o mal não poderiam chamar-se nele moral). Por conseguinte, o fundamento do mal não pode residir em nenhum objeto que *determine* o livre-arbítrio por meio de inclinação, em nenhum impulso natural, mas apenas em uma regra que o livre-arbítrio faz para si mesmo para o uso de sua liberdade, isto é, em uma máxima. Ora, a respeito desta, não se deve poder continuar perguntando qual é, no ser humano, o fundamento subjetivo de sua adoção e não antes da máxima oposta. Pois, se esse fundamento não mais fosse, em última instância, ele mesmo uma máxima, mas um mero impulso da natureza, o uso da liberdade poderia ser reduzido inteiramente à determinação por causas naturais, o que, no entanto, contradiz a liberdade. Portanto, se dizemos "o ser humano é bom por natureza" ou "ele é mau por natureza", isso significa tanto quanto: ele contém um fundamento primeiro* (inescrutável para nós) da adoção de máximas boas ou da adoção de máximas más (contrárias à lei); e, decerto, universalmente como ser humano; por conseguinte, de modo que expresse, por meio dessas máximas[32], ao mesmo tempo, o caráter de sua espécie.

---

* Que o primeiro fundamento subjetivo da adoção das máximas morais é inescrutável já se pode ver de maneira provisória pelo seguinte: visto que a adoção é livre, o seu fundamento (porque, por exemplo, adotei uma máxima má, em vez de uma boa máxima) não deve ser procurado em nenhum móbil [*Triebfeder*] da natureza, mas sempre por sua vez em uma máxima; e, visto que esta máxima também deve ter seu fundamento, mas, para além da máxima, não pode e deve ser indicado nenhum fundamento de determinação [*Bestimmungsgrund*] do livre-arbítrio, somos cada vez mais conduzidos de volta, ao infinito, nas séries de fundamentos determinantes subjetivos sem podermos chegar ao primeiro fundamento.

32. Lemos em alemão "*durch dieselbe*". A tradução para língua inglesa (2009) traduz "*dieselbe*" por natureza [*nature*]. A tradução portuguesa, por sua vez, refere-se à "adoção". No entanto, é mais plausível que Kant esteja se referindo às "máximas".

Diremos, portanto, de um desses caracteres (que distingue o ser humano de outros seres racionais possíveis), que ele lhe é *inato;* e, contudo, sempre reconhecendo humildemente que a natureza não carrega a culpa (se esse caráter é mau) ou o mérito (se ele é bom), mas que o ser humano mesmo é o seu autor. Mas, uma vez que / o primeiro fundamento da adoção de nossas máximas, que deve, por sua vez, ele mesmo residir sempre no livre-arbítrio, não pode ser nenhum *factum* que poderia ser dado na experiência, então o bem e o mal no ser humano (enquanto o primeiro fundamento subjetivo da adoção desta ou daquela máxima em relação à lei moral) chama-se inato meramente no sentido de que é posto como fundamento anteriormente a todo uso da liberdade dado na experiência (da juventude mais inicial, voltando até o nascimento) e, assim, é representado como presente no ser humano simultaneamente com o nascimento; não que o nascimento seja exatamente a causa dele.

6:22

Observação

Encontra-se como fundamento do conflito das duas hipóteses colocadas acima uma proposição disjuntiva: o *ser humano* é (por natureza) ou *moralmente bom* ou *moralmente mau*. Ocorre facilmente a qualquer um, no entanto, perguntar se, com essa disjunção, há também a sua exatidão e se alguém não poderia afirmar que o ser humano não é por natureza nenhum dos dois, enquanto ocorre a um outro afirmar que ele pode ser, ao mesmo tempo, ambos, a saber, bom em alguns aspectos e mau em outros. A experiência parece até mesmo confirmar esse meio-termo entre dois extremos.

No entanto, é muito importante para a doutrina dos costumes em geral não admitir nenhuma coisa moralmente intermediária[33], seja nas ações (*adiaphora*)[34], seja nos caracteres humanos, uma vez que com tal ambiguidade todas as máximas correm o risco de perder a sua determinidade [*Bestimmtheit*] e firmeza. Chama-se comumente àqueles que estão apegados a este modo de pensar restrito (com um nome que deve abarcar em si uma censura, mas

---

33. Em alemão, *"Mitteldinge"*.
34. Moralmente indiferente.

que na verdade é elogio) *rigorista* e pode-se chamar seus antípodas *latitudinários*[35]. Estes últimos são, então, ou latitudinários de neutralidade e podem ser denominados *indiferentistas* ou de coalizão e podem ser denominados *sincretistas**.

6:23 / A resposta da questão mencionada segundo o modo de decisão rigorista† funda-se na importante observação para a moral:

---

35. Nas *Lições de ética*, Kant explica: "aquele que concebe a lei moral de modo que possa perpassá-la com suas ações frágeis e que dissimula leis indulgentes é um *latifundiarius* [moralista relaxado]" (2018, p. 216; Edição de Menzer, 1924, p. 93). Trad. B. Cunha e C. Feldhaus. Marília: Unesp, 2018.

* Se o bem é = a, então seu oposto contraditório é o não-bem [*Nichtgute*]. Ora, este não-bem é ou consequência da mera falta de um fundamento do bem, = 0, ou um fundamento positivo do contrário [*Widerspiels*] desse bem, = – a; no último caso, o não-bem pode se chamar também mal positivo. (Em relação ao prazer e a dor, há um meio-termo deles, de modo que o prazer é = a, a dor = – a e o estado no qual não é encontrado nenhum dos dois, a indiferença, é = 0). Ora, se a lei moral em nós não fosse / nenhum móbil do arbítrio, o moralmente bom (concordância do arbítrio com a lei) seria = a, o não-bem seria = 0, mas esse último seria a mera consequência da falta de um móbil moral, = a x 0. Ora, mas se a lei moral é em nós um móbil, = a, com efeito a falta de concordância do arbítrio com ela (=0) é possível apenas como consequência de uma determinação real [*realiter*] oposta do arbítrio, isto é, de uma resistência do arbítrio, = – a, isto é, apenas por meio de um arbítrio mau; e, portanto, entre uma disposição de ânimo [*Gesinnung*] (princípio interno das máximas) má e boa, segundo a qual também deve se julgar a moralidade da ação, não existe nada de intermediário[36].

36. Cf. *Metafísica dos costumes* (AA 6:384), *Reflexões de filosofia moral* (Refl. 7239 AA 19:291) e, mais inicialmente, *Ensaio para introduzir a noção de grandezas negativas na filosofia* (AA 2:182-183).

† Uma ação moralmente indiferente (*adiaphoron morale*) seria uma ação resultante meramente de leis naturais, ação que, portanto, de modo algum se encontra em relação com a lei moral enquanto lei da liberdade, posto que tal ação não é nenhum *factum* e não acontece ou é necessário, em relação a ela, nem *mandamento*, nem *proibição* e nem mesmo *permissão* (*autorização* legal).

†) O senhor Professor Schiller[37], em seu tratado – composto com mão de mestre – sobre graça e dignidade na moral (Thalia, 1793, n. 3), desaprova esse modo de

37. Johann Christoph Friederich Schiller (1759-1805), poeta, dramaturgo, filósofo e professor na Universidade de Jena. Kant está se referindo à tese de Schiller segundo a qual deve haver uma harmonia entre razão e sensibilidade, dever e inclinação, no ser humano. Ao cumprir o dever moral, o ser humano não deve sofrer qualquer tipo de necessitação, pois isso não permite que o sujeito aja com a maior liberdade. A graça é a expressão segundo a qual a sensibilidade e a razão se harmonizam em uma bela alma.

a liberdade do arbítrio é de constituição inteiramente peculiar, / de modo que ela não pode ser determinada à ação por meio de

representar a obrigação, como se ele carregasse consigo um estado de ânimo [*Gemüthsstimmung*] do tipo do de um cartuxo[38]; mas, visto que estamos de acordo nos princípios mais importantes, não posso estabelecer um desacordo em relação a este, desde que possamos nos fazer compreensíveis um ao outro. Admito de bom grado que, precisamente por causa de sua dignidade, não sou capaz de associar nenhuma *graça ao conceito de dever*. Pois o conceito de dever contém uma necessitação [*Nothigüng*] incondicionada com a qual a graça se encontra em direta contradição. A majestade da lei (igual a lei sobre o Sinai) instila veneração (não temor [*Scheu*] que repele; tampouco charme [*Reiz*] que convida à intimidade), veneração que desperta o *respeito* do subordinado diante de seu senhor, mas, nesse caso, visto que este senhor reside em nós mesmos, ela desperta um *sentimento do sublime* de nossa própria determinação, o que nos arrebata mais do que tudo que é belo. – Mas a *virtude*, isto é, a disposição de ânimo firmemente fundada em cumprir exatamente seu dever, é também, em suas consequências, *benéfica* mais do que tudo que natureza ou arte podem realizar no mundo; e a esplêndida imagem da humanidade, posta na figura da virtude, permite muito bem até mesmo o acompanhamento das *graças*, as quais, no entanto, se o discurso ainda é apenas sobre o dever, mantém-se a uma distância reverente. No entanto, se consideramos as consequências graciosas que a virtude, se encontrasse acesso em todos os lugares, espalharia no mundo, então a razão moralmente orientada atrai a sensibilidade ao jogo (por meio da imaginação). Somente após derrotar monstros Hércules se torna musageto[39], um trabalho frente ao qual aquelas boas irmãs recuam trêmulas. Essas acompanhantes de Vênus Urania são cortesãs na comitiva de Vênus Dione, logo que se intrometem no assunto da determinação do dever e querem fornecer os móbeis para tal. Ora se se pergunta – de qual tipo é a constituição estética, o / temperamento, por assim dizer, da virtude; ele é corajoso e, por conseguinte, alegre ou dobrado pelo medo e deprimido? – uma resposta é dificilmente necessária. O último, o estado de ânimo servil, nunca pode acontecer sem um ódio oculto à lei; e o coração alegre no cumprimento de seu dever (não a comodidade em reconhecer a lei) é um sinal da genuinidade da disposição de ânimo virtuosa; e isso, mesmo na piedade, que não consiste na autotortura do pecador arrependido (que é bastante ambígua e, comumente, apenas uma censura interna por ter violado a regra de prudência), mas no firme propósito de se tornar futuramente melhor, propósito que, estimulado pelo bom progresso, deve provocar um estado de ânimo alegre, sem o qual nunca alguém está certo de ter também amado o bem, isto é, de tê-lo admitido em sua máxima..

38. Kant refere-se à Ordem dos Cartuxos, conhecida também como Ordem de São Bruno, fundada em 1084, na região de uma montanha ao norte de Grenoble Chartreuse, na comuna francesa de Saint-Pierre-de-Chartreuse. Trata-se de uma ordem monástica católica de orientação puramente contemplativa. O silêncio absoluto é uma característica marcante de sua conduta de vida austera.

39. Aquele que conduz as musas (prosônimo de Apolo e Hércules).

nenhum móbil *senão na medida em que o ser humano o admitiu em sua máxima* (o tomou para si como regra universal segundo a qual quer se comportar); unicamente dessa forma, um móbil, independente de qual for, pode coexistir com a espontaneidade absoluta do arbítrio (da liberdade). A lei moral é, no entanto, por si mesma, no juízo da razão, móbil e aquele que a toma como sua máxima é *moralmente* bom. Ora, se a lei não determina, contudo, o arbítrio de alguém em vista de uma ação referente a ela, então, um móbil que é oposto à lei deve ter influência no seu arbítrio e visto que, em virtude da pressuposição, isso só acontece pelo fato de que o ser humano admite este móbil (por conseguinte também o desvio da lei moral) em sua máxima, então sua disposição de ânimo em relação à lei moral nunca é indiferente (nunca nenhum dos dois, nem boa e nem má).

No entanto, ele também não pode ser moralmente bom em alguns aspectos e, ao mesmo tempo, mau em outros. Pois se ele é bom em um, então admitiu a lei moral em sua máxima; portanto, se ele tivesse de ser, ao mesmo tempo, mau em outro aspecto, então, uma vez que a lei moral do cumprimento do dever em geral é apenas uma e universal, a máxima referente a ela seria universal, mas, ao mesmo tempo, apenas uma máxima particular, o que se contradiz*.

Ter uma ou outra disposição de ânimo como propriedade [*Beschaffenheit*] inata, por natureza, não significa também aqui que ela não seja, em absoluto, adquirida pelo ser humano que a

---

* Os filósofos morais antigos que esgotaram quase tudo o que pode ser dito sobre a virtude também não deixaram as duas questões acima intocadas. A primeira, eles expressaram da seguinte maneira: se a virtude deve ser aprendida (portanto, se o ser humano por natureza é indiferente diante dela e do vício). A segunda foi: se há mais do que uma virtude (por conseguinte, se não acontece talvez do ser humano / ser virtuoso, em alguns aspectos, e vicioso, em outros). As duas foram negadas por eles com determinidade [*Bestimmtheit*] rigorista e isso com razão, pois eles consideravam a virtude *em si*, na ideia da razão (como o ser humano deve ser). Mas se se quer julgar moralmente este ser moral, o ser humano no fenômeno [*Erscheinung*], isto é, como a experiência nos permite conhecê-lo, então pode-se responder às duas questões mencionadas afirmativamente, pois, nesse caso, o ser humano não é julgado sobre a balança da razão pura (diante do tribunal divino), mas segundo padrão empírico (de um juiz humano). Disso ainda se tratará na sequência.

nutre, isto é, que ele não seja o autor, mas apenas que ela não é adquirida no tempo (que o ser humano é um ou outro, desde a juventude, para sempre). A disposição de ânimo, isto é, o fundamento primeiro subjetivo de adoção das máximas, pode ser apenas uma única e se refere universalmente ao uso inteiro da liberdade. Mas ela mesma deve também ter sido adotada por intermédio do livre-arbítrio, pois, caso contrário, ela nunca poderia ser imputada. Ora, o fundamento subjetivo ou a causa dessa adoção não pode ser, por sua vez, conhecido (embora seja inevitável se perguntar por ele), uma vez que, caso contrário, teria novamente de indicar uma máxima na qual essa disposição de ânimo tivesse sido adotada, disposição que, por sua vez, também tem de ter seu fundamento. Portanto, uma vez que não podemos derivar esta disposição de ânimo ou, antes, seu fundamento supremo, de qualquer *actus* temporal primeiro do arbítrio, então nós a denominamos uma propriedade do arbítrio que lhe pertence por natureza (embora ela seja fundada de fato na liberdade). No entanto, que estamos autorizados a entender por ser humano – do qual dizemos que ele é bom ou mau por natureza – não o indivíduo particular (visto que então um poderia ser assumido como bom por natureza e o outro como mau), mas o gênero como um todo, isto só pode ser provado mais tarde, quando se demonstra na pesquisa antropológica que os fundamentos que nos autorizam a atribuir a um ser humano um dos dois caracteres como inatos são constituídos de tal modo que não há nenhuma razão [*Grund*] para excetuar um ser humano de tal carácter e que, portanto, ele é válido para a espécie.

/ 6:26

I
Da predisposição originária para o bem na natureza humana

Podemos, de maneira justificada, colocar essa predisposição, em relação ao seu fim, em três classes, como elementos da determinação do ser humano.

    1. A predisposição para a animalidade do ser humano, como um ser vivente;

2. Para a humanidade dele, como um ser vivente e, ao mesmo tempo, racional;

3. Para a sua personalidade, como um ser racional e, ao mesmo tempo, suscetível de imputação*.

1. A predisposição para a **animalidade** no ser humano pode ser colocada sob o título geral do amor de si físico e meramente *mecânico*, isto é, de um amor de si tal para o qual não se exige razão[40]. Essa predisposição é de três tipos: *primeiro*, para a conservação de si mesmo; *segundo*, para a propagação de sua espécie mediante o impulso para o sexo e para a conservação daquilo que é produzido pela mistura dos sexos; *terceiro*, para a comunidade com outros seres humanos, isto é, o impulso para a sociedade. – Na predisposição para a animalidade podem ser enxertados todos os tipos de vícios (os quais, no entanto, não brotam por si mesmos daquela predisposição enquanto raiz). Eles podem se chamar vícios da rudeza [*Rohigkeit*] / da natureza e, em seu desvio supremo do fim da natureza, podem se denominar *vícios bestiais*, da *gula*, da *voluptuosidade* e da *ausência selvagem de lei* (na relação com outros seres humanos).

2. As predisposições para a **humanidade** podem ser colocadas sob o título geral do amor de si, que é decerto físico, mas que,

---

* Não se pode considerar esta predisposição como já contida no conceito da anterior, mas se deve considerá-la necessariamente como uma predisposição particular. Pois de modo algum do fato de que um ser tem razão se segue que esta razão contém uma faculdade de determinar o arbítrio incondicionalmente por meio da mera representação da qualificação de suas máximas à legislação universal e, portanto, de ser por si mesma prática; pelo menos, tanto quanto somos capazes de discernir. O mais racional de todos os seres do mundo poderia, contudo, sempre precisar de certos móbeis – os quais lhe provém de objetos da inclinação – para determinar seu arbítrio e aplicar para isso, no entanto, a reflexão mais racional, tanto no que diz respeito a maior soma dos móbeis quanto os meios para alcançar, por meio deles, determinado fim, sem mesmo suspeitar da possibilidade de algo como a lei moral que ordena absolutamente, lei que se anuncia ela mesma como móbil e, decerto, como móbil supremo. Se essa lei não estivesse dada em nós, não a extrairíamos, como tal, pela razão, mediante raciocínio sutil, nem a imporíamos com palavrório ao livre-arbítrio; e esta lei é, contudo, a única coisa que nos torna conscientes da independência do arbítrio da determinação por todos os outros móbeis (conscientes da nossa liberdade) e, com isso, ao mesmo tempo, da suscetibilidade de imputação [*Zurechnungsfähigkeit*] de todas as ações.

40. Cf. *Ideia de uma história natural do ponto de vista cosmopolita* (AA 8:18-19).

contudo, é *comparativo* (algo para o qual se exige razão), a saber, julgar-se afortunado e desafortunado tão somente em comparação com outros. Deste amor de si provém a inclinação *de conseguir para si um valor na opinião dos outros*; e, originariamente, decerto, meramente o valor da *igualdade* – de não permitir a ninguém superioridade sobre si – associado a uma preocupação constante de que os outros poderiam aspirar a tal superioridade; daí emerge gradualmente um desejo injusto de adquirir essa superioridade sobre os outros. – Nisto, a saber, nos *ciúmes* e na *rivalidade*, podem estar enxertados os maiores vícios de hostilidades secretas ou declaradas contra todos que consideramos como desconhecidos a nós, vícios que, contudo, não brotam por si mesmos propriamente da natureza enquanto sua raiz, mas que – na concorrência ansiosa dos outros para conseguir sobre nós uma superioridade que odiamos – são inclinações para conseguir para si por segurança, como meio de prevenção, essa superioridade sobre outros; pois a natureza queria empregar a ideia de uma competitividade tal (que em si não exclui o amor recíproco) apenas como móbil para a cultura. Os vícios, que estão enxertados nessa inclinação, podem, por isso, chamarem-se vícios da *cultura* e – no grau supremo de sua malignidade [*Bösartigkeit*] (onde são, então, meramente a ideia de um máximo do mal, que excede à humanidade), por exemplo, na inveja, na ingratidão e na alegria maliciosa [*Schadenfreude*] etc. – são chamados de *vícios diabólicos*.

3. A predisposição para a **personalidade** é a receptividade ao respeito à lei moral, como um móbil suficiente por si do arbítrio. A receptividade para o mero respeito à lei moral seria em nós o sentimento moral, que ainda não se constitui por si um fim da predisposição natural, mas apenas na medida em que é móbil do arbítrio. Ora, visto que isto só é possível porque o livre-arbítrio admite o sentimento em sua máxima, então é propriedade de um tal arbítrio o bom caráter, que é, em geral, como todo caráter do livre-arbítrio, algo que só pode ser adquirido, mas para cuja possibilidade deve, não obstante, estar presente em nossa natureza uma predisposição na qual absolutamente nada de mau pode estar enxertado. Entretanto, a / ideia da lei moral, com o respeito inseparável dela, não pode de maneira justificada se chamar uma *predisposição para a personalidade*; ela é a personalidade mes-

6:28

ma (a ideia da humanidade considerada de maneira inteiramente intelectual). Mas o fundamento subjetivo para adotarmos este respeito como móbil em nossas máximas parece ser um aditivo à personalidade e, por isso, merece o nome de uma predisposição em vista dela.

Se consideramos as mencionadas três predisposições segundo as condições de sua possibilidade, descobrimos que a *primeira* não tem como raiz nenhuma razão, a *segunda* tem decerto como raiz a razão prática, mas apenas como subserviente a outros móbeis; apenas a *terceira*, no entanto, tem como raiz a razão prática por si mesma, isto é, a razão incondicionalmente legisladora. Todas estas predisposições no ser humano são não apenas (negativamente) *boas* (elas não contradizem a lei moral), mas são também predisposições *para o bem* (elas fomentam o cumprimento da lei[41]). Elas são *originárias*, pois pertencem à possibilidade da natureza humana. O ser humano pode, decerto, empregar as duas primeiras de maneira contrária aos fins [*zweckwidrig*], mas não pode extirpar nenhuma delas. Por predisposições de um ser, entendemos tanto as partes constituintes quanto as formas de combinação dessas partes, que são exigidas para que ele seja um tal ser. Elas são *originárias* se pertencem necessariamente à possibilidade de um tal ser, mas são *contingentes* se o ser fosse possível, em si, mesmo sem elas. Deve-se observar, ainda, que aqui não se fala de quaisquer outras predisposições, senão aquelas que se relacionam imediatamente à faculdade de apetição e ao uso do arbítrio.

II
Da propensão para o mal na natureza humana

Por *propensão* (*propensio*), entendo o fundamento subjetivo da possibilidade de uma inclinação (desejo habitual, *concupiscentia*) na medida em que essa possibilidade é contingente para

---

41. Em alemão, lemos *"die Befolgung desselben"*. Com *"desselben"*, Kant não especifica se se refere ao bem ou à lei. Parece mais plausível, levando em conta o texto anterior entre parênteses, que Kant esteja se referindo à lei, que deve ser cumprida.

a humanidade em geral†. Essa propensão se distingue / de uma predisposição pelo fato de que pode ser decerto inata, mas *pode*[42] não ser representada como tal: em vez disso, ela pode ser pensada também (se é boa) como *adquirida* ou (se é má) como *contraída* pelo ser humano mesmo. – Aqui, no entanto, estamos falando, tão somente, da propensão para o mal propriamente dito, isto é, para o mal moral, o qual – visto que ele só é possível como determinação do livre-arbítrio, mas este arbítrio só pode ser julgado como bom ou mau em suas máximas – deve consistir no fundamento subjetivo da possibilidade do desvio das máximas da lei moral; e, se essa propensão pode ser assumida como pertencendo universalmente ao ser humano (portanto, como pertencendo ao caráter de sua espécie), ela será chamada de uma propensão *natural* do ser humano para o mal. – Pode-se acrescentar, ainda, que a capacidade e a incapacidade do arbítrio – que emerge da propensão natural – de adotar ou não a lei moral em sua máxima é denominada *bom e mau coração*.

Pode-se pensar em três diferentes níveis desta propensão. Em *primeiro lugar* está a fraqueza do coração humano no cumprimento das máximas adotadas em geral ou a *fragilidade* [*Gebrechlichkeit*] da natureza humana; em *segundo lugar*, a propensão de misturar móbeis imorais com morais (mesmo que seja feito com boa intenção [*Absicht*] e sob máximas do bem), isto é, a *impureza* [*Unlauterkeit*]; em *terceiro lugar*, a propensão para adotar máximas más, isto é, a *maliginidade* [*Bösartigkeit*] da natureza humana ou do coração humano.

---

† Propensão é propriamente apenas a predisposição [*Prädisposition*] para desejar uma fruição [*Genusses*], predisposição essa que, quando o sujeito faz a experiência dessa fruição, produz a inclinação em direção a ela. Assim, todos os seres humanos rudimentares [*rohe*] têm uma propensão para coisas embriagantes; pois, embora muitos deles de modo algum conheçam a embriaguez e, portanto, não tenham qualquer desejo para coisas que a provocam, basta, contudo, deixá-los tentar tais coisas apenas uma vez para produzir neles um desejo dificilmente extirpável em direção a elas. – Entre a propensão e a inclinação, que pressupõe familiaridade / com o objeto do desejo, está ainda o *instinto*, que é uma necessidade sentida de fazer ou fruir de algo do qual ainda não se tem nenhum conceito (como o impulso artificioso [*Kunsttrieb*] em animais e o impulso para o sexo). A partir da inclinação, ainda existe, por fim, um nível da faculdade de apetição, a *paixão* (não o *afeto*, pois este pertence ao sentimento de prazer [*Lust*] e desprazer [*Unlust*]), que é uma inclinação que exclui o domínio sobre si mesmo.

42. Em alemão, lê-se "*darf*".

Primeiramente, a fragilidade (*fragilitas*) da natureza humana está expressa mesmo no lamento de um apóstolo: "tenho porventura o querer, mas me falta a realização"[43], isto é, admito o bem (a lei) na máxima de meu arbítrio, mas esse bem, que objetivamente na ideia (*in thesi*) é um móbil insuperável, é subjetivamente (*in hypothesi*) o mais fraco (em comparação com a inclinação), quando a máxima deve ser seguida.

6:30 Em *segundo lugar*, a *impureza* (*impuritas, improbitas*) do / coração humano consiste no fato de que a máxima é, decerto, boa segundo o objeto (o cumprimento intencionado da lei) e talvez forte o suficiente também para a execução, mas não é moralmente pura, isto é, não admitiu em si *unicamente*, como deveria ser, a lei *como móbil suficiente*, mas na maioria das vezes (talvez sempre) precisa, ainda, de outros móbeis além deste para determinar, por meio deles, o arbítrio para o que o dever exige; em outras palavras, consiste que ações em conformidade ao dever não são feitas, puramente, por dever[44].

Em *terceiro lugar*, a *malignidade*[45] (*vitiositas, pravitas*) ou, se se preferir, a *corrupção* (*corruptio*) do coração humano, é a propensão do arbítrio para máximas que põem o móbil da lei moral depois de outros (não morais)[46]. Ela também pode ser chamada de *perversidade* (*perversitas*) do coração humano, uma vez que inverte a ordem moral em relação aos móbeis de um *livre-arbítrio*; e, embora com isso ações legalmente boas (*legale*) ainda possam sempre persistir, o modo de pensar é, contudo, por meio

---

43. "Sei que em mim, isto é, na minha carne, não mora o bem. Pois o querer o bem está em mim, mas não sou capaz de fazê-lo" (Rm 7,18).

44. A distinção entre ação por dever, cujo móbil é o respeito à lei, e em conformidade ao dever, cujo móbil deriva das inclinações, é um importante aspecto da doutrina moral kantiana. Cf. *Fundamentação da metafísica dos costumes* (AA 4:390, 397-401, 406-407, 421-423, 439-440) e *Crítica da razão prática* (AA 5:81).

45. O termo é traduzido por Giovanni como "depravação" [*depravity*] seguindo o correlato latino "*pravitas*". Greene e Hudson (1960) e Pluhar (2009) optam por "*wickedness*". A tradução francesa de Gibelin (1968) traduz por "*méchanceté*" e a tradução italiana "*malvagità*".

46. A sentença está disposta da seguinte maneira em alemão, "*die Triebfeder aus dem moralischen Gesetz andern (nicht moralischen) nachzusetzen*". A tradução em língua inglesa de Giovanni (1996) adapta a tradução do verbo "*nachzusetzen*" (pôr depois, pospor) como "subordinar [*subordinate*]".

disso, corrompido em sua raiz (no que diz respeito à disposição de ânimo moral) e o ser humano é, assim, designado como mau.

Notar-se-á que aqui a propensão para o mal é estabelecida no ser humano (de acordo com as ações), mesmo no melhor, o que também deve ocorrer, se tem de se provar a universalidade da propensão para o mal entre os seres humanos ou – o que aqui significa o mesmo – que ela está entrelaçada com a natureza humana.

Não há, no entanto, entre um ser humano de boa moral (*bene moratus*) e um ser humano moralmente bom (*moraliter bonus*), no que diz respeito à concordância das ações com a lei, nenhuma diferença (ao menos não deve haver nenhuma), exceto, precisamente, que estas ações no primeiro nem sempre – talvez nunca – têm a lei como o móbil único e supremo, enquanto no último *sempre*. Pode-se dizer do primeiro que ele cumpre a lei segundo a *letra* (isto é, no que se refere à ação que a lei ordena); do segundo, no entanto, que ele a observa segundo o *espírito* (o espírito da lei moral consiste em ela ser, por si só, móbil suficiente). *O que não tem lugar a partir dessa fé é pecado* (segundo o modo de pensar). Pois, se são necessários outros móbeis além da lei mesma (por exemplo, o desejo de honra, o amor de si em geral; por certo, até mesmo um instinto de bom coração como a compaixão) para determinar o arbítrio a ações *conforme a lei* /, então é meramente contingente que estas ações concordem com a lei, pois tais móbeis poderiam muito bem incitar à transgressão. Portanto, a máxima, de cuja bondade deve se avaliar todo o valor moral da pessoa, é, contudo, contrária à lei e o ser humano, a despeito de suas boas ações, é, não obstante, mau.

6:31

É necessária, ainda, a seguinte explicação para determinar o conceito dessa propensão. Toda propensão é ou física, isto é, diz respeito ao arbítrio do ser humano como ser natural, ou é moral, isto é, respeitante ao seu arbítrio como ser moral. – No primeiro sentido, não há nenhuma propensão para o mal moral, pois este deve emergir da liberdade; e uma propensão física (que é fundada em impulsos sensíveis) para qualquer uso da liberdade, seja para o bem, seja para o mal, é uma contradição. Portanto, uma propensão para o mal pode se aderir apenas à faculdade moral do arbítrio. Ora, mas nada é moralmente (isto é, suscetível de imputação) mau, senão o que é nosso próprio *ato*. Em contrapartida, pelo conceito de uma propensão entende-se um fundamento de determinação subjetivo do arbítrio, que *precede todo ato* e, por conseguinte, não é, ele mesmo, ainda ato, visto que haveria, pois, uma contradição no conceito de uma mera propensão para o mal se esta expressão não pudesse, de algum modo, ser tomada em dois significados diferentes, os quais podem, contudo, ambos se unirem com o conceito de liberdade. A expressão um ato em geral pode se aplicar, no entanto, tanto ao uso da liberdade por meio do qual a máxima suprema é admitida (em conformidade ou contra a lei) no arbítrio quanto também àquele uso no qual as ações mesmas (segundo sua matéria, isto é, no que diz respeito aos objetos do arbítrio) são executadas em conformidade àquela máxima. Ora, a propensão para o mal é ato no primeiro significado (*peccatum originarium*) e, ao mesmo tempo, o fundamento formal de todo ato contrário à lei tomado no segundo sentido, ato que contradiz à lei segundo a matéria e denomina-se vício (*peccatum derivativum*); e a primeira dívida permanece, muito embora a segunda (a partir de móbeis que não consistem na lei mesma) seja evitada de muitas maneiras. A primeira é ato inteligível, cognoscível meramente pela razão sem qualquer condição temporal; a segunda é sensível, dada empiricamente no tempo (*factum phaenomenon*). Ora, a primeira – principalmente em comparação com a segunda – é chamada de uma mera e inata propensão, uma vez que ela não pode ser extirpada (para isso, a máxima suprema teria de ser a do bem, enquanto, nessa propensão mesma, / é assumida como má); mas, principalmente, porque não somos capazes de indicar adiante uma causa em nós do porquê o mal corrompeu justamente a máxima suprema – embora este mal seja nosso próprio ato – é que tampouco somos capazes de indicar a causa de uma propriedade fundamental que pertence a nossa natureza. – No que foi dito agora se encontrará a razão pela qual buscamos, nessa seção, desde o início, as três fontes do mal moral unicamente naquilo que afeta o fundamento supremo da adoção ou do cumprimento de nossas máximas segundo leis da liberdade e não no que afeta a sensibilidade (como receptividade).

III
O ser humano é mau por natureza

Vitiis nemo sine nascitur.
Horácio[47].

A proposição "o ser humano é *mau*" não pode, segundo o que foi dito acima, querer dizer nada mais do que "ele é consciente da lei moral e admitiu, contudo, o desvio (ocasional) dela em sua máxima". Ele é mau por *natureza* significa tanto quanto: isto se aplica a ele considerado em sua espécie, não como se tal qualidade pudesse ser derivada de seu conceito de espécie (o do ser humano em geral) (pois então essa qualidade seria necessária); mas, de acordo com o modo como se pode conhecê-lo pela experiência, o ser humano não pode ser julgado de outra maneira ou pode-se pressupor isso[48] como subjetivamente necessário em todo ser humano, mesmo no melhor. Ora, visto que essa propensão mesma deve ser considerada como moralmente má e, por conseguinte, não como predisposição natural, mas como algo que pode ser imputado ao ser humano e, com efeito, deve consistir em máximas do arbítrio contrárias à lei; e uma vez que essas máximas devem ser vistas por si, no entanto, como contingentes devido à liberdade, algo que, por sua vez, não pode se harmonizar [*reimen*] com a universalidade deste mal se o fundamento subjetivo supremo de todas as máximas não estiver, seja ele qual for, entrelaçado à humanidade mesma e, por assim dizer, enraizado nela, então podemos denominar essa propensão de uma propensão natural para o mal e, visto que ela deve ser, contudo, sempre autoculpável, podemos denominar ela mesma um *mal radical,* inato, na natureza humana (mas nem por isso não contraído por nós a partir de nós mesmos).

Ora, podemos nos poupar da prova formal de que uma tal propensão corrompida deve estar enraizada no ser humano pela quantidade de exemplos gritantes que / a experiência nos coloca diante dos olhos *nos atos* dos seres humanos. Se se quer ter tais exemplos a partir daquele estado no qual muitos filósofos acredi-

6:33

---
47. "Ninguém nasce sem vícios". *Sátiras*, Livro I, 3,68.
48. Que o ser humano é mau por natureza.

taram encontrar principalmente a bondade natural da natureza humana, a saber, a partir do assim chamado *estado de natureza*, então deve-se apenas comparar com essa hipótese as manifestações de crueldade sem incitação nas cenas de assassinato em *Tofoa*[49], *Nova Zelândia, Ilhas dos Navegantes*[50] e a crueldade[51] que nunca cessa nos vastos desertos do noroeste da América (que o Cap. *Hearne*[52] cita), onde ser humano algum tem com ela sequer a menor vantagem†; e tem-se mais vícios de rudeza do que é necessário para se afastar dessa opinião. Mas se se é a favor da opinião de que a natureza humana pode ser melhor conhecida no estado civilizado (no qual suas predisposições podem se desenvolver mais integralmente), ter-se-á então de ouvir uma longa ladainha melancólica de acusações contra a humanidade: da falsidade velada, mesmo na amizade mais íntima, de modo que a moderação da confiança na comunicação recíproca, até mesmo dos melhores amigos, é contada, na relação social, como máxima universal de prudência; de uma propensão para odiar aquele ao qual se está

---

49. Tofoa é uma ilha vulcânica localizada ao noroeste do arquipélago de Tonga, no Reino de Tonga, no sudoeste do Pacífico. Fica a 1.800km da Nova Zelândia.

50. Ilhas dos Navegantes foi o nome dado pelo marinheiro francês, Louis de Bougainville, às Ilhas de Samoa em 1768 ao avistar muitos samoanos navegando longe da costa em pequenas canoas. As Ilhas de Samoa situam-se no sul do Oceano Pacífico, na região da Polinésia, entre o Havaí e a Nova Zelândia. A fonte de Kant destas informações é o já mencionado livro de Sonnerat, *Reise nach Ostindien und China*.

51. Segundo as traduções portuguesa e francesa, a expressão indeterminada "*die nie aufhörende*" refere-se às "manifestações" de crueldade e não à "crueldade", como optam as traduções em língua inglesa e a tradução italiana.

52. Samuel Hearne (1745-1792), viajante britânico, explorador, comerciante e naturalista. Foi o primeiro europeu a excursionar pelo norte do Canadá até o Oceano Ártico através do Rio Coppermine.

† Como a guerra perpétua entre os índios do Athabasca e os Costela de Cachorro não tem nenhum outro propósito do que meramente a matança. A bravura de guerra é a virtude suprema dos selvagens, na opinião deles. Mesmo no estado civilizado, ela é um objeto de admiração e um fundamento do respeito especial que exige aquela posição, na qual ela é o único mérito; e isto não sem todo fundamento na razão. Pois que o ser humano possa ter e como fim algo (a honra) que ele estima ainda mais do que sua vida e pelo qual ele renuncia a todo egoísmo, prova, afinal, uma certa sublimidade em sua predisposição. Mas, ao fim, se vê no bem-estar [*Behaglichkeit*], com o qual os vencedores exaltam seus grandes feitos (de despedaçar, de abater sem poupar ninguém etc.), que é simplesmente a superioridade e a destruição que poderiam provocar, sem qualquer outro fim, aquilo de que eles propriamente se orgulham.

obrigado, algo para o qual um benfeitor deve estar preparado o tempo todo; de uma benevolência cordial, que, contudo, permite a seguinte observação: "no infortúnio de nosso melhor amigo existe algo que nos agrada inteiramente"; e de muitos outros vícios ainda escondidos sob a aparência de virtude, sem falar daqueles vícios que nem sequer se dissimulam porque já chamamos bom aquele que é *um ser humano mau de classe universal*: e ter-se-á o bastante nos vícios da *cultura* e da civilização (o mais ofensivo de todos) / para preferir desviar seus olhos da conduta do ser humano a fim de que não se contraia para si outro vício, a saber, a misantropia. Mas se alguém ainda não estiver satisfeito com isso, então precisa apenas levar em consideração o estado composto de maneira estranha a partir de ambos, a saber, o estado externo dos povos, no qual povos civilizados encontram-se, uns diante dos outros, na relação de estado rude de natureza (de um estado de constituição bélica permanente) e puseram também firmemente em suas cabeças nunca sair dele; e se tornará consciente dos princípios das grandes sociedades, chamadas Estados†, princípios que contradizem diretamente a pretensão pública, mas

6:34

---

† Se se olha a sua história meramente como o fenômeno das predisposições internas da humanidade, em grande parte oculta a nós, então pode-se tornar consciente de um certo curso mecânico [*maschinenmäßigen*] da natureza segundo fins, que não são seus fins (dos povos), mas fins da natureza. Todo Estado, enquanto tem outro próximo a si que ele pode esperar dominar, esforça-se para ampliar-se por meio dessa subjugação e, portanto, para a monarquia universal, para uma constituição em que teria de se extinguir toda liberdade e, com ela (o que é a consequência desta), a virtude, o gosto e a ciência. Mas este monstro (no qual as leis perdem gradativamente a sua força), depois de ter devorado todos os seus vizinhos, finalmente se dissolve por si mesmo e, através da insurreição e da discórdia, divide-se em muitos Estados menores, cada um dos quais, em vez de se esforçar em direção a uma associação de Estados (República dos povos confederados livres), começa, da sua parte, por sua vez, o mesmo jogo novamente com o propósito de não permitir, por certo, que cesse a guerra (esse flagelo do gênero humano), guerra essa que, embora não seja tão incuravelmente má quanto a tumba da autocracia universal (ou mesmo quanto uma liga de povos para não permitir que o despotismo desapareça em nenhum Estado), forma, contudo, como um antigo disse, mais seres humanos maus do que os leva embora[53].

53. Kant faz essa mesma referência ao ditado do filósofo antigo não identificado, muitos anos antes, em meados 1760, em suas *Anotações às Observações sobre o sentimento do belo e do sublime*: "guerra gera mais males do que os leva embora, no entanto, em certa medida ela produz o estado de igualdade e coragem nobre. De tal modo, tanto a corrupção quanto a virtude não podem aumentar interminavelmente na natureza humana" (AA 20:105). Cf. tb. *À paz perpétua* (AA 8:365).

que nunca são abandonados, e que ainda nenhum filósofo pôde trazer à concordância com a moral, nem sugerir (o que é grave) outros melhores que se permitissem conciliar com a natureza humana; de tal modo que o *quilliasmo*[54] *filosófico* – que espera o estado de uma paz perpétua fundada em um liga de povos como república mundial, exatamente da mesma maneira que o *quiliasmo teológico* que aguarda o aperfeiçoamento moral completo de todo gênero humano – é universalmente ridicularizado como entusiasmo [*Schwärmerei*].

Ora, o fundamento desse mal 1) não pode, como comumente se costuma indicá-lo, ser posto na *sensibilidade* do ser humano e nas inclinações naturais que dela emergem. Pois além delas não possuírem nenhuma relação direta com o mal (ao contrário, / elas dão ocasião para aquilo que a disposição de ânimo moral pode demonstrar na sua força, para a virtude), não podemos ser responsáveis por sua existência (nem mesmo podemos, uma vez que, como congênitas, elas não nos têm como autores), mas muito bem ser responsáveis pela propensão para o mal, a qual, ao concernir à moralidade do sujeito, é, por conseguinte, encontrada nele, enquanto um ser que age livremente, e deve poder lhe ser imputada como algo de que ele mesmo é culpado, a despeito de seu profundo enraizamento no arbítrio, devido ao qual se deve dizer que essa propensão se encontra no ser humano por natureza. – O fundamento desse mal também não pode 2) ser posto em uma *corrupção* da razão moralmente legisladora, como se esta pudesse igualmente extirpar em si a autoridade da lei mesma e negar a obrigação a partir dela, pois isto é absolutamente impossível. Pensar a si mesmo como um ser que age livremente e, contudo, dispensado [*entbunden*] da lei que lhe é adequada,

---

54. O quiliasmo (do grego *khiliasmós*, χίλιοι = "mil"), também chamado milenarismo, é a crença segundo a qual uma era de ouro ou o paraíso é alcançado na terra antes do juízo final e o estado futuro que está por vir. Tanto o cristianismo quanto o judaísmo assumiram manifestações do quiliasmo. No cristianismo, acreditava-se, com base no livro do *Apocalipse*, em um período de mil anos de progresso em direção ao bem, em que o Messias retornaria. Na oitava proposição da ideia de uma *História universal do ponto de vista cosmopolita*, Kant faz referência ao quiliasmo filosófico em 1784: "vê-se que a filosofia também pode ter o seu quiliasmo; mas será um quiliasmo tal que, para a sua emergência, a sua ideia pode, embora apenas de longe, ser igualmente estimulante, portanto, nada fantasiosa" (AA 8:27).

seria tanto quanto pensar a si mesmo como uma causa que atua sem qualquer lei (pois a determinação segundo leis naturais é eliminada por causa da liberdade), o que se contradiz. – Portanto, para indicar um fundamento do moralmente mau no ser humano, a *sensibilidade* contém muito pouco, pois, ao eliminar os móbeis que podem surgir da liberdade, ela torna o ser humano um ser meramente *animal*; mas uma *razão*, por assim dizer, *maligna*, absolvida da lei moral (uma vontade absolutamente má), contém, em contrapartida, demasiado, uma vez que, por meio dela, a oposição diante da lei mesma se elevaria à móbil (pois sem um móbil o arbítrio não pode ser determinado) e, assim, o sujeito seria transformado em um ser *diabólico*. – Nenhum dos dois casos é, no entanto, aplicável ao ser humano.

Ora, embora a existência dessa propensão para o mal na natureza humana possa ser demonstrada por provas empíricas da oposição efetivamente real do arbítrio humano contra a lei no tempo, estas provas não nos ensinam, contudo, a constituição própria de tal propensão e o fundamento dessa oposição; mas, uma vez que essa constituição diz respeito a uma relação do livre-arbítrio (portanto, de um arbítrio tal cujo conceito não é empírico) com a lei moral (da qual o conceito é também puramente intelectual) como móbil, ela deve ser conhecida *a priori* a partir do conceito do mal moral, na medida em que este último é possível segundo leis da liberdade (da obrigação e imputabilidade). O que se segue é o desenvolvimento deste conceito.

/ O ser humano (mesmo o pior), quaisquer que sejam as suas máximas, não renuncia à lei, por assim dizer, de maneira rebelde (com recusa da obediência). Ao contrário, esta lei impõe-se a ele irresistivelmente por força de sua predisposição moral; e se nenhum outro móbil atuou contra ela, então ele também a admitiria, em sua máxima suprema, como fundamento de determinação suficiente do arbítrio, isto é, ele seria moralmente bom. No entanto, em virtude de suas predisposições naturais igualmente inocentes, ele pende também aos móbeis da sensibilidade e também os admite (de acordo com o princípio subjetivo do amor de si) em sua máxima. Se, no entanto, ele os admitiu em sua máxima como *por si só suficientes* para a determinação do arbítrio, sem se voltar para a

6:36

lei moral (que ele, contudo, tem em si), então ele seria moralmente mau. Ora, visto que o ser humano admite de maneira natural ambos os móbeis em suas máximas e que ele acharia também cada um deles, se o móbil estivesse sozinho, suficiente por si para a determinação da vontade, então o ser humano seria – se a diferenciação das máximas dependesse meramente da diferenciação dos móbeis (da matéria das máximas), a saber, dependesse de se a lei ou o impulso sensível proporciona um tal móbil – ao mesmo tempo moralmente bom e mau, o que (segundo a introdução) se contradiz. Portanto, a diferenciação, se o ser humano é bom ou mau, encontra-se não na diferenciação dos móbeis que ele admite em sua máxima (não na matéria da máxima), mas em sua *subordinação* (na forma da máxima): *em qual dos dois móbeis ele toma como condição do outro*. Consequentemente, o ser humano (mesmo o melhor) é mau apenas porque inverte a ordem moral dos móbeis ao admiti-los em sua máxima; ele admite, decerto, a lei moral ao lado da lei do amor de si; no entanto, visto que percebe que uma não pode subsistir ao lado da outra, mas uma deve ser submetida à outra como condição suprema, ele toma o móbil do amor de si e suas inclinações como condição do cumprimento da lei moral, ao passo que, ao contrário, essa última deveria ser admitida, como único móbil, na máxima universal do arbítrio enquanto *condição suprema* da satisfação do primeiro.

Nessa inversão dos móbeis contra a ordem moral, por meio da máxima do ser humano, as ações podem, não obstante, muito bem se realizar de maneira tão conforme a lei quanto se tivessem surgido de princípios genuínos, quando a razão usa a unidade das máximas em geral, que é / peculiar à lei moral, meramente para introduzir nos móbeis da inclinação – sob o nome de *felicidade* – a unidade das máximas que habitualmente não pode lhes convir (por exemplo, que a veracidade, quando a adotamos como princípio, poupa-nos da ansiedade de manter a consistência[55] das nossas mentiras e de não enredarmos nós mesmos em suas sinuosidades); nesse caso, então, o caráter empírico é bom, mas o caráter inteligível continua sendo mau.

---

55. Em alemão, lemos "*Übereinstimmung*", que, mais literalmente, se traduziria por "concordância". O contexto, porém, exige a adaptação.

Ora, se uma propensão para essa inversão reside na natureza humana, então há no ser humano uma propensão para o mal e essa propensão mesma é moralmente má, uma vez que deve ser buscada, no fim, contudo, em um arbítrio livre e pode, por conseguinte, ser imputada. Este mal é *radical*, porque corrompe o fundamento de todas as máximas; ao mesmo tempo, como propensão natural, não pode ser *extirpado* pelas forças humanas, uma vez que isto só poderia ser feito por meio de máximas boas, o que não pode acontecer se o fundamento subjetivo supremo de todas as máximas for pressuposto como corrompido; todavia deve ser possível *predominar* sobre tal propensão[56], uma vez que ela é encontrada no ser humano como ser que age livremente.

A malignidade da natureza humana deve ser chamada, portanto, não tanto de *maldade* – se se toma essa palavra em sentido estrito, a saber, como uma disposição de ânimo (*princípio* subjetivo das máximas) para assumir como móbil o mal *enquanto mal* em sua máxima (pois essa disposição de ânimo é diabólica) – mas, antes, de perversidade do coração, perversidade essa que, devido à consequência, denomina-se agora *coração mau*. Um coração mal pode coexistir com uma boa vontade em geral e surge da fragilidade da natureza humana, em não ser forte o suficiente para cumprir com os princípios adotados, associada à impureza de não separar os móbeis (mesmo de ações bem-intencionadas) uns dos outros segundo norma moral e, por isso, em última análise, quando se chega a tanto, de olhar apenas para a conformidade destes móbeis com a lei e não para derivação deles a partir dela, isto é, para ela como único móbil. Ora, embora nem sempre resulte daí uma ação contrária à lei e uma propensão para tal, isto é, o *vício*, o modo de pensar, que interpreta a ausência do vício já como adequação da *disposição de ânimo* à lei do dever (como *virtude*) (visto que aqui de modo algum se olha para o móbil na máxima, mas só para o cumprimento da lei segundo a letra), já deve, ele mesmo, ser chamado de uma perversão radical no coração humano.

---

56. Em vez de "propensão", a edição inglesa de Giovanni (1996) entende que Kant se refere ao "mal". No entanto, o pronome "*er*" na sentença permite constatar que Kant se refere à "*der Hang*" (a propensão) e não a "*das Böse*" (o mal).

6:38 / Esta culpa *inata* (*reatus*[57]) – que é chamada assim porque se deixa perceber tão cedo quanto se manifesta no ser humano o uso da liberdade e que, não obstante, tem de ter se originado da liberdade e, por isso, pode ser imputada – pode ser avaliada, em seus dois primeiros níveis (da fragilidade e da impureza), como não premeditada[58] (*culpa*), mas no terceiro nível como culpa premeditada (*dolo*); e tem, em seu caráter, uma certa perfídia do coração humano (*dolus malus*) em se enganar sobre suas próprias disposições de ânimo boas e más e em não se preocupar – desde que as ações não tenham o mal como consequência, algo que elas poderiam muito bem ter segundo suas máximas – com sua disposição de ânimo, mas, antes, em se manter justificado diante da lei. Daí decorre a paz de consciência de tantos seres humanos (escrupulosos, segundo sua opinião) quando eles, em meio a ações nas quais a lei não foi consultada ou, ao menos, não foi aplicada na maioria dos casos, apenas afortunadamente escaparam das más consequências; e daí decorre até mesmo a ilusão [*Einbildung*] do mérito de não se sentir culpado por ofensas com que vê outros afligidos, sem, contudo, se indagar se não se trata talvez de mérito da sorte e se os mesmos vícios – segundo o modo de pensar que tais indivíduos poderiam descobrir em seu íntimo se simplesmente quisessem – não teriam sido cometidos por eles se a impotência, o temperamento, a educação, as circunstâncias de tempo e espaço que levam à tentação (todas coisas que não podem nos ser imputadas) não os tivessem mantido afastados deles. Essa desonestidade de jogar poeira nos próprios olhos[59], que impede a fundação de uma disposição de ânimo moral genuína em nós, estende-se, então, também externamente para a falsidade e o engano de outros, desonestidade que, se não deve ser denominada maldade, merece, contudo, ao menos se chamar indignidade e reside no mal radical

---

57. No direito romano, "*reatus*" significa o "estado no qual alguém é acusado ou condenado". Pode significar também o "ato ilícito cometido por um réu".

58. Em alemão, lemos "*unvorsätzlich*". A tradução em língua inglesa de Werner Pluhar (2009) verte como "*undeliberate*" (não deliberado), enquanto a de Giovanni (1996) e a francesa de Gibelin (1968) respectivamente por "*unintentional*" e "*non intentionelle*" (não intencional).

59. Literalmente, traduz-se a expressão "*Diese Unredlichkeit, sich selbst blauen Dunst vorzumachen*" por "Essa desonestidade de se iludir com névoa azul".

da natureza humana; este mal (ao perturbar a faculdade moral de julgar em relação ao que se deve considerar um ser humano e tornar inteiramente incerta a imputação interna e externa) constitui a mancha podre da nossa espécie, a qual, enquanto não a removemos, impede o germe do bem de se desenvolver, como de outra forma muito bem haveria de ser.

Um membro do parlamento inglês[60] deixou escapar, no calor do momento, a afirmação: "todo homem tem seu preço, pelo qual se entrega". Se isso é verdade (o que cada um pode decidir por si mesmo); se não há, em geral, nenhuma virtude para a qual não se pode encontrar um grau de / tentação que é capaz de derrubá-la; se para o mau e o bom espírito nos conquistar para o seu lado depende apenas de quem oferece mais e realiza o pagamento mais rápido, então, poderia muito bem ser universalmente verdade o que o apóstolo disse do ser humano: "não há aqui nenhuma diferença, eles são todos pecadores – não há ninguém que faz o bem (segundo o espírito da lei), nem um sequer"[61*].

6:39

---

60. A frase é atribuída a Robert Walpole (1676-1745), conde de Oxford, político britânico associado ao partido Whig, geralmente considerado como o primeiro-ministro da Grã-Bretanha. A frase de Walpole "todos aqueles homens têm seu preço" é dirigida especificamente a "certos patriotas" da "Câmara dos Comuns", câmara baixa do Parlamento do Reino Unido e não ao gênero humano em geral.

61. "E, então? Temos vantagens sobre eles? Não em tudo. Pois já provamos que judeus e gregos, todos estão sob o poder do pecado, conforme está escrito: '*Não há justo, nem mesmo um só*'" (Rm 3,9-10).

* A prova genuína dessa sentença de condenação da razão moralmente julgadora está contida não nessa seção, mas na anterior; esta contém apenas a confirmação deste juízo mediante a experiência, a qual, no entanto, nunca pode descobrir a raiz do mal na máxima suprema do livre-arbítrio em relação à lei, raiz que, enquanto *ato inteligível*, precede toda a experiência. – A partir disso, isto é, da unidade da máxima suprema junto à unidade da lei à qual essa máxima se refere, pode-se também discernir por que o princípio da exclusão do meio-termo entre bem e mal deve estar na base do julgamento intelectual puro do ser humano, ao passo que, ao julgamento empírico a partir do *ato sensível* (do fazer e deixar de fazer efetivamente real), pode estar subjacente o princípio de que há um meio--termo entre esses extremos; de um lado, um meio-termo negativo, relativo à indiferença anterior a toda a instrução [*Ausbildung*]; do outro, um positivo, relativo à mistura de ser parcialmente bom e parcialmente mau. O julgamento empírico é, no entanto, apenas o julgamento da moralidade do ser humano no fenômeno [*Erscheinung*] e está submetido, no ajuizamento final, ao julgamento intelectual.

IV
Da origem do mal na natureza humana

Origem (a primeira origem) é a descendência[62] de um efeito a partir de sua primeira causa, isto é, daquela causa que não é, por sua vez, efeito de outra causa do mesmo tipo. Ela pode ser levada em consideração ou como *origem racional* ou *origem temporal*. No primeiro sentido, é considerada meramente a *existência* do efeito; no segundo, o seu *acontecer*; por conseguinte, o efeito refere-se, como acontecimento, à *sua causa no tempo*. Se o efeito se refere a uma causa que é, contudo, ligada a ele segundo leis da liberdade, como é o caso com o mal moral, então a determinação do arbítrio para a produção do efeito é pensada não como ligada ao seu fundamento de determinação no tempo, mas meramente na representação da razão e não pode ser derivada de algum estado *precedente;* o que em contrapartida sempre deve acontecer se a má ação /, enquanto *acontecimento* no mundo, refere-se a sua causa natural. Buscar a origem temporal das ações livres como tais (da mesma maneira que dos acontecimentos naturais) é, portanto, uma contradição; por conseguinte, também o é buscar a origem da constituição moral do ser humano, na medida em que é considerada contingente, uma vez que ela significa o fundamento do *uso* da liberdade, fundamento que (assim como o fundamento de determinação do livre-arbítrio em geral) deve ser buscado unicamente nas representações da razão.

No entanto, qualquer que seja o modo como se pode constituir a origem do mal moral no ser humano, entre todas as maneiras de conceber sua propagação e continuação por meio de todos os membros de nossa espécie e em todas as gerações, o mais inapropriado é, contudo, representá-lo para si como tendo chegado a nós por meio da *herança* dos primeiros pais, pois se pode dizer do mal moral[63] exatamente o que poeta diz do bem – *genus*

---

62. Lemos em alemão, *"Abstammung"*. As edições portuguesa, francesa e italiana traduzem respectivamente por "derivação", "proveniência" [*provenance*] e *"derivazione"*.

63. Lemos em alemão, *"moralisch Bösen"*; literalmente, "moralmente mau".

*et proavos, et quae non fecimus ipsi, vix ea nostra puto*⁶⁴*. – É para se observar ainda que, quando investigamos a origem do mal, inicialmente não levamos em conta ainda a propensão para ele (*como peccatum in potentia*), mas consideramos apenas o mal efetivamente real de ações dadas segundo sua possibilidade interna e aquilo que deve vir junto no arbítrio para a execução de tais ações.

/ Toda má ação deve ser considerada se se busca sua origem racional, como se o ser humano tivesse imediatamente incorrido nela a partir do estado de inocência. Pois qualquer que tenha sido sua conduta anterior e, também, quaisquer que sejam as causas naturais que o influenciam, independente se são encontradas dentro ou fora dele, sua ação é, contudo, livre e não é determinada por nenhuma destas causas; portanto, pode e deve sempre ser julgada como um uso *originário* de seu arbítrio. Tal ser humano deveria ter deixado de fazê-la, independentemente de quais fossem as circunstâncias de tempo e conexões que estivesse, pois, por nenhuma causa do mundo, ele pode cessar de ser um ser

6:41

---

64. Públio Ovídio Naso (43 a.C.-17/18 d.C.), prestigiado poeta romano conhecido como o autor de obras como *Heroides, Amores, Ars Amatoria, Metamorfoses*, entre outras. A citação de Kant é retirada de *Metamorfoses*, 8,140-141: "nascimento e descendência, e aquilo que não fazemos por nós mesmos, dificilmente considero como nosso".

* As três assim chamadas faculdades superiores (nas escolas superiores) tornariam para si, cada uma a seu modo, essa herança compreensível, a saber, ou como *doença hereditária*, ou como *dívida hereditária* ou como *pecado hereditário*. 1) A faculdade de medicina representaria para si o mal *hereditário* um pouco como a tênia, sobre a qual alguns cientistas naturais são realmente da opinião de que, visto que ela não é normalmente encontrada nem em um elemento fora de nós, nem (desse mesmo tipo) em qualquer outro animal, ela deve ter estado nos primeiros pais. 2) A *faculdade de direito* o veria como a consequência jurídica do tomar posse de uma *herança* que nos foi deixada por eles, mas onerada com um crime grave (pois ter nascido não é nada mais do que herdar o uso dos bens da terra, na medida em que são indispensáveis para a nossa subsistência). Temos, portanto, de fazer o pagamento (expiar) e, contudo, somos no final expulsos (por meio da morte) dessa posse. Quão justo é o que é pelo direito! 3) A faculdade de teologia veria esse mal como participação pessoal de nossos primeiros pais na *queda* [*Abfall*] de um rebelde abjeto; ou que nós mesmos cooperamos naquele tempo (embora não conscientes disto agora) ou que somente agora, nascidos sobre o seu domínio (como príncipe do mundo), passamos a preferir os bens do mundo mais do que o mandamento supremo do senhor celestial; e não possuímos lealdade o suficiente para nos afastar do domínio dele e, por isso, temos de partilhar com ele de sua sorte no futuro.

que age livremente. Diz-se, decerto, com razão que, ao ser humano, são imputadas também as *consequências* decorrentes de suas ações livres anteriores, mas contrárias à lei; com isso, no entanto, se quer dizer apenas que não há necessidade de recorrer a esse subterfúgio e averiguar se estas consequências podem ser livres ou não, uma vez que já existe na ação reconhecidamente livre, que foi causa de tais consequências, um fundamento suficiente de imputação. Mas, por mais malévolo que alguém tenha sido (mesmo ao ponto do hábito, como sua outra natureza) até o momento de uma ação livre imediatamente iminente, não era apenas seu dever ser melhor, mas ainda *agora* é seu dever se tornar melhor: ele deve, portanto, também ser capaz de fazê-lo e, se não o faz, é ainda, no momento da ação, tão suscetível e sujeito à imputação como se, dotado com a predisposição para o bem (que é inseparável da liberdade), ele tivesse passado do estado de inocência para o mal. – Portanto, não podemos perguntar pela origem temporal deste ato, mas devemos perguntar meramente por sua origem racional para, dessa forma, determinar e, onde possível, explicar a propensão, se uma tal existe, isto é, o fundamento subjetivo universal da admissão de uma transgressão em nossa máxima.

Ora, a maneira de representar, da qual se serve a Escritura para retratar a origem do mal como um *começo* do mal no gênero humano, concorda muito bem com isso, posto que ela torna esta origem representável em uma história na qual o que deve ser pensado como primeiro, segundo a natureza da coisa (sem levar em consideração a condição temporal), aparece, como tal, de acordo com o tempo. Segundo a Escritura, o mal não começa, tendo subjacente como fundamento, de uma propensão para ele, uma vez que assim sendo o seu começo não surgiria da liberdade, mas começa do / *pecado* (sob o qual se entende a transgressão da lei moral como *mandamento divino*); o estado do ser humano antes de toda propensão para o mal se chama, no entanto, o estado de *inocência*. A lei moral precedeu como proibição, assim como deve ser com o ser humano enquanto um ser que não é puro, mas tentado por inclinações (Gn 2,16-17)[65]. Ora em vez de seguir decidida-

---

65. "O Senhor Deus deu-lhe uma ordem, dizendo: 'Podes comer de todas as árvores do jardim. Mas da árvore do conhecimento do bem e do mal não deves comer, porque no dia em que o fizeres serás condenado a morrer'".

mente essa lei, como móbil suficiente (que é o unicamente bom de maneira incondicionada, no qual também não tem lugar qualquer hesitação), o ser humano procurou ao seu redor, contudo, ainda outros móbeis que só podem ser bons de maneira condicionada (Gn 3,6)[66] (a saber, na medida em que, por meio deles, não aconteça a infração da lei) e tomou para si por máxima – quando se pensa a ação como surgindo da consciência da liberdade – seguir a lei do dever não por dever, mas sempre, também, em consideração a outros propósitos. Por conseguinte, ele começou, dessa forma, a duvidar do rigor do mandamento, que exclui a influência dos outros móbeis, e depois a rebaixar com sutilezas* [*herab zu vernünfteln*] a obediência para com ele a uma obediência meramente condicionada de um meio (sob o princípio do amor de si); a partir disso, então, finalmente foi admitida nas máximas para agir a predominância dos impulsos sensíveis sobre o móbil da lei e, assim, cometeu-se o pecado (Gn 3,6)[68]. *Mutato nomine de te fabula narratur*[69]. Que diariamente fazemos justamente isto – e, por conseguinte, "em Adão todos pecaram" e ainda pecamos – está claro, pelo que foi dito, só que em nós já se pressupõe uma propensão inata para a transgressão, mas não no primeiro ser humano, em quem se pressupõe, em vez disso, de acordo com o tempo, inocência; por conseguinte, a transgressão nele se chama *queda no pecado*, enquanto em nós é representada como decorrente da malignidade já inata de nossa natureza. Esta propensão

---

66. "A mulher notou que era tentador comer da árvore, pois era atraente aos olhos e desejável para se alcançar inteligência. Colheu o fruto, comeu e deu também ao marido, que estava junto, e ele comeu".

* Toda a reverência testemunhada para com a lei moral, sem contudo lhe conceder, em sua máxima, a preponderância, como um móbil suficiente por si, sobre todos os outros fundamentos de determinação do arbítrio, é dissimulada e a propensão a esta reverência é falsidade interna, isto é, uma propensão para mentir para si na interpretação da lei moral em detrimento dela mesma (Gn 3,5)[67]; é por isso que a Bíblia (na parte cristã) também chama, desde o início, o autor do mal (que reside em nós mesmos) de o mentiroso e caracteriza assim o ser humano em relação àquilo que parece ser nele o principal fundamento do mal.

67."Deus sabe que, no dia em que dele comerdes, vossos olhos se abrirão e sereis como deuses, conhecedores do bem e do mal".

68. Cf. nota 72.

69. "A fábula te quadra, basta trocar-lhe o nome" (Horácio, *Sátiras*. Trad. A.L. Seabre. Edipro, 2011).

6:43 não significa, no entanto, nada mais do que, se queremos recorrer a uma explicação do mal de acordo com seu *começo no tempo*, deveríamos rastrear, em toda transgressão deliberada, as causas em um tempo anterior de nossa vida até aquele no qual o uso da razão / ainda não estava desenvolvido – por conseguinte, rastrear a origem do mal até uma propensão para o mal (como fundamento natural), a qual se chama, por isso, inata; no primeiro ser humano, que já é representado com plena capacidade de seu uso da razão, isso não é necessário e, tampouco, factível, uma vez que, caso contrário, aquele fundamento (a propensão má) teria de ter sido criado; por isso, seu pecado é imediatamente mencionado como gerado a partir da inocência. – Não devemos, no entanto, procurar uma origem temporal de uma propriedade natural que nos deve ser imputada, por mais inevitável que isso possa ser, se queremos *explicar* sua existência contingente (daí a Escritura, em conformidade com essa nossa fraqueza, tê-la feito representável no tempo).

Mas a origem racional dessa dissonância do nosso arbítrio em relação ao modo como ele adota móbeis subordinados como superiores, em sua máxima – isto é, a origem racional dessa propensão para o mal – permanece-nos inescrutável, uma vez que ela mesma tem de nos ser imputada; consequentemente, aquele fundamento supremo de todas as máximas exigiria, por sua vez, a admissão de uma máxima má. O mal só podia surgir do mal moral[70] (não das meras limitações de nossa natureza) e, contudo, a predisposição originária (que também ninguém além do ser humano mesmo poderia corromper, se esta corrupção deve lhe ser imputada) é uma predisposição para o bem; para nós não existe, portanto, nenhum fundamento compreensível a partir do qual o mal moral poderia ter chegado primeiramente em nós. – Essa incompreensibilidade, junto à determinação mais próxima da malignidade de nossa espécie, a Escritura expressa na narrativa histórica*, ao colocar,

---

70. Lemos em alemão, "*Moralisch-Bösen*". Literalmente, traduz-se por "moralmente mau".

* O que foi dito aqui não deve ser visto como se fosse uma interpretação da Escritura que reside fora dos limites da autoridade da simples razão. Pode-se explicar para si a maneira como se faz moralmente uso de uma exposição histórica sem decidir, a respeito disso, se é esse também o significado do escritor ou se apenas o pomos no texto, desde que o significado seja verdadeiro por si e sem qualquer

decerto, de antemão, o mal no começo do mundo, contudo, ainda não no ser humano, mas em um / *espírito* de vocação originariamente mais sublime; através disso, portanto, o *primeiro* começo de todo mal em geral é representado como incompreensível para nós (pois de onde vem o mal naquele espírito?), enquanto o ser humano é representado como caído no mal apenas *por tentação* – portanto como *não* corrompido *a partir do fundamento* (mesmo segundo a primeira predisposição para o bem) – mas como ainda suscetível de um melhoramento, em contraposição a um espírito *sedutor*, isto é, como um ser para o qual não se pode contar a tentação da carne como atenuante da sua culpa; e, assim, ao ser humano, que, a despeito de um coração corrompido, ainda tem sempre uma boa vontade, resta a esperança de um retorno ao bem do qual se desviou.

6:44

Observação geral
Do reestabelecimento da predisposição originária para o bem em sua força

O que o ser humano é ou deve se tornar no sentido moral, bom ou mau, ele deve fazer ou ter feito *por si mesmo*. Ambos os casos devem ser um efeito de seu livre-arbítrio, pois, caso contrário, não lhe poderia ser imputado; consequentemente, ele não poderia ser nem bom nem mau *moralmente*. Quando se diz "ele foi criado [*geschaffen*] bom", então isso não pode significar nada além de que ele foi criado [*erschaffen*] para o *bem* e que a *predisposição* originária no ser humano é boa; contudo, por meio dela, o ser humano mesmo ainda não o é; mas, depois de adotar, ou não, em sua máxima, os móbeis que essa predisposição contém (o que deve ser

---

prova histórica, mas seja, ao mesmo tempo, o único significado segundo o qual podemos extrair para nós de uma passagem da Escritura algo com o propósito de melhoramento, passagem que, de outro modo, seria apenas um aumento infrutífero de nosso conhecimento histórico. Não se deve discutir sem necessidade sobre algo, e sua reputação histórica, que, se compreendido assim ou de outra maneira, nada contribui para tornar um ser humano melhor, quando o que pode contribuir para isso é conhecido também sem prova histórica e tem de ser conhecido mesmo sem ela. O conhecimento histórico, que não tem nenhuma referência interna válida para todos a tal fim, pertence à *adiaphora*, com a qual cada um pode tratar da maneira como achar edificante para si.

deixado inteiramente à sua livre-escolha), ele faz com que se torne bom ou mau. Supondo que para se tornar bom ou melhor seja necessário, ainda, uma cooperação sobrenatural, que pode consistir apenas na diminuição dos obstáculos ou também ser uma assistência positiva, o ser humano deve, contudo, antes, se tornar digno de recebê-la e de *aceitar* essa ajuda (o que não é pouca coisa), isto é, deve adotar em sua máxima o aumento positivo de força, mediante o qual se torna unicamente possível que o bem lhe seja imputado e ele possa ser reconhecido como um ser humano bom.

6:45 Ora, como é possível que um ser humano naturalmente mau se torne um ser humano bom, isso ultrapassa todos os nossos conceitos, / pois como pode uma árvore má produzir bons frutos? Mas visto que, segundo a confissão feita anteriormente, uma árvore originariamente boa (segundo a predisposição) produziu frutos ruins[*] e o declínio do bem no mal (se se considera, eventualmente, que o mal surge da liberdade) não é mais compreensível do que o reerguer-se do mal para o bem, então a possibilidade deste último não pode ser contestada. Pois, a despeito daquela queda, ressoa, contudo, inalterado em nossa alma, o mandamento de que *devemos* nos tornar seres humanos melhores; consequentemente devemos também podê-lo, mesmo que o que possamos fazer seja, por si só, insuficiente; e apenas, dessa forma, nos fazemos receptivos a uma assistência suprema inescrutável a nós. – Certamente deve se pressupor aqui que restou um germe do bem em sua inteira pureza, que não poderia ser extirpado ou corrompido, o qual não pode ser, com certeza, o amor de si[**], que, adotado como princípio de todas as máximas, é precisamente a fonte do mal.

---

[*] A árvore boa segundo a predisposição ainda não o é segundo o ato, pois, se assim o fosse, então ela não poderia certamente produzir frutos ruins; apenas se o ser humano admitiu em sua máxima o móbil colocado nele para a lei moral, ele é chamado de um ser humano bom (a árvore chamada de uma árvore boa absolutamente).

[**] Palavras, que podem admitir dois sentidos completamente diferentes, atrasam frequentemente, por muito tempo, a convicção a partir de fundamentos mais claros. Como amor em geral, o *amor de si* também pode ser dividido em amor de benevolência [*Wohlwollens*] e amor de comprazimento [*Wohlgefallens*] (*benevolentiae et complacentiae*) e ambos devem (como é evidente por si) ser racionais. Assumir o primeiro em sua máxima é natural (pois quem não quererá que tudo sempre lhe ocorra bem?). Mas ele é racional em parte, na medida em que, em

/ O restabelecimento da predisposição originária para o bem em nós é, portanto, não a aquisição de um móbil *perdido* para o bem, pois este móbil, que consiste no respeito à lei moral, nós nunca fomos capazes de perder e, se tal coisa fosse possível, então nós também nunca o recuperaríamos. Ele é, portanto, apenas o

6:46

---

vista do fim, escolhe-se apenas aquilo que pode coexistir com o maior e duradouro bem-estar [*Wohlergehen*] e, em parte, na medida em que se escolhe os meios mais adequados para cada um destes componentes da felicidade. A razão ocupa aqui apenas a posição de uma serva da inclinação natural; no entanto, por isso, a máxima que se adota de modo algum tem relação com a moralidade [*Moralität*]. Se esta máxima é, no entanto, tomada como princípio incondicionado do livre-arbítrio, então ela é a fonte de um conflito incalculavelmente grande diante da moralidade [*Sittlichkeit*]. – Ora, um amor racional de *comprazimento em relação a si mesmo* [*an sich selbst*] não pode ser entendido de modo que nos comprazamos com aquelas já mencionadas máximas que têm por fim a satisfação da inclinação natural (na medida em que esse fim é alcançado pela observância destas máximas); e, quanto a isso, este amor é idêntico ao amor de benevolência para consigo mesmo; tem-se agrado em relação a si mesmo, tal como um comerciante cujas especulações mercantis vão bem e que, devido às boas máximas adotadas nelas, regozija-se de seu bom discernimento. Apenas a máxima do amor de si / de *comprazimento incondicionado* em relação a si mesmo (não dependente do ganhar e perder enquanto as consequências da ação) seria o princípio interno de uma satisfação possível a nós unicamente sob a condição da subordinação de nossas máximas à lei moral. Nenhum ser humano, para quem a moralidade não é indiferente, pode ter um comprazimento em relação a si e, por certo, mesmo evitar um amargo desprazimento [*Mißfallen*] em relação a si mesmo, se é consciente de máximas tais que não concordam nele com a lei moral. Poder-se-ia chamar este amor, que impede toda mistura de outras causas da satisfação a partir das consequências de suas ações (sob o nome de uma felicidade proporcionada a si por meio delas) com os móbeis do arbítrio, de *amor racional* de si mesmo. Ora, visto que isso designa o respeito incondicional à lei, por que é que se quer dificultar desnecessariamente a compreensão clara do princípio, mediante a expressão um *amor de si racional*, embora *moral* apenas sob a última condição, andando em um círculo (pois só se pode amar a si mesmo de maneira moral na medida em que se está consciente de sua máxima de tornar o respeito à lei o móbil supremo de seu arbítrio)? A felicidade é para nós, segundo nossa *natureza* enquanto seres dependentes de objetos da sensibilidade, o que vem primeiro e o que desejamos incondicionalmente. Essa mesma felicidade não é, segundo a nossa natureza (se se quer, de maneira geral, chamar assim o que nos é inato) enquanto seres dotados de razão e liberdade, nem de longe o que vem primeiro, nem incondicionalmente um objeto de nossas máximas, mas este objeto é a *dignidade de ser feliz*, isto é, a concordância de todas as nossas máximas com a lei moral. Ora, que esta dignidade é objetivamente a condição sob a qual o desejo da felicidade pode unicamente concordar com a razão legisladora, nisso consiste toda prescrição moral e o modo de pensar moral consiste na disposição de ânimo [*Gesinnung*] de desejar também unicamente sob esta condição.

6:46

estabelecimento[71] da *pureza* da lei moral, como fundamento supremo de todas as nossas máximas, segundo a qual a lei deve ser admitida, não meramente ligada a outros móbeis ou, até mesmo, subordinada a eles (às inclinações) como condições, mas em sua inteira pureza, enquanto móbil suficiente por si da determinação do arbítrio nas máximas. O bem originário é a *santidade* das máximas no cumprimento de seu dever; por conseguinte, o cumprimento meramente por dever; dessa forma o ser humano que admite essa pureza em sua máxima, embora ainda não seja por isso ele mesmo santo (pois entre a máxima e o ato ainda há um grande hiato), está, não obstante, no caminho / para se aproximar de tal santidade no progresso infinito. A firme resolução, transformada em prontidão, no cumprimento de seu dever também se chama virtude, segundo a legalidade, em seu *caráter empírico* (*virtus phaenomenon*). Ela tem a máxima persistente de ações *em conformidade* com a lei, não importa de onde se toma o móbil que o arbítrio precisa para isso. Por isso, a virtude, nesse sentido, é adquirida *pouco a pouco* e significa, para alguns, um longo hábito (na observância da lei), por meio do qual o ser humano passou, mediante reformas graduais de sua conduta e da consolidação de suas máximas, da propensão para o mal para uma propensão oposta. Ora, para isso não é necessário exatamente uma *mudança do coração*, mas apenas uma mudança dos *costumes*. O ser humano acha-se virtuoso quando se sente consolidado em máximas para observância de seu dever, embora não a partir do fundamento supremo de todas as máximas, a saber, por dever; em vez disso, por exemplo, o imoderado retorna à moderação por causa da saúde, o mentiroso à verdade por causa da honra, o injusto à honestidade cívica por causa da tranquilidade ou da aquisição etc.; todos segundo o louvado princípio da felicidade. Mas que alguém se torne não apenas um ser humano *legalmente*, mas *moralmente* bom (agradável a Deus), isto é, virtuoso segundo o caráter inteligível (*virtus Noumenon*), o qual, quando reconhece algo como dever, não precisa de nenhum outro móbil além desta

---

71. Em alemão, lemos *"Herstellung"*. Nas edições em língua inglesa de Giovanni e Pluhar, traduziu-se por "recuperação" [*recovery*] e "restauração" [*restoration*]. Na tradução francesa, lemos "*de restaurer*", na portuguesa "instauração" e na italiana "*restaurazione*".

representação do dever mesmo, isto não pode ser efetuado por meio de reforma gradual, enquanto o fundamento [*Grundlage*] das máximas permanece impuro, mas deve ser efetuado por meio de uma *revolução* na disposição de ânimo no ser humano (de uma transição para a máxima da santidade de tal disposição); e ele pode se tornar um novo ser humano apenas mediante um tipo de renascimento, exatamente como mediante uma nova criação (Jo 3,5; comparado com Gn 1,2)[72] e mudança do coração.

Mas se o ser humano está corrompido no fundamento de sua máxima, como é possível que ele produza por meio de suas próprias forças essa revolução e se torne, por si mesmo, um ser humano bom? E o dever nos ordena, contudo, sê-lo, mas não nos ordena nada além daquilo que nos é factível. Isso não pode ser conciliável senão da seguinte maneira: que a revolução é necessária ao modo de pensar, mas a reforma gradual é necessária ao modo de sentir (que opõe obstáculos ao primeiro) e, por isso, também deve ser possível ao ser humano. Isto é: se, por meio de uma única resolução imutável, o ser humano inverte o fundamento supremo de suas máximas pelo qual foi um ser humano mau / (e, assim, se revela um novo ser humano), então, nessa medida, de acordo com o princípio e o modo de pensar, ele é um sujeito receptivo ao bem; mas apenas no atuar [*Wirken*] contínuo e no tornar-se [*Werden*] é um ser humano bom, isto é, ele pode esperar que, com uma tal pureza do princípio que tomou para si como máxima suprema de seu arbítrio e sua firmeza, ele se encontre no bom (embora estreito) caminho de uma *progressão* constante do mau para o melhor. Para aquele que perscruta o fundamento inteligível do coração (de todas as máximas do arbítrio); para quem, portanto, esta infinidade do progresso é unidade, isto é, para Deus, isto é tanto quanto ser de fato um ser humano bom (agradável a Ele); e, nessa medida, essa mudança pode ser considerada uma revolução, embora, no julgamento do ser humano que pode estimar a si e a força de suas máximas apenas segundo o predomínio que elas ganham sobre a sensibilidade no tempo, essa mudança seja vista

6:48

---

72. "Respondeu Jesus: Na verdade eu te digo: quem não nascer da água do Espírito Santo não pode entrar no Reino de Deus" (Jo 3,5) E "a terra estava vazia, as trevas cobriam o oceano e um vento impetuoso soprava sobre as águas" (Gn 1,2).

apenas como um esforço sempre contínuo para o melhor; por conseguinte, como reforma gradual da propensão para o mal como modo pervertido de pensar.

Disso se segue que a formação[73] moral do ser humano não deve começar do melhoramento dos costumes, mas da transformação do modo de pensar e da fundação de um caráter, embora costumeiramente se proceda de modo diferente e se lute contra vícios individualmente, deixando, no entanto, a sua raiz universal intacta. Ora, até o ser humano mais limitado é suscetível da impressão de um respeito tanto maior a uma ação em conformidade com o dever quanto mais ele afasta de tal ação, em pensamento, outros móbeis que poderiam, mediante o amor de si, ter influência na máxima da ação; e até as crianças são capazes de descobrir o menor vestígio de mistura de móbeis espúrios, visto que, então, a ação perde instantaneamente todo o valor moral para elas. Essa predisposição para o bem é cultivada incomparavelmente aduzindo o próprio *exemplo* de seres humanos bons (no que diz respeito a sua conformidade com a lei[74]) e permite aos aprendizes morais julgarem a impureza de algumas máximas a partir dos móbeis efetivamente reais das suas ações; e esta predisposição passa, pouco a pouco, ao modo de pensar, de maneira tal que o *dever* começa a adquirir, meramente por si mesmo, um peso notável em seus corações. Mas ensinar a *admirar* ações virtuosas, independentemente de quanto sacrifício elas possam ter custado, ainda não é a disposição[75] correta que o ânimo do aprendiz deve adquirir para o bem moral. Pois, por mais virtuoso que alguém seja, qualquer bem que ele possa fazer / é, contudo, simplesmente dever; mas cumprir seu dever não é nada mais do que cumprir o que está na ordem moral habitual; por conseguinte, não merece ser admirado. Pelo contrário, esta admiração é uma discordância do sentimento com o dever, justamente como se prestar obediência a ele fosse algo extraordinário e meritório.

---

73. Em alemão, "*Bildung*". Nas traduções em língua inglesa e na italiana, traduz-se por "educação".

74. A tradução para língua inglesa de Werner Pluhar (2009) traduz "*Gesetzmäßigkeit derselben*" por "legalidade da ação".

75. Em alemão, lemos "*Stimmung*". O termo poderia ser traduzido de maneira mais literal por "humor" ou "espírito".

Mas há uma coisa em nossa alma que, se a colocamos apropriadamente diante dos olhos, não podemos cessar de considerar com o mais alto maravilhamento e onde a admiração é legítima ao mesmo tempo que eleva a alma; e isto é a predisposição moral originária em nós, em geral. – O que é que está em nós (pode se perguntar a si mesmo), em virtude do qual nós – seres constantemente dependentes da natureza mediante tantas necessidades – elevamo-nos, contudo, ao mesmo tempo, tão acima de tais necessidades[76] na ideia de uma predisposição originária (em nós), que as consideramos, em seu conjunto, como nada e a nós mesmos indignos de existência, se tivéssemos nos entregado à fruição delas – fruição que, contudo, pode unicamente tornar a vida desejável para nós – contra uma lei através da qual nossa razão ordena poderosamente sem, contudo, com isso, nem prometer alguma coisa ou ameaçar? O peso dessa pergunta deve ser sentido intimamente por todo ser humano – de capacidade mais comum – que foi previamente instruído da santidade que reside na ideia do dever, mas que não chegou a investigar o conceito de liberdade, que emerge primeiramente desta lei[*]; e mesmo / a incompreensibilidade desta predisposição, que proclama uma

6:50

---

76. Na tradução para a língua inglesa de Giovanni (1996) "*diese*" é traduzido por "*it*", referindo-se então à 'natureza' e não a 'necessidades'.

* Que o conceito de liberdade do arbítrio não precede a consciência da lei moral em nós, mas é tão somente inferido a partir da determinabilidade de nosso arbítrio por meio de tal lei, como um mandamento incondicionado, disso pode-se logo se convencer quando alguém se pergunta se é também segura e imediatamente consciente de uma faculdade de poder superar, mediante firme resolução, qualquer móbil para transgressão, não importa quão grande seja (*Phalaris licet imperet, ut sis falsus, et admoto dictet periuria tauro*[77]). Qualquer um terá de admitir que, quando um caso assim ocorre, não sabe se não vacilaria em sua resolução. Mas, ainda assim, o dever lhe ordena incondicionalmente que deve permanecer fiel a essa resolução e disso ele conclui, com razão, que deve também *podê-lo* e que seu arbítrio é, portanto, livre. Os que simulam essa propriedade inescrutável como inteiramente compreensível produzem, mediante a palavra *determinismo* (a proposição da determinação do arbítrio por fundamentos suficientes internos), uma desilusão [*Blendwerk*], exatamente como se a dificuldade consistisse em conciliar esse determinismo com a liberdade, algo que ninguém contudo pensa; em vez disso, o modo como o *predeterminismo*, segundo o qual ações escolhidas voluntariamente [*willkürliche*] têm, enquanto acontecimentos, seus fundamentos determinantes no *tempo precedente* (que, junto com o que este tempo inclui, não está mais em nosso poder), pode coexistir com a liberdade, segundo

77. Juvenal, *Sátiras*, VIII, 81-82: "Ainda que Fálaris te ordene a ser falso e, aproximando-te seu touro, te dite o perjúrio" – Décimo Júnio Juvenal (55/–) foi o poeta e retórico romano que escreveu as *Sátiras*; Fálaris, tirano da colônia grega de Acragas na Sicília (565-550 a.C.), conhecido por sua excessiva crueldade. Conta-se que ele torturava e matava seus inimigos dentro de um touro oco feito de ferro que era aquecido a alta temperatura.

descendência divina, deve atuar sobre o ânimo até o ponto da inspiração e fortalecê-lo para os sacrifícios que apenas o respeito ao seu dever pode lhe impor. Estimular com frequência este sentimento da sublimidade de sua vocação moral deve ser exaltado, sobretudo, como meio de despertar disposições de ânimo morais, uma vez que esse sentimento atua diretamente em oposição à propensão inata para inverter os móbeis nas máximas de nosso arbítrio, a fim de restabelecer, no respeito incondicionado à lei como condição suprema das máximas adotadas, a ordem moral originária entre os móbeis e, assim, de restabelecer em sua pureza a predisposição para o bem no coração humano.

Mas a este restabelecimento mediante a aplicação da própria força opõe-se diretamente, por certo, a proposição[78] da corrupção inata do ser humano para todo bem? Certamente, quanto à incompreensibilidade, ou seja, quanto ao nosso *discernimento* da possibilidade deste restabelecimento, enquanto a possibilidade de tudo aquilo que deve ser representado como acontecimento no tempo (mudança) e, nessa medida, como necessário segundo leis naturais e cujo oposto deve ser representado, ao mesmo tempo, contudo, sob leis morais, como possível por meio da liberdade; mas a proposição não se opõe à possibilidade deste restabelecimento mesmo. Pois se a lei moral ordena que "*devemos* ser agora seres humanos melhores", então se segue inevitavelmente que devemos também *podê*-lo. A proposição do mal inato não é, em absoluto, de nenhum uso na *dogmática* moral, pois as prescrições de tal dogmática contêm precisamente os mesmos deveres e se conservam também

---

6:50   a qual a ação tanto quanto seu / oposto devem estar, no momento do acontecimento, no poder do sujeito; isto é o que se quer discernir e nunca se discernirá.

† Não há qualquer dificuldade em conciliar o conceito de *liberdade* com o conceito de Deus, como um ser *necessário*, uma vez que a liberdade não consiste na contingência da ação (que a ação, de modo algum, é determinada por fundamentos), isto é, não no indeterminismo (que deve ser igualmente possível a Deus fazer o bem ou o mal, se sua ação tivesse de se denominar livre), mas na espontaneidade absoluta, que corre perigo apenas junto ao predeterminismo, no qual o motivo [*Bewegungsgrund*] da ação está no *tempo precedente* e, por conseguinte, me determina irresistivelmente, de tal maneira que agora a ação não está mais em *meu* poder, mas na mão da natureza, que me determina irresistivelmente; então aí, uma vez que em Deus não é pensável nenhuma sequência temporal, esta dificuldade desaparece.

78. O termo "*satz*" também pode ser traduzido, de maneira adaptada, como fazem as traduções estrangeiras, por "princípio", "tese" ou "doutrina".

no mesmo vigor, quer exista ou não em nós uma propensão inata para a transgressão. Na *ascética moral*, no entanto, esta proposição quer dizer mais, / mas nada mais do que: no desenvolvimento [*Ausbildung*] moral da predisposição moral criada para o bem, não podemos começar de uma inocência que nos é natural, mas devemos começar da pressuposição de uma malignidade do arbítrio na adoção de suas máximas em oposição à predisposição moral originária; e, uma vez que a propensão para o mal é inextirpável, começar com a incessante reação contra ela. Ora, visto que isto leva meramente a uma progressão – que vai ao infinito – do mau para o melhor, então segue-se que a conversão da disposição de ânimo de um ser humano mau para a de um ser humano bom deve ser posta na mudança do fundamento supremo interno da adoção de todas as suas máximas em conformidade com a lei moral, na medida em que este novo fundamento (o novo coração) é, agora, ele mesmo, imutável. Ora, mas o ser humano não pode, decerto, alcançar a convicção disto de modo natural, nem por meio de consciência imediata, nem da prova da conduta de vida que levou até ali, uma vez que a profundidade do coração (o fundamento subjetivo primeiro de suas máximas) é, para ele mesmo, inescrutável; mas ele deve poder *esperar* alcançar, pela aplicação da *própria* força, o caminho que leva a essa convicção e que lhe é instruído a partir de uma disposição de ânimo melhorada no fundamento; pois ele deve se tornar um ser humano bom, mas deve ser julgado como *moralmente* bom apenas segundo aquilo que pode lhe ser imputado, como feito por ele mesmo.

6:51

Ora, contra essa exigência de automelhoramento, a razão – desencorajada por natureza ao trabalho moral – mobiliza, sob o pretexto da incapacidade natural, todos os tipos de ideias religiosas impuras (que inclui atribuir falsamente ao Deus mesmo o princípio da felicidade como condição suprema de seu mandamento). Pode-se, no entanto, dividir todas as religiões na religião de *solicitação de favor* (do mero culto) e na religião *moral*, isto é, na religião da *boa conduta de vida*. De acordo com a primeira, o ser humano ou se lisonjeia que Deus pode muito bem torná-lo eternamente feliz sem que tenha exatamente necessidade de que se torne um *ser humano melhor* (pela remissão de suas dívidas)

6:52 ou também, se isso não lhe parece possível, que Deus pode muito bem *torná-lo um ser humano melhor* sem que ele mesmo tenha de fazer algo mais para isso além do que *pedir*; e, visto que diante de um ser que tudo vê isto nada mais é do que *desejar*, nada seria propriamente feito, pois se o melhoramento fosse conseguido com o mero desejo, todo ser humano seria bom. Mas, de acordo com a religião moral (entre todas / as religiões públicas que por certo já existiram, só a religião cristã é deste tipo), há uma proposição fundamental: que cada um deve fazer tanto quanto está em suas forças para se tornar um ser humano melhor e, apenas então – se ele não enterrou a mina que lhe foi dada ao nascer (Lc 19,12-16)[79] e utilizou a predisposição originária para o bem para se tornar um ser humano melhor – ele pode esperar que o que não está em sua capacidade será compensado por uma cooperação superior. Tampouco é absolutamente necessário que o ser humano saiba no que consiste esta cooperação; talvez seja até mesmo inevitável que, se o modo como ela acontece foi revelado para uma certa época, diferentes seres humanos de outras épocas formassem para si conceitos diferentes dela e, decerto, com toda sinceridade. Mas então vale também a proposição fundamental: "não é essencial e, portanto, necessário para cada um saber o que Deus faz ou fez para sua bem-aventurança", mas antes *o que o ser humano mesmo tem de fazer* para se tornar digno dessa assistência.

† Essa observação geral é a primeira de quatro, cada uma das quais anexada a uma peça deste escrito e que poderiam conter os títulos: 1) dos efeitos da graça, 2) dos milagres, 3) dos mistérios, 4) dos meios da graça. – Estas são, por assim dizer, *parerga*[80] da religião dentro dos limites da razão pura; não estão dentro dela, mas lhes são, contudo, fronteiriças. A razão, na consciência de sua

---

79. "Disse ele: Um homem nobre partiu para um país distante a fim de receber a dignidade de rei e voltar. Chamando dez de seus escravos, entregou a cada um mil moedas de prata e recomendou-lhes: 'Negociai enquanto estou de viagem'. Os seus concidadãos, porém, o odiavam e enviaram uma comissão atrás dele, dizendo: 'Não queremos que este homem venha a reinar sobre nós'. Aconteceu que, depois de receber o reino, o homem voltou e mandou chamar os escravos, a quem tinha confiado o dinheiro, para saber o que cada um havia lucrado. Apresentou-se o primeiro, dizendo: 'Senhor, as mil moedas renderam dez vezes mais!' (Lc 19,12-16).

80. *Parergon*, do grego, é o termo usado para designar o suplemento ou o adicional de um trabalho.

incapacidade de satisfazer sua necessidade moral, estende-se até ideias extravagantes que poderiam compensar aquela deficiência, sem, contudo, se apropriar delas como uma posse estendida. Ela contesta não a possibilidade ou a realidade efetiva dos objetos dessas ideias, mas apenas não pode admiti-los em suas máximas de pensar e agir. Ela leva em conta até mesmo que – se no campo inescrutável do sobrenatural ainda existe algo além do que ela pode tornar para si compreensível, mas que seria, contudo, necessário para compensar sua incapacidade moral – esta coisa, mesmo incognoscível, virá em auxílio de sua boa vontade, mediante uma fé que poderia se denominar fé *reflexionante* (sobre a possibilidade de tal coisa), uma vez que a fé *dogmática* que se proclama como um *saber* lhe parece insincera ou presunçosa; pois, remover as dificuldades contra o que se encontra por si mesmo firme (praticamente), é – se tais dificuldades dizem respeito a questões transcendentes – apenas um assunto secundário (*parergon*). No que tange à desvantagem dessas ideias, também *moralmente* transcendentes, quando queremos introduzi-las na religião, / eis o efeito delas segundo a ordem das quatro classes acima mencionadas: 1) o efeito da suposta experiência interna (efeitos da graça), *entusiasmo* [*Schwärmerei*]; 2) o efeito da alegada experiência externa (milagre), *superstição*; 3) o efeito da mencionada iluminação do entendimento em relação ao sobrenatural (mistérios), *iluminatismo*, desilusão dos adeptos[81]; 4) o efeito das ousadas tentativas de atuar no sobrenatural (meios da graça), *taumaturgia*, simples desvios de uma razão que vai além de seus limites e, decerto, em propósito supostamente moral (agradável a Deus). — Mas, no que diz respeito particularmente a esta observação geral à primeira peça do presente tratado, a evocação dos *efeitos da graça* é desse último tipo e não pode ser admitida nas máximas da razão, se esta se mantém dentro de seus limites, assim como, em geral, nada de sobrenatural, uma vez que é justamente nisso que cessa todo o uso da razão. — Pois tornar estes efeitos *teoricamente* cognoscíveis (que são efeitos da graça, não efeitos naturais internos) é

6:53

---

81. O termo alemão "*Adeptenwahn*" é traduzido nas edições de língua inglesa por "*desilusion of the initiates*" (1996) e "*desilusion of adepts*" (2009). Nas traduções francesa, portuguesa e italiana, lemos "*illusion des adeptes*", "ilusão sectária" e "*illusione da adepti*".

impossível, uma vez que nosso uso do conceito de causa e efeito não pode ser estendido para além dos objetos da experiência e, por conseguinte, para além da natureza; a pressuposição de uma utilização *prática* dessas ideias é, no entanto, inteiramente contraditória em si mesma. Pois, enquanto utilização, ela pressuporia uma regra concernente a que bem temos nós mesmos de *fazer* (em certo propósito) para alcançar algo; mas esperar um efeito da graça significa justamente o contrário, a saber, que o bem (o moral) não será ato nosso, mas de um outro ser e que, portanto, somos capazes de adquiri-lo unicamente por meio do nada fazer, o que se contradiz. Portanto, podemos admitir os efeitos da graça como algo incompreensível, mas não o admitir em nossa máxima, seja para o uso teórico ou prático.

DA DOUTRINA FILOSÓFICA DA RELIGIÃO
SEGUNDA PEÇA

SEGUNDA PEÇA
DA LUTA DO PRINCÍPIO BOM COM O MAU PELO DOMÍNIO SOBRE O SER HUMANO

Que, a fim de se tornar um ser humano bom, não basta permitir, meramente, que se desenvolva de maneira desimpedida o germe do bem que reside em nossa espécie, mas é preciso, também, combater uma causa do mal, localizada em nós, que atua de maneira oposta, isto foi dado a conhecer – entre os moralistas antigos, principalmente, os estoicos – por meio de seu lema, *virtude*, que (tanto no grego quanto no latim) designa coragem e bravura e, portanto, pressupõe um inimigo. Nesse sentido, o nome *virtude* é um nome magnífico e o fato dele muitas vezes ter sido pretensiosamente mal-utilizado e (assim como, recentemente, a palavra esclarecimento[82]) ridicularizado não pode prejudicá-lo. – Pois exigir a coragem já é, a meio-caminho, tanto quanto instigá-la; em contrapartida, o modo de pensar preguiçoso e pusilânime, que desconfia inteiramente de si mesmo e espera ajuda externa (na moral e na religião), afrouxa todas as forças do ser humano e o torna indigno dessa ajuda mesma.

No entanto, aqueles valentes homens julgaram mal[83] seu inimigo, que não deve ser procurado nas inclinações naturais – que são meramente indisciplinadas, mas se apresentam sem disfarces e abertamente à consciência de todos – mas é, por assim dizer, um inimigo invisível, que se oculta atrás da razão, e, por isso, tanto mais perigoso. Eles mobilizaram a *sabedoria* contra a *insensatez* – que se deixa simplesmente enganar, de maneira descuidada, pelas inclinações – em vez de evocá-la contra a *maldade* (do coração hu-

---

82. O termo *"Aufklärung"* é traduzido nas edições inglesas, francesa, portuguesa e italiana, respectivamente, por *"enlightment"*, *"lumières"*, "Ilustração" e *"illuminismo"*.

83. Em alemão, *"verkennen"* significa, de modo mais literal, "compreender mal", "negligenciar".

mano), que, secretamente, mina, com princípios que corrompem a alma, a disposição de ânimo*.

Inclinações naturais, *consideradas em si mesmas*, são *boas*, isto é, irrepreensíveis, e não é apenas fútil, mas seria também prejudicial e censurável querer extirpá-las; ao contrário, deve-se apenas domá-las de modo que não entrem em conflito[86], elas mesmas,

---

* Estes filósofos tomaram seu princípio moral universal a partir da dignidade da natureza humana, da liberdade (como independência do poder / das inclinações); eles não poderiam estabelecer por fundamento um melhor e mais nobre. Ora, eles criaram as leis morais imediatamente a partir da razão, que unicamente legisla dessa maneira e que, por meio dessas leis, ordena absolutamente; e, assim, tudo foi inteira e corretamente indicado objetivamente, no que diz respeito à regra, e subjetivamente, no que tange ao móbil, se se atribui ao ser humano uma vontade incorruptível para admitir sem hesitar estas leis em suas máximas[84]. Mas precisamente nessa última pressuposição se encontrava o erro. Pois, tão logo possamos dirigir nossa atenção também ao nosso estado moral, descobrimos que ele não é mais *res integra*, mas temos de começar por expulsar de sua posse o mal que já tomou lugar (mal que não poderia ser feito sem que o tivéssemos admitido em nossa máxima): isto é, o primeiro bem verdadeiro que o ser humano pode fazer é sair do mal, que não é para ser procurado nas inclinações, mas na máxima pervertida e, portanto, na liberdade mesma. As inclinações apenas dificultam a *execução* da máxima boa oposta; mas o mal, propriamente dito, consiste em não *querer* resistir àquelas inclinações quando elas estimulam a transgressão e essa disposição de ânimo é, propriamente, o verdadeiro inimigo. As inclinações são adversárias apenas dos princípios em geral (sejam estes bons ou maus); e, nessa medida, aquele nobre princípio da moralidade é vantajoso como exercício preparatório (disciplina das inclinações em geral) para a tratabilidade do sujeito por meio de princípios. Mas, enquanto deve haver especificamente princípios do *moralmente bom* e, contudo, eles não existem como máxima, então ainda se deve pressupor no sujeito um outro adversário desses princípios, com o qual a virtude tem de se colocar em luta; sem essa luta, todas as virtudes seriam, decerto, não *vícios* resplandecentes, como quer aquele Padre da Igreja[85], mas sim *misérias resplandecentes*, uma vez que, embora por meio delas a rebelião seja muitas vezes atenuada, o rebelde mesmo nunca é vencido e erradicado.

84. Sobre a doutrina estoica, Kant afirma na *Crítica da razão prática*: "o estoico afirmava que a virtude é o *sumo bem em seu todo* e que a felicidade é apenas a consciência da posse da *virtude*" (AA 5:112). Trad. M. Hulshof. Petrópolis: Vozes, 2018. Em uma resenha anônima publicada por August Wilhelm Rehberg para a *Crítica da razão prática* no periódico *Allgemeine Literatur-Zeitung* (6 ago. 1778), Kant é criticado por não ter sido justo em sua interpretação dos estoicos.

85. Kant está se referindo ao dizer "*virtutes gentium, splendida vitia*" [as virtudes do povo são vícios resplandecentes], que geralmente é atribuído a Agostinho de Hipona (354-430), mas que não é identificado propriamente em suas obras.

86. Literalmente, o verbo "*aufreiben*" significa "desgastar".

umas com as outras, mas possam ser trazidas à concordância em um todo denominado felicidade. A razão que realiza isso, no entanto, chama-se *prudência*. Apenas o moralmente contrário à lei é em si mesmo mau, absolutamente repreensível, e deve ser extirpado; no entanto, a razão que ensina isso, ainda mais quando também coloca isso em prática, merece o nome de *sabedoria* – em comparação com a qual o vício também pode ser, decerto, denominado *insensatez* – mas apenas quando a razão sente em si força suficiente para *desprezá*-lo (e todos os estímulos para ele) e não apenas para *odiá*-lo como uma entidade a ser temida e se armar contra ele.

Portanto, quando o *estoico*[87] pensou a luta moral do ser humano meramente como conflito com suas inclinações (em si inocentes), na medida em que elas devem ser superadas enquanto obstáculos do cumprimento de seu dever, então ele só poderia – uma vez que não adota nenhum princípio positivo particular (em si mau) – pôr a causa da transgressão no *deixar* [*Unterlassung*] de combater essas inclinações; mas visto que este deixar de fazer mesmo, contrário ao dever (transgressão), não é mera falha da natureza e a causa dele não deve ser agora, por sua vez, procurada nas inclinações (sem explicar em círculo), mas apenas naquilo que determina o arbítrio, como livre-arbítrio (no fundamento interno primeiro das máximas que estão de acordo com as inclinações), então pode-se muito bem compreender como filósofos – para quem um fundamento de explicação que permanece eternamente envolto em obscuridade*, e que, embora imprescindível, é, não obstante, inoportuno – puderam julgar mal o próprio oponente do bem com o qual eles acreditaram se colocar em luta.

---

87. Para a apreciação de Kant do princípio estoico em contraste ao do cristianismo, ver *Crítica da razão prática* (AA 5:127, nota). Cf. tb. *Lições de ética* (2018, p. 92-103; Menzer, 1924, p. 7-13).

* É uma pressuposição inteiramente comum da filosofia moral que a existência do mal moral [*Sittlich-Bösen*] no ser humano possa ser explicada muito facilmente e, decerto, por um lado, a partir do poder dos móbeis da sensibilidade e, por outro, a partir da impotência do móbil da razão (do respeito à lei), isto é, a partir da fraqueza. Mas, então, o bem moral [*Sittlich-Gute*] (na predisposição moral) teria de poder ser explicado ainda mais facilmente no ser humano, pois a compreensibilidade de um de modo algum é pensável sem a do outro. Ora, mas a capacidade da razão de se tornar mestra, mediante a mera ideia de uma lei, de todos os móbeis que tendem a se opor a ela é absolutamente inexplicável; portanto, também é incompreensível como os móbeis da sensibilidade podem se tornar mestres de uma razão que ordena com tal autoridade. Pois se todos procedessem em conformidade ao preceito da lei, então se diria que tudo aconteceu de acordo com a ordem natural e a ninguém ocorreria sequer se perguntar pela causa.

Não é de se estranhar, portanto, que um apóstolo represente esse inimigo *invisível* que corrompe princípios apenas por meio de seus efeitos a nós cognoscíveis, como fora de nós e, decerto, como espírito mau: "não temos de lutar com a carne e o sangue (as inclinações naturais), mas contra príncipes e poderosos – com espíritos maus"[88]. Uma expressão que não parece se aplicar para estender nosso conhecimento sobre o mundo sensível, mas apenas para nos tornar intuitivo o conceito do incompreensível *para o uso prático*; além disso, pois, por causa do uso prático, nos é indiferente se pomos o sedutor meramente em nós mesmos ou também fora de nós, / uma vez que, no último caso, a culpa que nos concerne não é menor do que no primeiro, pois não seríamos seduzidos por ele se não estivéssemos secretamente de acordo com ele*. – Queremos dividir essa inteira consideração em duas seções.

---

88. "A nossa luta não é contra forças humanas, mas contra os principados, contra as autoridades, contra os dominadores deste mundo tenebroso, contra os espíritos maus dos ares" (Ef 6,12).

/* É uma peculiaridade da moral cristã representar o bem moral como diferente do mal moral não como o paraíso da terra, mas como o paraíso do *inferno*; uma representação que, embora figurativa e, como tal, chocante, nem por isso é menos filosoficamente correta de acordo com seu sentido. – A saber, ela serve para evitar que o bem e o mal, o reino da luz e o reino da escuridão, sejam pensados como limítrofes um ao outro e se perdendo um no outro mediante etapas graduais (da maior e menor luminosidade), mas sejam representados como separados um do outro por um abismo incomensurável. A inteira dissimilaridade dos princípios com os quais se pode ser súdito de um ou outro destes dois reinos e, ao mesmo tempo, o perigo que está ligado com a imaginação de um parentesco próximo das propriedades que qualificam a um ou outro reino, justificam essa maneira de representar que, apesar do aspecto de horror que ela contém em si, é, ao mesmo tempo, bastante sublime.

Primeira seção
Da pretensão legal[89] do princípio bom ao domínio sobre o ser humano

a) Ideia personificada do princípio bom

O que pode unicamente tornar um mundo o objeto do decreto divino e o fim da criação é a *humanidade* (o ser racional mundano em geral) *em sua inteira perfeição moral*[90]; disso, como condição suprema, a consequência imediata na vontade do ser supremo é a felicidade. – Este ser humano unicamente agradável a Deus "está nele desde a eternidade"[91]; a ideia de um tal ser humano procede de sua essência; nessa medida, o ser humano não é uma coisa criada, mas é seu filho unigênito, a palavra (O faça-te!) por meio da qual todas as outras coisas são e sem a qual nada que é feito existe (pois por sua causa – isto é, do ser racional no mundo, tal como ele pode ser pensado segundo a sua vocação moral – tudo foi feito). – "Ele é o reflexo do esplendor de Deus"[92]. – "Nele, Deus amou o mundo"[93] e só nele e, por meio da / adoção de suas disposições de ânimo, podemos esperar "nos tornarmos filhos de Deus"[94] etc.

6:61

---

89. O termo alemão *"Rechtsanspruche"* é traduzido pelas edições em língua inglesa, francesa, portuguesa e italiana, respectivamente, por *"rightful claim"* (1996), *"legal claim"* (2009), *"droit* ", "direito" e *"giusta pretesa"*.

90. Segundo a *Crítica da faculdade de julgar*, o fim último da criação é o ser racional "sob leis morais" (AA 5:448-449). Cf. tb. *Lições sobre a doutrina filosófica da religião* (AA 28:2099).

91. "No princípio era a Palavra e a Palavra estava com Deus, e a Palavra era Deus. No princípio ela estava com Deus. Todas as coisas foram feitas por meio dela e sem ela nada se fez do que foi feito. Nela estava a vida, e a vida era a luz dos seres humanos" (Jo 1,1-4).

92. "Esplendor de sua glória e imagem expressa de seu ser, sustenta todas as coisas pela palavra de seu poder. Depois de ter realizado a purificação dos pecados, está sentado à direita da majestade nas alturas" (Hb 1,3).

93. "Deus amou tanto o mundo que entregou o seu Filho único para que todo aquele que nele crer não morra, mas tenha a vida eterna" (Jo 3,16).

94. "Mas a todos que a receberam, aos que creem em seu nome, deu o poder de se tornarem filhos de Deus; estes não nasceram do sangue, nem da vontade da carne, nem da vontade do homem, mas de Deus" (Jo 1,12-13).

Ora, *elevar*-nos a este ideal da perfeição moral, isto é, ao arquétipo da disposição de ânimo moral em sua inteira pureza, é o dever humano universal, ao qual essa ideia mesma, apresentada pela razão, pode nos dar força para perseguir. No entanto, justamente, porque não somos os autores dessa ideia – mas ela tomou lugar no ser humano sem que compreendêssemos como a natureza humana pôde também ser receptiva a ela – pode-se melhor dizer que aquele arquétipo *desceu* do céu a nós, que adotou a humanidade (pois não é possível representar para si como o ser *humano mau por natureza* renuncia por si mesmo ao mal e se *eleva* ao ideal da santidade, nem representar que esse arquétipo adote a humanidade (que não é por si má) e seja *condescendente* com ela). Esta união conosco pode ser vista, portanto, como um estado de *humilhação* do filho de Deus, se representamos aquele ser humano, divinamente dotado de boas disposições[95], como arquétipo para nós, de tal modo que, não obstante – embora ele mesmo seja santo e, como tal, não esteja coagido a suportar nenhum sofrimento – ele tome sobre si esses sofrimentos na medida máxima a fim de fomentar o bem do mundo; em contrapartida, o ser humano, que nunca está livre de culpa, mesmo quando adotou a mesma disposição de ânimo, pode, contudo, considerar os sofrimentos que possam lhe ocorrer, seja em qual caminho for, como sua própria culpa; por conseguinte, ele deve se considerar indigno da união de suas disposições de ânimo com uma tal ideia, embora ela lhe sirva de arquétipo.

Ora, o ideal da humanidade agradável a Deus (por conseguinte, de uma perfeição moral como é possível em um ser do mundo que depende de necessidades e inclinações), nós não podemos pensar senão sob a ideia de um ser humano que não estaria apenas disposto a cumprir todo dever humano mesmo e, ao mesmo tempo, também difundir o bem ao redor de si na maior extensão possível mediante a doutrina e o exemplo, mas também disposto a tomar, não obstante, sobre si – embora tentado pelas maiores seduções – todos os sofrimentos até a morte mais ignominiosa

---

95. Considerando a nossa tradução do termo alemão *"Gesinnung"* por "disposição de ânimo", optamos por traduzir o termo *"gesinnter Menschen"* por "ser humano dotado de boas disposições", em vez de "ser humano bem-intencionado". Manteremos essa tradução no decorrer do texto.

pelo bem do mundo e mesmo por seus inimigos. – Pois o ser humano não pode fazer para si nenhum conceito do grau e do vigor de uma força, como é a de uma disposição de ânimo moral, exceto quando a representa para si lutando com obstáculos e, não obstante, prevalecendo sob as maiores tentações possíveis.

/ Ora, *na fé prática nesse filho de Deus* (enquanto ele é representado como tendo assumido a natureza humana), o ser humano pode esperar se tornar agradável a Deus (dessa forma, também bem-aventurado); isto é, aquele que é consciente de uma disposição de ânimo moral tal – de modo que pode *acreditar* e estabelecer uma confiança fundada sobre si que, sob similares tentações e sofrimentos (enquanto estes são feitos pedra de toque daquela ideia), ele permaneceria imutavelmente pendente ao arquétipo da humanidade e similar ao seu exemplo em fiel emulação – um ser humano tal, e também apenas ele, está autorizado a considerar-se unicamente como aquele que é um objeto não indigno do comprazimento divino.

6:62

b) Realidade objetiva dessa ideia

Na relação prática, esta ideia tem sua realidade completamente em si mesma. Pois ela reside em nossa razão moralmente legisladora. *Devemos* estar em conformidade com ela e, por isso, temos também de *podê*-lo. Se se tivesse de provar de antemão a possibilidade de haver um ser humano conforme o arquétipo, como é necessário inevitavelmente nos conceitos da natureza (para não corrermos o risco de sermos empatados por conceitos vazios), então também teríamos de ter reservas mesmo em conceder à lei moral a autoridade de ser um fundamento de determinação incondicionado e, por fim, suficiente de nosso arbítrio; pois como é possível que a mera ideia de uma conformidade à lei em geral possa ser um móbil mais poderoso para o arbítrio do que todos os móbeis simplesmente concebíveis que são retirados das vantagens, tal coisa não pode ser discernida nem pela razão, nem ser demonstrada por exemplos da experiência, uma vez que, no que diz respeito ao primeiro caso, a lei ordena incondicionalmente e, quanto ao segundo, mesmo que nunca tenha existido um ser humano que tenha prestado obediência incondicional a esta lei, a necessidade objetiva de ser um ser humano tal é, contudo, inalterada e óbvia por si mesma. Portanto, não é preciso nenhum exemplo da experiência para tornar a ideia de um ser humano moralmente agradável a Deus um modelo para nós; como tal, ela já se encontra em nossa razão. – Mas aquele que, para reconhecer um ser humano como um tal exemplo a seguir que concorde com aquela ideia, requer, ainda, algo mais do que ele vê, isto é, mais do que uma conduta de vida inteiramente irrepreensível e, por certo, tão cheia de méritos quanto se possa exigir –; aquele que, além disso, porventura, ainda exige, para autenticação, milagres que teriam de ter acontecido por meio daquele ou para aquele ser humano, / tal pessoa confessa por meio disto, ao mesmo tempo, sua *incredulidade* moral, a saber, a falta de fé na virtude; essa falta não pode ser remediada por nenhuma fé (que é apenas histórica) fundada em provas por meio de milagres, uma vez que tem valor moral apenas a fé na validade prática daquela ideia que reside em nossa razão (que[96], unicamente, em todo caso, pode sustentar os milagres como coisas tais que poderiam derivar do princípio bom, mas não pode tomar sua garantia emprestada deles)

Justamente por isso deve ser possível também uma experiência na qual seja dado o exemplo de um ser humano tal (tanto quanto se pode exigir e esperar, a partir de uma experiência externa em geral, evidências de uma disposição de ânimo moral interna); pois, de acordo com a lei, todo ser humano deveria adequadamente oferecer em si um exemplo para esta ideia; essa ideia para o arquétipo permanece sempre apenas na razão, uma vez que nenhum exemplo lhe é adequado na experiência externa que, enquanto tal, não descobre o interno da disposição, mas apenas nos permite inferi-lo, embora não com certeza estrita (por certo, mesmo a experiência interna do ser humano acerca dele mesmo não o permite perscrutar as profundezas de seu coração de tal modo que ele não poderia alcançar conhecimento inteiramente seguro, mediante a auto-observação, do fundamento das máximas que admite e da pureza e firmeza delas).

---

96. O pronome relativo *"welche"* é traduzido nas edições em língua inglesa de Giovanni (1996) e Pluhar (2009), respectivamente, como "fé" [*Faith*] e "ideia". O primeiro não parece possível, pois, se fosse o caso, Kant deveria usar o pronome relativo masculino. É mais provável aqui que Kant esteja se referindo à razão.

Ora, se, em uma determinada época, tivesse descido, por assim dizer, do céu à terra um tal ser humano, verdadeira e divinamente dotado de boas disposições, que, pela doutrina, conduta de vida e sofrimento, tivesse dado, em si mesmo, um *exemplo* de um ser humano agradável a Deus, tanto quanto se pode unicamente exigir de uma experiência externa (desde que o *arquétipo* de um ser humano tal deva ser buscado sempre em nenhum outro lugar além de nossa razão) e ele tivesse produzido, por meio de tudo isso, um bem moral incalculavelmente grande no mundo mediante uma revolução no gênero humano, não teríamos, contudo, razão alguma para supor nele algo mais do que um ser humano gerado naturalmente (uma vez que ele também se sente, contudo, obrigado a oferecer em si o mesmo exemplo), muito embora não se negaria pura e absolutamente, por causa disso, que ele poderia também muito bem ser um ser humano gerado de maneira sobrenatural. Pois a pressuposição desse último caso não pode, contudo, em nada, nos beneficiar em propósito prático, uma vez que o arquétipo, que colocamos como base dessa aparência [*Erscheinung*], deve ser, contudo, procurado sempre em nós mesmos (embora seres humanos naturais) e a sua existência / na alma humana já é, por si mesma, incompreensível o suficiente, de tal modo que não se tem exatamente a necessidade de ainda assumi-la, à parte de sua origem sobrenatural, hipostasiada em um ser humano particular. Ao contrário, a elevação de um tal santo acima da fragilidade da natureza humana, segundo tudo o que podemos discernir, antes dificultaria a aplicação prática de sua ideia em nossa imitação. Pois mesmo que a natureza daquele ser humano agradável a Deus fosse pensada como humana na medida em que ele é afligido com exatamente as mesmas necessidades e, por conseguinte, os mesmos sofrimentos, com exatamente as mesmas inclinações naturais e, por conseguinte, também com as mesmas tentações para a transgressão que nós, mas fosse pensada, contudo, como sobre-humana na medida em que sua pureza imutável da vontade, porventura, não conquistada, mas inata, tornasse absolutamente impossível para ele uma transgressão, então essa distância da natureza humana se tornaria, dessa forma, por sua vez, tão infinitamente grande que aquele ser humano divino não poderia mais ser estabelecido como *exemplo* para o ser humano natural. O último diria: se me for

6:64

dada uma vontade inteiramente santa, então toda tentação para o mal fracassará por si mesma em mim; se me for dada a certeza interna mais perfeita de que, depois de uma curta vida terrena, devo, de imediato, ser participante (em consequência daquela santidade) da inteira magnificência eterna do Reino dos Céus, então tomarei sobre mim todos os sofrimentos, não importa quão severos eles possam ser, até a morte mais ignominiosa, não apenas de bom grado, mas também com alegria, já que vejo diante de mim com os olhos o desfecho magnífico e próximo. Decerto, o pensamento de que aquele ser humano divino estava na posse efetiva dessa eminência e bem-aventurança desde a eternidade (e não precisaria primeiro merecê-las mediante tais sofrimentos) – o pensamento de que ele despojou-se delas de bom grado por todos os indignos, até mesmo por seus inimigos, a fim de salvá-los da perdição eterna – deve dispor nosso ânimo à admiração, amor e gratidão por ele; do mesmo modo, a ideia de uma conduta de acordo com uma regra tão perfeita da moralidade poderia, certamente, também nos ser apresentada de maneira válida como preceito a seguir, mas ele mesmo *não* poderia nos ser apresentado *como exemplo* de imitação e, por conseguinte, também não como prova da praticabilidade e alcançabilidade de um bem moral tão puro e elevado para nós*.

---

* É certamente uma limitação da razão humana que, contudo, dela não se pode alguma vez separar, o fato de que não podemos pensar nenhum valor moral de importância / nas ações de uma pessoa sem, ao mesmo tempo, tornar esta pessoa ou sua manifestação representável de um modo humano, embora não se queira afirmar exatamente com isso que tal coisa é como é em si mesma (κατ' αληθειαν[97]); pois precisamos de uma certa analogia com seres naturais para nos fazer compreensíveis propriedades suprassensíveis. Então um poeta filosófico atribui ao ser humano – na medida em que este tem de combater em si uma propensão para o mal e desde que exatamente por isso saiba vencê-la – uma posição mais elevada na escala dos seres do que até mesmo os habitantes do céu, que em virtude da santidade de sua natureza, são postos acima de toda sedução possível (O mundo com seus defeitos é melhor do que um reino de anjos destituídos de vontade. Haller[98]). – A este modo de representação também

> 97. kath' aletheian: de acordo com a verdade. Cf. a explicação de Kant na *Crítica da faculdade de julgar* (AA 5:462-463). Cf. tb. *Crítica da razão pura* (A739/B767).
>
> 98. Victor Albrecht von Haller (1708-1777), discípulo de Herman Boerhaave, foi um fisiologista, médico e poeta suíço. É considerado por muitos como o pai da fisiologia moderna. Trata-se aqui de uma referência ao seu poema *Über den Ursprung des Übels*. Kant faz uma referência à mesma passagem do poema, sem citar o autor, em suas *Lições sobre a doutrina filosófica da religião* (AA 28:177) e, diretamente, em uma nota de rodapé da *Metafísica dos costumes* (AA 6:397). Outras referências a Haller podem ser encontradas no ensaio *Sobre o fim de todas as coisas* (AA 8:327) e na *Crítica da razão pura* (A 613/B 641).

/ O mesmo professor divinamente dotado de boas disposições, embora inteira e propriamente humano, poderia, não obstante, falar sobre si com verdade, como se o ideal do bem estivesse corporalmente representado nele (na doutrina e na conduta). / Pois ele estaria falando, então, apenas da disposição de ânimo que 6:65 6:66

> se acomoda a Escritura, a fim de tornar o amor de Deus pelo gênero humano, segundo seu grau, apreensível para nós, ao atribuir a Deus o sacrifício supremo que apenas um ser amoroso pode fazer para tornar feliz mesmo os indignos ("Deus amou tanto o mundo"[99] etc.), embora não possamos formar pela razão nenhum conceito de como um ser onissuficiente pode sacrificar algo do que pertence à sua bem-aventurança e privar-se de uma posse. Este é o *esquematismo da analogia* (para elucidação) que não podemos dispensar. Mas transformar tal em um *esquematismo da determinação do objeto* (para ampliação do nosso conhecimento) é *antropomorfismo*[100], o qual, em propósito moral (na religião), é das mais prejudiciais consequências. – Aqui quero apenas de passagem observar que, na ascensão do sensível para o suprassensível, pode-se, decerto, *esquematizar* (tornar apreensível um conceito mediante analogia com algo sensível), mas não se pode absolutamente *inferir*, segundo a analogia daquilo que convém ao sensível, que isso deva ser atribuído também ao suprassensível; e isto pelo motivo inteiramente simples de que uma inferência tal iria *contra* toda analogia, inferência que, pelo fato de precisarmos necessariamente de um esquema para um conceito a fim de torná-lo compreensível para nós (para demonstrá-lo mediante um exemplo), pretenderia tirar a conclusão de que esse esquema deve também convir, necessariamente, ao objeto mesmo, como seu predicado. A saber, não posso dizer que, assim como não sou capaz de *tornar apreensível* para mim a causa de uma planta (ou de qualquer criatura orgânica e, de maneira geral, do mundo repleto de fins) senão segundo a analogia de um artista em relação à sua obra (um relógio), a saber, ao atribuir-lhe entendimento, que, então, também a causa mesma (da planta, do mundo em geral) *tem* de ter entendimento; isto é, atribuir-lhe entendimento não é meramente uma condição de minha apreensibilidade [*Faßlichkeit*], mas da possibilidade mesma de ser causa. No entanto, entre a relação de um esquema com seu conceito e a relação entre esse mesmo esquema do conceito com a coisa mesma não há, de modo algum, nenhuma analogia, mas um enorme salto (μεταβασισ εισ αλλο γενοσ[101]), que leva diretamente ao antropomorfismo, do qual dei as provas em outro lugar.
>
> > 99. Segundo a definição apresentada nas *Lições sobre a doutrina filosófica da religião*, "normalmente o antropomorfismo divide-se em mais grosseiro, quando se pensa Deus sob uma forma humana, e em mais sútil, quando se atribui a Deus perfeições humanas sem afastar delas as suas limitações" (AA 28:1045). Cf. tb. *Crítica da razão pura* (A 640-641/B 668-669; A 692-693/B 720-721; A 697/B 725; A 700/B 728) e *Crítica da razão prática* (AA 5:131, 135, 138) e *Crítica da faculdade de julgar* (AA 5:353, 457, 459).
> >
> > 100. "Porque Deus enviou o seu Filho ao mundo, não para que condenasse o mundo, mas para que o mundo fosse salvo por Ele".
> >
> > 101. *Metabasis eis allo genos* é uma passagem indevida de um gênero ao outro. Cf. *Crítica da razão pura* (A 459/B 487) e *Lições sobre a doutrina filosófica da religião* (AA 18:1103-1104).

toma para si mesmo como regra de suas ações, mas que, visto não ser capaz de torná-la, por si mesma, visível como exemplo para outros, ele coloca externamente diante dos olhos apenas pelas suas doutrinas e ações. "Quem dentre vós pode me acusar de um pecado"[102]. Está em conformidade com a equidade, no entanto, não atribuir o exemplo irrepreensível de um professor acerca do que ele ensina – quando isso é, de qualquer maneira, um dever para todos – a nenhuma outra coisa senão à sua disposição de ânimo mais pura, se não se tem nenhuma prova do contrário. Ora, pensada no ideal da humanidade, uma disposição de ânimo tal, com todos os sofrimentos tomados sobre si por causa do bem do mundo, é completamente válida para todos os seres humanos em todas as épocas e em todos os mundos diante da justiça suprema, se o ser humano torna – como deve fazer – sua disposição de ânimo semelhante a ela. Certamente, ela sempre permanecerá uma justiça que não é a nossa na medida em que essa última teria de consistir em uma conduta de vida completa e infalivelmente em conformidade com aquela disposição de ânimo. Mas deve ser possível, contudo, uma apropriação da primeira para benefício da última, se essa está unida com a disposição de ânimo do arquétipo, embora tornar para si tal apropriação compreensível ainda esteja sujeito a grandes dificuldades, as quais queremos agora expor.

c) Dificuldades diante da realidade dessa ideia e sua solução

A primeira dificuldade que torna duvidosa em nós a alcançabilidade daquela ideia da humanidade agradável a Deus, em relação à *santidade* do legislador junto à deficiência de nossa própria justiça, é a seguinte: A lei diz: "sejas santo (em vossa conduta de vida) como vosso pai é santo no céu!"[103]; isto é, pois, o ideal do filho de Deus que nos é estabelecido como o modelo. Mas a distância do bem, que devemos provocar em nós, do mal do qual partimos, é infinita e, nessa medida – no que diz respeito ao ato, isto é, à adequação

---

102. "Quem de vós poderá acusar-me de pecado? Se vos digo a verdade, por que não acreditais em mim?" (Jo 8,46).
103. "Portanto, sede perfeitos como o vosso Pai celeste é perfeito!" (Mt 5,48). "Pois está escrito: *Sede santos porque eu sou santo*" (1Pd 1,16).

da conduta de vida à santidade da lei – não é alcançável em qualquer época. Todavia, a constituição moral do ser humano deve concordar com essa santidade. Tal constituição deve, portanto, ser posta na disposição de ânimo, na máxima universal e pura da concordância da conduta com a lei, como o germe a partir do qual deve ser desenvolvido todo bem, disposição de ânimo que parte de um princípio santo que o ser humano admitiu em sua máxima suprema: uma mudança de mentalidade que também deve ser possível, / 6:67 porque é um dever. – Ora, a dificuldade consiste em como a disposição de ânimo pode valer para o ato, que é *sempre* (não em geral, mas em cada momento do tempo) deficiente. A solução da dificuldade, no entanto, baseia-se no seguinte: segundo a nossa avaliação, o ato – enquanto um progresso contínuo ao infinito do bem para o melhor, para o qual estamos restritos inevitavelmente às condições de tempo nos conceitos da relação da causa e dos efeitos – permanece sempre defeituoso, de modo que temos de considerar o bem no fenômeno – isto é, segundo o *ato* – *sempre* como insuficiente em nós para um lei santa; mas seu progresso ao infinito em direção à adequação com essa lei devido à *disposição de ânimo* a partir do qual ele é derivado, que é suprassensível, nós podemos pensar como sendo julgado – enquanto um todo completo também segundo o ato (a conduta de vida) – por um perscrutador de corações em sua intuição intelectual pura[*] e, assim, o ser humano, a despeito de sua defectibilidade constante, pode esperar, ao fim, ser, *em geral*, agradável a Deus, não importa em qual momento do tempo sua existência seja interrompida.

A *segunda* dificuldade que surge, quando se considera o ser humano que se esforça para o bem, em vista deste bem moral em relação à *bondade* de Deus, diz respeito à *felicidade moral*,

---

[*] Não se deve esquecer que não se quer dizer com isso que a disposição de ânimo deve servir para *compensar* a falta de conformidade ao dever e, por conseguinte, o mal efetivo nessa série infinita (ao contrário, pressupõe-se que a constituição moral do ser humano agradável a Deus é encontrada de fato na série), mas se quer dizer que a disposição de ânimo, que toma o lugar da totalidade dessa série da aproximação que continua ao infinito, substitui só a deficiência – inseparável da existência de um ser no tempo em geral – de nunca ser completamente aquilo que deve se tornar no conceito, pois, no que diz respeito à compensação das transgressões que acontecem nesse progresso, isso será levado em consideração na solução da *terceira* dificuldade.

6:68 pela qual aqui se entende não a garantia de uma posse perpétua do contentamento com seu *estado físico* (liberação dos males e fruição de prazeres[104] sempre crescentes), enquanto felicidade física, mas a garantia da realidade efetiva e *persistência* de uma disposição de ânimo que sempre avança no bem (que nunca se afasta dele); pois, *apenas se alguém estivesse firmemente seguro da imutabilidade de uma disposição de ânimo tal*, a constante "busca pelo Reino de Deus"[105] seria tanto quanto / saber-se já na posse deste reino; e, então, o ser humano dotado, assim, de boa disposição já confiaria por si mesmo que tudo mais (no que diz respeito à felicidade física) lhe seria proporcionado.

Ora, poder-se-ia, decerto, remeter o ser humano que se preocupa com isso, junto com seu desejo, a isto[106]: "Seu espírito (de Deus) dá testemunho ao nosso espírito"[107] etc., isto é, aquele que possui uma disposição de ânimo tão pura, como se exige, já sentirá, a partir de si mesmo, que nunca pode descer tão fundo ao ponto de amar novamente o mal; mas a situação com tais supostos sentimentos de origem suprassensível é simplesmente precária; em nenhum lugar é mais fácil se enganar do que naquilo que favorece a boa opinião de si mesmo. Tampouco parece aconselhável ser encorajado a uma confiança tal, mas antes mais benéfico (para a moralidade) "criar a própria bem-aventurança *com temor e tremor*"[108] (uma expressão dura, que, mal-entendida, pode levar ao entusiasmo mais sombrio); no entanto, sem *qualquer* confiança em sua disposição de ânimo, uma vez adotada, seria dificilmente possível uma persistência para continuar nela. Esta confiança encontra-se, contudo – sem se entregar ao entusiasmo doce ou temeroso – na comparação de sua conduta de vida, conduzida,

---

104. Literalmente, *"Vergnügen"* é traduzido por "deleite".

105. "Buscai, pois, em primeiro lugar o Reino de Deus e sua justiça e todas estas coisas vos serão dadas de acréscimo" (Mt 6,33). Cf. tb. Lc 12,31.

106. Poder-se-ia remetê-lo à seguinte parábola.

107. "O próprio Espírito dá testemunho a nosso espírito de que somos filhos de Deus" (Rm 8,16).

108. "Portanto, meus amados, assim como sempre fostes obedientes, não só na minha presença, mas também especialmente agora na minha ausência, trabalhai para vossa salvação com temor e tremor" (Fl 2,12).

até então, com o propósito que assumiu. – Pois o ser humano que, desde a época que adotou os princípios do bem, percebeu, durante uma vida suficientemente longa, os efeitos destes princípios sobre o ato – isto é, sobre sua conduta de vida que sempre progride para o melhor – e que encontra ocasião para inferir disso, mesmo que supostamente, um melhoramento fundamental em sua disposição de ânimo, pode, contudo, também esperar racionalmente que – visto que os mesmos progressos, desde que seu princípio seja bom, aumentam sempre a *força* para os progressos seguintes – ele não mais abandonará esse caminho nessa vida terrena, mas sempre progredirá corajosamente nele; e, por certo, se outra vida ainda lhe for iminente depois desta, ele continuará a progredir doravante, sob outras circunstâncias e, segundo toda aparência, nesse caminho, precisamente de acordo com o mesmo princípio, e se aproximará sempre mais da – embora inatingível – meta da perfeição, uma vez que, segundo o que percebeu em si até então, pode considerar sua disposição de ânimo melhorada a partir do fundamento. Em contrapartida, aquele que, mesmo em seu propósito frequentemente intentado para o bem, ainda assim, nunca achou que se manteve firme nele, sempre caindo de volta no mal, ou que talvez, mesmo no andamento de sua vida, tivesse percebido em si estar caindo sempre mais fundo a partir do mal no pior, como por assim dizer em um declive, / não pode formar para si, de modo racional, nenhuma esperança de que, se tivesse ainda de viver muito tempo aqui ou lhe fosse iminente uma vida futura, ele faria melhor, uma vez que teria de considerar, junto a tais estímulos, a corrupção como enraizada em sua disposição de ânimo. Ora, o primeiro é um vislumbre de um futuro *imensurável*, mas desejado e feliz; o segundo, em contrapartida, de uma *miséria* igualmente *imensurável* – isto é, ambos são, para os seres humanos segundo o que eles podem julgar, vislumbres de uma *eternidade* bem-aventurada ou desaventurada – representações que são poderosas o suficiente para servir, a uma parte, como resseguro e estabilidade no bem e, a outra parte, como despertar da consciência judicativa para romper com o mal tanto quanto possível e, por conseguinte, como móbil, sem que seja necessário também pressupor objetivamente, *de modo dogmático*, enquanto

6:69

doutrina, uma eternidade do bem e do mal para o destino do ser humano*; com estes supostos conhecimentos e afirmações /

---

* Entre as perguntas das quais o questionador, mesmo que as pudesse responder, não seria, contudo, capaz de extrair nada de sensato (e que se poderia chamar, por isso, de *perguntas de criança*) está incluída também esta: se as punições do inferno serão punições finitas ou eternas. Se o primeiro caso fosse ensinado, então é de se recear que alguns (como todos os que acreditam no purgatório ou como aquele marinheiro nas *viagens* de Moore[109]) dissessem: "então espero ser capaz de suportá-lo". Mas se o outro caso fosse afirmado e contado como símbolo de fé, então poderia resultar, contra a intenção que se tem com isso, a esperança de uma completa impunidade depois da vida mais infame. Pois, visto que nos momentos do arrependimento tardio no final dessa vida, o clérigo consultado para conselho e consolo deve achar, contudo, cruel e desumano notificar a pessoa de sua rejeição eterna e visto que ele não institui nenhum meio-termo entre essa rejeição e a absolvição completa (em vez disso, ou é castigado eternamente ou não é, em absoluto), então ele deve dar-lhe esperança para a última possibilidade, isto é, prometer convertê-lo rapidamente em um ser humano agradável a Deus; aí então – uma vez que não há mais tempo para ingressar em uma boa conduta de vida – assumem o lugar de meios confissões cheias de arrependimento, fórmulas de fé e até mesmo promessas solenes de uma nova vida no caso de um adiamento um pouco mais longo do término da vida presente. – Esta é a consequência inevitável, se a *eternidade* do destino futuro em conformidade à conduta de vida levada aqui é exposto como *dogma* e o ser humano não é, ao contrário, instruído a formar para si, a partir de seu estado moral até então, um conceito do estado futuro e inferir *ele mesmo* esse estado futuro como as consequências naturalmente previsíveis de seu estado presente, pois então a *imensurabilidade* da série de tais consequências sob o domínio do mal terá para ele o mesmo efeito moral (de impeli-lo a desfazer, ainda antes do término da vida, tanto quanto lhe for possível, o que aconteceu, mediante a reparação ou a compensação, de acordo com seus efeitos), como é de se esperar da proclamada eternidade desse mal, sem, contudo, trazer consigo as desvantagens do dogma daquela eternidade (para o qual não está autorizado nem o discernimento racional nem a interpretação escritural, de qualquer maneira); / visto que o ser humano mau já em *vida* conta de antemão com esse perdão facilmente obtido ou, no término dela, acredita ter de lidar apenas com as reivindicações da justiça celeste sobre ele, que ele satisfaz com meras palavras, enquanto os direitos dos seres humanos são, assim, deixados de lado e ninguém obtém de volta o que é seu (um desfecho desse tipo de expiação é tão costumeiro que um exemplo do contrário é quase inédito). – Mas se alguém receia que sua razão, por meio da consciência, o julgará tão brandamente, então – como acredito – equivoca-se bastante. Pois precisamente porque a razão é livre e deve se pronunciar sobre ele – o ser humano –, ela é incorruptível e se, em uma situação tal, alguém apenas lhe diz que é ao menos possível que em breve ele deverá estar diante de um juiz, então pode-se abandoná-lo

109. Francis Moore (aprox. 1708-1756), escritor britânico de viagens que ganhou destaque depois da publicação da obra *Viagens para as partes interiores da África* em 1738. Moore trabalhou como escritor da Royal African Company, empresa para a qual em 1730 fez uma expedição no Rio Gâmbia, tornando-se um dos primeiros ingleses a viajar para o interior da África. Não se sabe ao certo a que Kant se refere ao citar Moore.

a razão apenas ultrapassa os limites do seu discernimento. A disposição de ânimo boa e pura, da qual se é consciente (a qual se pode denominar um bom espírito que nos governa), / carrega consigo, portanto, também a confiança para sua persistência e

somente à sua própria reflexão, que com toda probabilidade o julgará com a maior severidade. – Quero ainda acrescentar a isto algumas observações. O ditado comum *"quando termina bem, tudo está bem"* [*Ende gut, alles gut*] pode, decerto, ser aplicado em casos morais, mas apenas se por terminar bem se entender aquele término no qual o ser humano se torna um ser humano verdadeiramente bom. Mas pelo que ele pode se reconhecer como tal, visto que só pode inferir tal coisa a partir da persistente boa conduta de vida que daí se seguiu, embora para tal não haja mais tempo no término da vida? Este provérbio pode ser mais bem admitido em vista *da felicidade*, mas apenas em relação ao ponto de vista sob o qual ele considera a sua vida não a partir do começo, mas de seu término, ao olhar daí em retrospectiva para lá. Sofrimentos suportados não deixam para trás nenhuma reminiscência tortuosa, quando alguém já se vê a salvo, mas antes um contentamento [*Frohsein*] que só torna a fruição da fortuna que ora acontece tanto mais saborosa, uma vez que prazeres ou dores, contidos na série temporal (enquanto pertencentes à sensibilidade), também desaparecem com essa série e não constituem um todo com a fruição da vida ora existente, mas são suplantados por essa fruição enquanto fruição subsequente. Mas se se aplica a mesma proposição ao julgamento do valor moral da vida conduzida até então, o ser humano pode estar bastante equivocado em julgar a sua vida nesses termos, mesmo que ele a tenha encerrado com uma conduta inteiramente boa. Pois o princípio moral subjetivo da *disposição de ânimo*, segundo o qual sua vida deve ser julgada, não é (enquanto algo suprassensível) do tipo que sua existência pode ser pensada divisível em partes do tempo, mas apenas como unidade absoluta; e visto que podemos inferir a disposição de ânimo somente a partir das ações (enquanto fenômenos dela), então a vida será considerada, por causa de tal avaliação, apenas como *unidade temporal*, isto é, como um *todo*; aí então as reprovações da primeira parte da vida (de antes do melhoramento) falam precisamente tão alto quanto a aprovação na *última* parte e poderiam abafar bastante o som triunfante "quando termina bem, tudo está bem!" – Por fim, proximamente relacionada, embora não idêntica, com aquela doutrina da duração das punições em um outro mundo há, ainda, uma outra doutrina, a saber, "que todos os pecados devem ser perdoados aqui"; que a conta deve ser completamente encerrada com o término da vida / e ninguém pode esperar ainda introduzir lá o que, porventura, foi negligenciado aqui. No entanto, essa doutrina não pode se anunciar, tanto quanto a anterior, como dogma, mas é apenas um princípio mediante o qual a razão prescreve para si a regra no uso de seus conceitos do suprassensível, enquanto se resigna em nada saber da constituição objetiva deste último. A saber, ela não diz mais do que isto: que só a partir da conduta de vida levada, podemos inferir se somos ou não seres humanos agradáveis a Deus e visto que essa conduta chega ao fim com essa vida, então também se encerra para nós a conta, cujo resultado é a única coisa que deve mostrar se podemos nos considerar ou não como justificados. – Em geral, se, em vez dos princípios *constitutivos* do conhecimento de objetos suprassensíveis cujo discernimento nos é, contudo, impossível, restringíssemos nosso juízo aos princípios *regulativos* que se satisfazem com o possível uso prático de tais objetos, então tudo se encontraria melhor com a sabedoria humana em tantos aspectos e o suposto saber, daquilo do qual basicamente nada se sabe, não incubaria em si raciocínios sutis sem fundamento, embora por algum tempo reluzentes, que resultam, por fim, contudo, em prejuízo para a moralidade.

firmeza, embora apenas de maneira imediata e é o consolador (paráclito[110]), quando nossos passos em falso nos deixam preocupados por causa de sua persistência. A certeza em relação a isso não é, ao ser humano, nem possível, nem – tanto quanto podemos discernir – moralmente benéfica. Pois (o que é para certamente se observar) não podemos fundar essa confiança em uma consciência imediata da imutabilidade de nossas disposições de ânimo, porque não podemos perscrutá-las, mas temos de inferi-las, quando muito, apenas a partir de suas consequências na conduta de vida; mas essa inferência – uma vez que tem sido extraída de percepções como fenômenos das disposições de ânimo boas e más – nunca dá a conhecer com segurança, sobretudo a *força* dessas disposições; muito menos quando se acredita ter melhorado sua disposição de ânimo diante do término previsto e próximo da vida, visto que faltam, em absoluto, aquelas provas empíricas da sua genuinidade, já que não é dada mais nenhuma conduta de vida para a fundação do veredito de nosso valor moral; e a consequência inevitável do ajuizamento racional de seu estado moral é a desolação (da qual, no entanto, a natureza do ser humano já cuida por si mesma para que ela não irrompa em selvagem desespero, dada a escuridão de todas as perspectivas além dos limites desta vida).

A *terceira* e, aparentemente, maior dificuldade que todo ser humano – mesmo depois de ter seguido o caminho do bem – / representa, contudo, como repreensível, no julgamento de toda a sua conduta de vida diante de uma *justiça* divina, é a seguinte: – por mais que ele tenha incorrido na adoção de uma boa disposição de ânimo e, até mesmo também persistido em tal disposição em uma conduta de vida que é conforme a ela, *ele começou, contudo, do mal* e esse endividamento nunca lhe é possível apagar. Pelo fato de não contrair novas dívidas depois da mudança de seu coração, ele não pode considerar como se dessa forma tivesse quitado as antigas. Nem pode ele extrair, em uma boa conduta de vida conduzida doravante, um excedente em cima

---

110. Em grego: παράκλητος – *paráklētos*; em latim: *paracletus*, significa *aquele que consola*. No contexto cristão geralmente é identificado com o Espírito Santo. Lemos em Jo 14,26: "Eu pedirei ao Pai, e ele vos dará outro Paráclito, que estará convosco para sempre". E em Jo 14,26: "Mas o Paráclito, o Espírito Santo que o Pai enviará em meu nome, ele vos ensinará tudo e vos trará à memória tudo quanto eu vos disse".

do que lhe é devido sempre fazer; pois é seu dever fazer, a qualquer momento, todo o bem que se encontra em seu poder. — Essa dívida[111] originária ou que precede em geral todo bem que ele sempre possa fazer – que também é aquilo, e nada mais, que podemos entender como mal *radical* (cf. a primeira parte) – não pode, no entanto, tanto quanto discernimos segundo nosso direito racional, ser amortizada por outro; pois ela não é nenhuma obrigação[112] *transmissível* que porventura pode ser, como uma dívida monetária (na qual é indiferente ao credor se o devedor mesmo paga ou outro por ele), transferida para outro, mas é a *mais pessoal* de todas as obrigações, a saber, uma dívida pecaminosa, que apenas aquele que é punível, não o inocente, pode carregar, não importa quão generoso o último possa ser em querer assumi-la para o primeiro. — Ora visto que o mal moral (transgressão da lei moral *como mandamento divino*, chamado **pecado**) – não tanto devido à *infinitude* do legislador supremo cuja autoridade tem sido dessa forma violada (nada entendemos da relação transcendente[113] do ser humano com o ser supremo), mas enquanto um mal na *disposição de ânimo* e nas máximas em geral (como *princípios universais* em comparação a transgressões particulares) – carrega consigo uma *infinidade* de violações da lei e, por conseguinte, uma infinidade de culpa [*Schuld*] (o que é diferente diante de um tribunal humano que leva em consideração apenas o crime particular e, por conseguinte, apenas o ato e a disposição referente a ele, mas não a disposição de ânimo universal), então todo ser humano teria de esperar uma *punição infinita* e uma expulsão do Reino de Deus.

A solução dessa dificuldade baseia-se no seguinte: o veredito judicial de um perscrutador de coração deve ser pensado como um veredito tal que foi extraído da disposição de ânimo universal

---

111. O termo alemão *"Schuld"* também pode ser traduzido por "culpa", como observamos em Morão (1991). No entanto, como Kant está discutindo uma questão que tem conotação jurídica, dívida é uma melhor opção.

112. A edição em língua inglesa de Giovanni (1996) traduz *"Verbindlichkeit"* como *"liability"*.

113. O adjetivo *"überschwenglich"* é traduzido, respectivamente, pelas edições inglesas, francesa e portuguesa por *"extravangant"*, *"intangible"*, *"incommensurable"* e "hiperbólica".

6:73 do acusado, não dos / fenômenos de tal disposição, das ações que se desviam da lei ou concordam com ela. Ora, mas aqui se pressupõe no ser humano uma disposição de ânimo boa, que tem predominância sobre o princípio mau que era antes poderoso nele e agora a questão é se a consequência moral dessa disposição inicial, a punição (em outras palavras: o efeito do desprazimento de Deus no sujeito), também pode ser aplicada ao seu estado na disposição de ânimo melhorada, na qual ele já é um objeto do comprazimento divino. Já que a questão aqui não é saber se, *antes* da mudança de mentalidade, a punição infligida a ele também concordaria com a justiça divina (do que ninguém duvida), então a punição *deve* ser pensada (nessa investigação) não como imposta a ele antes do melhoramento. *Depois do melhoramento*, no entanto, ela também não pode ser assumida como adequada a essa sua nova qualidade (de um ser humano agradável a Deus), visto que o ser humano já caminha em nova vida e é um outro ser humano; não obstante, deve haver a satisfação da justiça suprema diante da qual alguém punível nunca pode ficar impune. Visto, portanto, que a punição não está em conformidade com a sabedoria divina, nem *antes*, nem *depois* da mudança de mentalidade e é, contudo, necessária, então ela teria de ser pensada como adequada a essa mudança e realizada no estado da mudança de mentalidade mesma. Temos de ver, portanto, se, mediante o conceito de uma mudança de mentalidade moral, já podem ser pensados como contidos nesse estado aqueles males [*Übel*] que o novo ser humano de boa disposição pode considerar como algo infligido por si mesmo[114] (em diferente relação) e como *punições** por meio das quais a justiça divina

---

114. Poderíamos também ler a passagem "*als von ihm...verschuldete*" da seguinte maneira: "como algo do qual é por si mesmo culpado".

*A hipótese de considerar todos os males do mundo, em geral, como punições para transgressões cometidas não pode ser assumida como concebida nem por causa de uma teodiceia, nem como invenção por causa da religião dos padres (do culto) (pois ela é comum demais para ter sido imaginada de maneira tão artificiosa), mas reside, provavelmente, bastante próxima à razão humana que inclina-se a conectar o curso da natureza às leis da moralidade e, a partir disso, produz muito naturalmente o pensamento de que devemos primeiro tentar nos tornar seres humanos melhores antes de podermos exigir ser libertos dos males da vida ou compensá-los mediante um bem-estar [*Wohl*] predominante. — Por isso, o primeiro ser humano (na Sagrada Escritura) é representado como condenado ao trabalho se quisesse comer, sua esposa que tivesse de dar luz aos filhos com

encontra satisfação. / – Isto é, a mudança de mentalidade é uma saída do mal e uma entrada no bem, o despir-se do velho ser humano e o vestir-se do novo, já que o sujeito morre para o pecado (por conseguinte, para todas as inclinações na medida em que elas induzem a ele) a fim de viver para a justiça. Mas, em tal mudança de mentalidade, como determinação intelectual, não estão contidos dois atos morais separados por um tempo intermediário, mas ela é apenas um único ato, uma vez que o abandono do mal é possível somente por meio da boa disposição de ânimo que provoca a entrada no bem e vice-versa. O princípio bom está contido, portanto, no abandono da disposição má precisamente tanto quanto na adoção da boa disposição de ânimo; e a dor, que, legitimamente, acompanha o primeiro, emerge, totalmente, do segundo. A saída da disposição corrompida para a boa disposição de ânimo (como "o morrer do velho ser humano", "crucificação da carne") já é, em si, sacrifício e entrada em uma longa série de males [*Übeln*] da vida, que o novo ser humano toma sobre si na disposição de ânimo do filho de Deus – a saber, meramente por causa do bem – mas que era devida enquanto *punição* propriamente a um outro ser humano, a saber, ao velho (pois este é moralmente

---

dor e ambos à *morte devido à sua transgressão*[115], embora não se preveja – mesmo que essas transgressões não tenham sido cometidas – como criaturas animais providas com tais membros poderiam esperar para si uma destinação diferente. Para os hindus, os seres humanos não são mais do que / espíritos (chamados Devas) encarcerados em corpos animais como punição por crimes passados; e mesmo um filósofo (Malebranche[116]) preferiu não atribuir nenhuma alma, em absoluto, aos animais irracionais e, por isso, também quaisquer sentimentos, a admitir que os cavalos tivessem de suportar tantos tormentos (sem ter, contudo, comido do feno proibido).

115. E ao homem declarou: "Multiplicarei os sofrimentos de tua gravidez. Entre dores darás à luz os filhos. A paixão te arrastará para o teu marido, e ele te dominará". Para o homem ele disse: "Porque ouviste a voz da tua mulher e comeste da árvore de cujo fruto te proibi comer, a terra será amaldiçoada por tua causa. Com fadiga tirarás dela o alimento durante toda a tua vida. Ela produzirá para ti espinhos e ervas daninhas, e tu comerás das ervas do campo. Comerás o pão com o suor do teu rosto, até voltares à terra donde foste tirado. Pois tu és pó e ao pó hás de voltar" (Gn 3,16-19).

116. Nicolau Malebranche (1638-1715), clérigo e filósofo francês, um dos expoentes do racionalismo moderno. No livro IV, cap. 11, de *A busca da verdade*, Malebranche argumenta que os sofrimentos são consequências do pecado e que, uma vez que os animais são inocentes, eles não podem sofrer.

um outro ser humano). – Portanto, embora do ponto de vista *físico* (considerado segundo seu caráter empírico enquanto ser sensível) ele seja justamente o mesmo ser humano punível e, enquanto tal, deve ser julgado diante de um tribunal moral e, por conseguinte, também por ele mesmo, contudo, em sua nova disposição de ânimo (enquanto ser inteligível), diante de um juiz divino frente ao qual esta disposição representa[117] o ato, ele é, *moralmente*, um outro ser humano; e esta disposição de ânimo que o ser humano admitiu em si próprio em sua pureza, como a do filho de Deus – ou (se nós personificamos essa ideia) *esse filho de Deus* mesmo – carrega para ele, como *vicário*[118] – e, então, também para todos que creem (praticamente) nele a dívida dos pecados e satisfaz, enquanto *redentor*[119], por meio dos sofrimentos e da morte, a justiça suprema e faz, enquanto *advogado*, que eles possam esperar aparecer como justificados diante do juiz, com a diferença de que (nesse modo de representar) aquele sofrimento que o novo ser humano deve, ao morrer para o velho, continuamente tomar sobre si nessa vida*

---

117. Lemos em alemão o verbo "*vertritt*" na terceira pessoa do singular, que pode ser traduzido como "representa" ou "substitui", adquirindo nesse caso a conotação jurídica da representação de uma pessoa frente a um tribunal.

118. Se mantemos a conotação jurídica da passagem, "*Stellvertreter*" é traduzido como "representante". Mas trata-se, também, de um contexto religioso.

119. Embora na estrutura da frase Kant esteja se referindo à disposição de ânimo em sua pureza, ao identificar a disposição com o próprio filho de Deus, ele passa a se referir em masculino ao filho de Deus no resto da sentença.

* Mesmo a mais pura disposição de ânimo moral produz no ser humano, enquanto ser mundano, / contudo, nada mais do que um tornar-se contínuo de um sujeito agradável a Deus de acordo com o ato (que é encontrado no mundo sensível). Segundo a qualidade (visto que tal disposição deve ser pensada como *fundada* de modo suprassensível), ela deve e pode, decerto, ser santa e em conformidade à disposição de seu arquétipo; segundo o grau – como ela se revela em ações – ela permanece sempre deficiente e infinitamente longe de tal disposição de ânimo. A despeito disso, uma vez que a disposição de ânimo contém o fundamento do progresso contínuo na compensação dessa deficiência, ela toma, enquanto unidade intelectual do todo, *o lugar do ato* em sua compleição. Agora a pergunta é: pode ou deve, por certo, aquele "em que não há nada de condenável" acreditar se justificar e, não obstante, continuar a imputar a si, *como punição*, os sofrimentos que lhe sucedem no caminho em direção ao bem cada vez maior e, portanto, confessar, desse modo, uma punibilidade e, por conseguinte, também uma disposição de ânimo desagradável a um Deus? Sim, mas apenas na qualidade do ser humano da qual ele continuamente se despe. O que lhe seria devido naquela qualidade (na do velho ser humano) como punição (e tais são todos os

é apresentado no representante da humanidade como uma / morte sofrida de uma vez por todas. – Ora, aqui está aquele excedente sobre o mérito das obras que faltou acima e um mérito que nos é imputado *pela graça*. Pois aquilo que, entre nós, na vida terrena (talvez também em todas as épocas futuras e em todos os mundos), existe sempre apenas no mero *tornar-se* (a saber, ser um ser humano agradável a Deus) deve nos ser imputado igualmente como se já estivéssemos aqui em completa posse dele, algo para o que não temos, contudo, nenhuma pretensão legal[†] (segundo o autoconhecimento empírico) na medida em que conhecemos a nós mesmos (avaliamos nossa disposição de ânimo não imediatamente, mas apenas segundo / nossos atos), de modo que o acusador em nós solicitaria antes uma sentença condenatória. Se, portanto, por causa daquele bem em nossa fé, somos dispensados de toda responsabilidade, trata-se sempre só de um veredito pela graça, embora (enquanto fundado na satisfação que para nós reside apenas na ideia da disposição de ânimo melhorada que, no entanto, só Deus conhece) em conformidade completa com a justiça eterna.

Ora, pode-se perguntar, ainda, se essa dedução da ideia de uma *justificação* do ser humano – que é, decerto, culpado, mas que transitou, contudo, para uma disposição de ânimo agradável

---

sofrimentos e males [*Übel*] da vida em geral), ele toma sobre si alegremente na qualidade do novo ser humano meramente por causa do bem; com efeito, eles lhe são imputados nessa medida e, como tal, não como punições; em vez disso, a expressão quer dizer nada mais que: todos os males e sofrimentos que lhe sucedem, os quais o velho ser humano teria de imputar a si como punição e os quais – na medida em que ele morre para o ser humano velho – ele também imputa de fato a si como tais, ele os toma de bom grado sobre si na qualidade do novo ser humano, como outras tantas ocasiões de prova e exercício de sua disposição de ânimo para o bem; inclusive aquela punição é o efeito e, ao mesmo tempo, a causa dessa disposição e, por conseguinte, também daquele contentamento e *felicidade moral*, que consiste na consciência de seu progresso no bem (que, com o abandono do mal, é um ato); na disposição de ânimo velha, em contrapartida, mesmo aqueles males não só teriam de contar como punições, mas também deveriam ser *sentidos* como tais, pois, mesmo considerados como simples males, eles são, contudo, diretamente opostos àquilo que o ser humano faz para si sua única meta em tal disposição de ânimo, enquanto *felicidade física*.

† Mas apenas *receptividade*, que é tudo o que podemos de nossa parte nos atribuir, enquanto o decreto de um superior para a concessão de um bem para o qual o subordinado não tem nada mais do que a receptividade (moral), chama-se *graça*.

a Deus – tem qualquer uso prático e qual pode ser. Não se vê qual uso *positivo* se faz dela para a religião e a conduta de vida, visto que reside como fundamento naquela investigação a condição de que aquele a quem ela se refere já está, de fato, na boa disposição de ânimo exigida, cujo interesse (desenvolvimento e promoção) visa propriamente todo o uso prático dos conceitos morais; pois, no que diz respeito ao consolo, uma disposição de ânimo tal já o carrega consigo para aquele que é consciente dela (enquanto consolo e esperança, não como certeza). Tal dedução é, portanto, nessa medida, apenas uma resposta para uma questão especulativa, que, no entanto, não pode ser passada em silêncio pelo fato de que, caso contrário, a razão poderia ser acusada de ser absolutamente incapaz de conciliar com a justiça divina a esperança da absolvição do ser humano de sua culpa; uma acusação que poderia ser prejudicial para a razão em muitos aspectos, sobretudo no ponto de vista moral. Mas a utilidade *negativa* que pode ser extraída daí para a religião e a moral no interesse de todo ser humano estende-se muito longe. Pois, a partir da dedução concebida, se vê que, apenas sob a pressuposição da inteira mudança do coração, permite-se pensar, para o ser humano carregado com culpa, absolvição diante da justiça celeste; por conseguinte, todas as expiações, sejam elas do tipo penitencial ou cerimonial, todas as invocações e louvores (mesmo as do ideal vicário[120] do filho de Deus) não compensam a falta dessa mudança ou, se essa existe, não podem aumentar minimamente sua validade diante daquele tribunal; pois esse ideal deve ser admitido em nossa disposição de ânimo para valer no lugar do ato. Algo diferente está contido na questão: o que, *no término de sua vida*, o ser humano tem de prometer a si ou tem de temer a partir da conduta de vida que levou? Aqui ele deve, antes de tudo, conhecer o seu caráter, pelo menos até certo ponto; portanto, embora ele acredite / que houve um melhoramento em sua disposição de ânimo, ele deve levar em consideração, ao mesmo tempo, a antiga (corrompida), da qual ele partiu e deve ser capaz de retirar o que e quanto da primeira

---

120. O adjetivo alemão "*stellvertretend*" pode ser traduzido, literalmente, por "representativo", referindo-se ao "representante", "substituto" ou, em termos jurídicos, "procurador" de alguém.

disposição ele despojou e qual *qualidade* (se pura ou ainda impura), bem como qual *grau*, a suposta nova disposição de ânimo tem para superar a primeira e impedir a recaída nela; ele terá, portanto, de investigá-la pela vida inteira. Portanto, visto que de modo algum ele pode obter um conceito seguro e determinado de sua disposição de ânimo efetivamente real mediante consciência imediata, mas só pode retirá-lo da conduta de vida que realmente levou, então ele não poderá pensar para si, a propósito de sua convicção, nenhuma outra condição em relação ao julgamento do juiz futuro (da consciência desperta nesse indivíduo mesmo, junto com o autoconhecimento empírico evocado) senão que sua *vida inteira* lhe será colocada um dia diante de seus olhos[121] e não meramente partes dela, talvez a última parte e, ainda, a que lhe é mais favorável; a isso, no entanto, ele[122] conectaria, por si mesmo, a perspectiva de uma vida que continuaria a prosseguir (sem se colocar limites aqui), se tivesse durado ainda mais. Ora, aqui ele não pode deixar a disposição de ânimo antes reconhecida tomar o lugar do ato mas, inversamente, deve ele retirar do ato a ele apresentado a disposição de ânimo. O que o leitor pensa? Será apenas esse pensamento – que traz de volta à memória do ser humano (que sequer precisa ser o pior) muito do que ele descuidadamente negligenciou, de maneira habitual e, por muito tempo, mesmo que não lhe fosse dito nada exceto que tem motivos para acreditar que se encontrará um dia diante de um juiz – o que julgará seu destino futuro de acordo com a conduta de vida que levou até aqui? Se, no ser humano, inquire-se o juiz que nele mesmo se encontra, então o ser humano julga a si mesmo com rigor, pois ele não pode subornar sua razão; mas se alguém o apresenta a um outro juiz, como se se quisesse ter notícia a seu respeito por informações de outra fonte, então ele tem muitas objeções retiradas da fragilidade humana a levantar contra esse rigor; e, em geral, pensa que pode

---

121. As traduções em língua inglesa sugerem que Kant se refere aos olhos do juiz. No entanto, se a consciência moral e o tribunal divinos são considerados internos, não seria errado Kant estar se referindo aos próprios olhos do indivíduo. "Não julgueis e não sereis julgados. Pois como julgardes os outros, sereis também julgados; e a medida com que medirdes será usada para medir-vos" (Mt 7,1-2).

122. Como foi sugerido por Schöndörfer, Kehrbach e Vorländer (AA 6:509), acrescentou-se aqui o pronome masculino "*er*" necessário à sentença.

contornar este juiz, seja pensando evitar sua punição por meio de autoflagelamentos penitentes que não decorrem de uma verdadeira disposição de ânimo de melhoramento, seja pensando abrandá-lo mediante pedidos e súplicas, bem como através de fórmulas e confissões que se fazem passar por devotas; e, se lhe for dada aqui esperança (segundo o provérbio quando termina bem, tudo está bem), então desde cedo ele faz seu plano de acordo com isso para não perder sem necessidade muito da vida prazerosa / e fechar, contudo, próximo do término da vida, rapidamente, a conta a seu favor†.

Segunda seção
Da pretensão legal do princípio mau ao domínio sobre o ser humano e da luta dos dois princípios um com o outro

A Sagrada Escritura (na parte cristã) expõe essa relação moral inteligível na forma de uma história, na qual dois princípios opostos um ao outro no ser humano, enquanto céu e inferno, apresentados como pessoas fora dele, não apenas testam seu poder um contra o outro, mas também (uma parte como acusador, a outra como advogado do ser humano) querem tornar válidas *por direito* suas pretensões, por assim dizer, diante de um juiz supremo.

---

† O propósito daqueles que no término da vida permitem chamar um clérigo é normalmente que querem ter nele um consolador, não devido aos sofrimentos físicos que a doença – ou, por certo, mesmo só o medo natural diante da morte – carrega consigo (pois, em relação a tais sofrimentos, pode a morte mesma, que acaba com eles, ser a consoladora), mas devido aos sofrimentos morais, a saber, às acusações da consciência. Ora, aqui a consciência deveria ser antes estimulada e aguçada a fim de não negligenciar por certo qual bem ainda se deve fazer ou qual mau, em suas consequências restantes, deve-se erradicar [reparar] de acordo com o aviso: "Concilie-te com seu adversário (aquele que tem uma pretensão legal contra ti) enquanto ainda estais no caminho com ele (isto é, enquanto ainda vives) para que ele não te entregue ao juiz (depois da morte)"[123] etc. Mas, em vez disso, dar por assim dizer ópio à consciência é incorrer em culpa contra a pessoa mesma e contra os outros que lhe sobrevivem; isto é inteiramente contra o propósito final para o qual um tal apoio da consciência pode ser considerado como necessário no término da vida.

123. "Entra logo em acordo com o teu adversário, enquanto estás com ele a caminho do tribunal, para que ele não te entregue ao juiz; e o juiz ao oficial de justiça, e sejas posto na cadeia" (Mt 5,25).

O ser humano foi originariamente investido como o proprietário de todos os bens da terra (Gn 1,28)[124], mas de modo que devesse possuí-los apenas como propriedade sua subordinada[125] (*dominium utile*) ao seu criador e senhor, enquanto proprietário supremo (*dominus directus*)[126]. Ao mesmo tempo, estabelece-se um ser mau (como se tornou tão mau a ponto de se tornar infiel ao seu senhor, já que foi, contudo, primordialmente bom, não se sabe) que, por meio de sua queda, perdeu toda propriedade que poderia ter possuído no céu e quer agora adquirir outra na terra. Ora, visto que – enquanto um ser de tipo superior, enquanto um espírito – / objetos terrenos e corpóreos não podem conceder-lhe nenhuma fruição, ele busca adquirir um domínio *sobre os ânimos* ao fazer os progenitores[127] de todos os seres humanos renegarem seu senhor supremo e a aderir a ele; e, então, ele consegue se levantar como proprietário supremo de todos os bens da terra, isto é, como príncipe do mundo. Ora poder-se-ia aqui, decerto, achar questionável por que Deus não se serviu de seu poder contra esse traidor*

6:79

---

124. "E Deus os abençoou e lhes disse: 'Sede fecundos e multiplicai-vos, enchei a terra e submetei-a! Dominai sobre os peixes do mar, as aves do céu e tudo que vive e se move sobre a terra'" (Gn 1,28).

125. O termo alemão *"Untereigenthum"* é traduzido nas edições em língua inglesa respectivamente como "propriedade subordinada" [*subordinate propriety*] (2009) e "usufruto" [*usufruct*] (1996).

126. Na linguagem jurídica feudal, *dominium utile* (domínio útil) é o tipo de propriedade referente a um inquilino que abrange os direitos de gozar (usar), fazer melhorias ou lucrar com a propriedade e manter a renda ou lucro. Por sua vez, o *dominium directum* (domínio direto ou superior) é o patrimônio do senhorio constituído pelo direito de dispor dos bens e de cobrar as rendas e incidentes feudais (dele decorrentes; ex.: taxas, serviços etc.).

127. O termo *"Stammelter"* poderia ser traduzido de maneira mais literal por "pais antepassados" ou "primeiros pais".

* O Padre *Charlevoix*[128] relata que, quando contou ao seu discípulo iroquês de catecismo todo mal que o espírito mau introduziu na, de início, boa criação e como tal espírito ainda tenta constantemente frustrar os melhores arranjos [*Veranstaltungen*] divinos, o discípulo perguntou com indignação: 'mas por que Deus não mata o diabo?', questão para qual ele confessa, candidamente, que não podia encontrar, na pressa, nenhuma resposta.

128. Pierre François Xavier de Charlevoix (1682-1761), missionário jesuíta francês, historiador e viajante (para a América do Norte), sendo muitas vezes considerado o primeiro historiador da Nova França. Publicou em 1744 a *Histoire et description générale de la Nouvelle France*, considerado o livro mais completo sobre a história e geografia da colônia francesa.

e não preferiu destruir, em seu começo, o reino que ele tinha como intenção fundar; no entanto, o domínio e o governo da sabedoria suprema sobre os seres racionais procedem, junto com eles, de acordo com princípio de sua liberdade, e o bem ou o mal que deve vir de encontro a eles devem ser imputados a eles mesmos. Então aqui, desafiando o princípio bom, foi erigido um reino do mal, ao qual todos os seres humanos descendentes (de maneira natural) de Adão se tornaram submetidos e, decerto, com seu próprio consentimento, uma vez que a desilusão [*Blendwerk*] dos bens desse mundo desviou seus olhos do abismo da perdição para o qual estavam reservados. O princípio bom salvaguardou-se, decerto, devido à sua pretensão legal no domínio sobre os seres humanos, mediante o estabelecimento da forma de um governo que estava arranjado meramente na veneração pública e exclusiva de seu nome (na teocracia *judaica*); mas visto que os ânimos dos súditos de tal governo permaneceram sintonizados com nenhum outro móbil senão os bens desse mundo e, portanto, eles não queriam ser governados de nenhuma outra maneira senão por meio de recompensas e punições nessa vida – não sendo, no entanto, também suscetíveis de quaisquer outras leis senão aquelas leis tais que, em parte, impunham cerimônias e costumes e, em parte, aquelas que eram decerto morais, mas nas quais tinha lugar uma coerção externa e, portanto, eram apenas leis civis, nas quais o interno da disposição de ânimo moral de modo algum era levado em consideração – então esse arranjo[129] não suscitou nenhuma interrupção essencial do reino da escuridão, mas serviu apenas para manter sempre na memória o direito indelével do primeiro proprietário. – Ora, naquele mesmo povo, em uma época em que ele sentia plenamente todos os males de uma constituição hierárquica e foi levado, em grande parte, a refletir tanto por meio disso quanto provavelmente / por meio das doutrinas de liberdade moral dos filósofos [*Weltweisen*] gregos, que abalaram a mentalidade de escravidão e obtiveram, pouco a pouco, influência sobre esse povo – por conseguinte, tal povo estava maduro para uma revo-

---

129. As edições em língua inglesa traduzem "*Anordnung*" respectivamente como "arranjo" [*arrangement*] e ordem institucional [*institutional order*], enquanto as edições francesa e portuguesa traduzem por "*organisation*" e "ordenamento".

lução – surgiu repentinamente uma pessoa, cuja sabedoria era ainda mais pura do que a dos filósofos de até então – como se tivesse descido do céu – e essa pessoa também anunciou a si mesma, no que concernia suas doutrinas e exemplo, decerto, como um verdadeiro ser humano, embora como um enviado de origem tal que, em sua inocência originária, não estava incluído no pacto que o resto do gênero humano entrou com o princípio mau por meio de seu representante, o primeiro progenitor†, e "em quem o príncipe desse mundo não tinha qualquer parte"[130]. Por meio disso, o domínio desse príncipe foi posto em risco. Pois se esse ser humano agradável a Deus resistiu / às suas tentações para aderir àquele contrato e se outros seres humanos também assumiram em sua fé [*glaubig*] essa mesma disposição de ânimo, então esse príncipe perdeu muitos súditos e seu reino correu o risco de ser

6:81

---

† Pensar, tanto quanto possível, uma pessoa livre da propensão inata para o mal de modo a ela mesma ter nascido de uma mãe virgem é uma ideia da razão que se acomoda, por assim dizer, a um instinto moral e é difícil de explicar, mas que também não se pode negar; pois consideramos a geração natural como algo de que nos *envergonhamos*, uma vez que ela não pode acontecer sem desejo sensível de ambas as partes e também parece até mesmo nos levar ao parentesco bastante próximo (para a dignidade da humanidade) com a espécie animal universal – uma representação que certamente se tornou a causa própria da suposta santidade da condição monástica – o que nos parece ser algo imoral, irreconciliável com a perfeição de um ser humano, mas enxertado em sua natureza e que, portanto, transmite-se aos seus descendentes como uma predisposição má. – Ora, a essa representação obscura (de um lado, meramente sensível, mas de outro, moral e, por conseguinte, intelectual) adequa-se bastante a ideia de um nascimento (virginal) – independentemente de qualquer intercurso sexual – de uma criança não infligida com nenhum defeito moral, embora não sem dificuldade na teoria (em vista da qual, no entanto, em propósito prático, de modo algum é necessário determinar algo). Pois, de acordo com a hipótese da epigênese, a mãe que descende pela geração *natural* de seus pais é afligida com aquele defeito moral e o passa, ao menos pela metade, ao seu filho na geração sobrenatural; por conseguinte, para que essa não seja a consequência, teria de ser assumido o sistema da *preexistência* dos germes nos pais, porém não o de seu desenvolvimento na parte *feminina* (uma vez que, dessa forma, aquela consequência não é evitada), mas apenas na parte *masculina* (não na dos *ovula*, mas dos *animacula espermatica*); ora, em uma gestação sobrenatural, a parte masculina é excluída e aquela ideia poderia ser teoricamente defendida conforme aquele modo de representação. – Mas, para que todas essas teorias a favor ou contra, se para o prático é suficiente representar aquela ideia como símbolo da humanidade que se eleva ele mesmo sobre a tentação para o mal (vitoriosamente resistindo a essa) enquanto modelo para nós?.

130. "Já não falarei muito convosco, porque vem o príncipe do mundo. Ele não tem nenhum poder sobre mim" (Jo 14,30).

inteiramente destruído. Então este príncipe ofereceu a esse ser humano torná-lo suserano de seu reino por inteiro, desde que estivesse disposto a prestar-lhe homenagem como proprietário de tal. Visto que essa tentativa não obteve sucesso, então ele não apenas privou esse estrangeiro, em seu solo, de tudo o que poderia tornar agradável sua vida terrena (até o ponto da maior pobreza), mas incitou contra ele todas as perseguições pelas quais seres humanos maus podem amargar a vida – sofrimentos que apenas os dotados de boa disposição sentem bem a fundo, como a difamação do propósito puro de suas doutrinas (a fim de privá-lo de qualquer seguidor) – e o perseguiu até a morte mais ignominiosa sem, não obstante, realizar o mínimo contra ele por meio desse ataque à sua firmeza e franqueza na doutrina e no exemplo para o melhor de pessoas que não são nada além de indignas. E agora o resultado dessa luta! Seu desfecho pode ser considerado como um desfecho *legal* ou como um desfecho *físico*. Se se leva em conta o último (que cai sob os sentidos), então o princípio bom é a parte derrotada; nesse conflito, após muitos sofrimentos suportados, ele[131] teve de entregar sua vida†, porque incitou uma revolta em

---

131. Kant refere-se àquele ser humano agradável a Deus (*er*), Jesus, e não ao princípio (*es*).

† Não que ele (como D. Bahrdt[132] escreveu de modo novelístico) *buscasse* a morte para fomentar um propósito bom mediante um exemplo esplêndido que chamasse a atenção; isso teria sido suicídio. Pois pode-se, decerto, ousar alguma coisa, com o risco de se perder a vida ou mesmo sofrer a morte nas mãos de outro quando não se pode escapar dele, sem se tornar infiel a um dever irremissível, mas não se pode dispor de si mesmo e de sua vida como um meio para qualquer fim que seja e, então, ser *autor* de sua morte. – Também, no entanto, não que ele (como o fragmentista de *Wolfenbüttel*[133] suspeita) tenha *arriscado* sua vida

132. Karl Friedrich Bahrdt (1741-1792), teólogo alemão protestante, heterodoxo e polemista, que no início de seus estudos foi aluno do importante filósofo teólogo pietista (do Iluminismo alemão) Christian August Crusius (1715-1775). Dedicou-se ao desenvolvimento de um "sistema moral" destinado a substituir o cristianismo sobrenatural. Kant está se referindo aqui a algumas considerações dos capítulos 9 e 10 de seu *System der moralischen Religion*.

133. Hermann Samuel Reimarus (1694-1768), filósofo, escritor alemão do Iluminismo e defensor do deísmo, defende a doutrina segundo a qual razão humana pode chegar ao conhecimento de Deus e dos princípios da ética a partir da natureza em detrimento da revelação. Reimarus negou a origem sobrenatural do cristianismo e foi o primeiro estudioso influente a investigar o Jesus histórico. Kant está se referindo ao trabalho de Reimarus publicado postumamente e anonimamente por Lessing em sete "fragmentos" (1774-1778).

um domínio estrangeiro (que / detém poder [*Gewalt*]). No entanto, visto que o reino, em que *princípios* detêm poder [*machthabend*] (sejam eles bons ou maus), não é um reino da natureza, mas da liberdade, isto é, um reino tal em que se pode dispor das coisas apenas na medida em que se tem domínio sobre os ânimos e no qual, portanto, ninguém é escravo (servo) a não ser aquele que quer sê-lo, apenas enquanto o quer, então foi justamente essa morte (o estágio supremo dos sofrimentos de um ser humano) a apresentação do princípio bom, a saber, da humanidade em sua perfeição moral, como modelo a seguir por todos. A representação desta morte deveria e poderia ser também para a sua época – por certo, pode ser para toda época – da maior influência para os ânimos humanos, posto que permite ver, no contraste mais marcante de todos, a liberdade dos filhos do céu e a servidão do mero filho da terra. Mas o bom princípio não desceu do céu à humanidade meramente em uma certa época, mas, de maneira invisível, desde a origem do gênero humano (como deve confessar qualquer um que tenha prestado atenção em sua santidade e, ao mesmo tempo, na incompreensibilidade de sua ligação com a natureza sensível do ser humano na predisposição moral) e tem legalmente na humanidade sua residência. Portanto, visto que o bom princípio apareceu em um ser humano efetivamente real, como um modelo

6:82

---

não com um propósito moral, mas meramente com um propósito político, porém ilícito, a fim de talvez derrubar o governo sacerdotal e pôr a si mesmo no seu lugar com o supremo poder mundano; pois contra isso diverge a exortação "fazei isto em memória de mim"[134] dada aos seus discípulos na última ceia – depois de ele já ter desistido da esperança de conservar a sua vida –; algo que, se tivesse de ser a lembrança de um propósito mundano fracassado, teria sido uma exortação insultuosa, suscitando indignação contra o seu autor, e, por conseguinte, contraditória consigo mesma. Não obstante, essa lembrança poderia também concernir ao fracasso de um propósito bom e puramente moral do mestre, a saber, o de provocar – ainda em seu tempo de vida, mediante a derrubada da crença cerimonial que suplanta toda disposição de ânimo moral e da autoridade dos padres dessa crença – uma revolução *pública* (na religião) (ao que se poderia visar os arranjos de reunir na Páscoa seus discípulos espalhados no país); / revolução da qual, certamente, também se pode lamentar que mesmo agora não tenha sido bem-sucedida, mas que não foi, contudo, frustrada; em vez disso, depois de sua morte, ela tornou-se uma transformação da religião que se espalhou em silêncio, embora sob muito sofrimento.

6:82

134."E tomando um pão, deu graças, partiu-o e deu-lhes dizendo: 'Isto é o meu corpo, que é dado por vós. Fazei isto em memória de mim'" (Lc 22,19).

para todos os outros, então "tal ser humano chegou em sua propriedade, mas os seus não o receberam; porém para aqueles que o receberam – os quais acreditam em seu nome – ele deu o poder de serem chamados de filhos de Deus"[135], isto é, pelo exemplo deste princípio (na ideia moral), ele abre o portão da liberdade para todos que, exatamente como ele, querem morrer para tudo aquilo que os mantém atados à vida terrena em detrimento da moralidade e reúne para si, entre estes, "como sua posse, um povo que seria diligente em boas obras"[136] e sob seu domínio, enquanto deixa ao seu próprio aqueles que preferem a servidão moral.

Portanto, o resultado moral desse conflito, por parte do herói dessa história (até a sua morte), é, propriamente, não a *derrota* do princípio mau – pois seu reino ainda continua e deve sempre ter lugar uma nova época na qual ele tem de ser destruído –, mas apenas a refração de seu poder de manter aqueles que, não contra sua vontade, têm estado há tanto tempo submetidos a ele, / enquanto está aberto a estes, como refúgio, um outro domínio moral (pois o ser humano deve estar sob algum), no qual podem encontrar proteção para sua moralidade, se quiserem abandonar o antigo. Aliás, o princípio mau continua a ser chamado de príncipe deste mundo, mundo no qual aqueles que então aderem ao princípio bom devem sempre estar preparados para sofrimentos físicos, sacrifícios, mortificações do amor de si, os quais são representados aqui como perseguições do princípio mau, uma vez que esse príncipe tem recompensas em seu reino apenas para aqueles que tornaram o bem-estar terreno seu propósito final.

Se despimos este modo de representação vivido – e provavelmente também o único *popular* para sua época – de seu invólucro místico, facilmente se vê que ele (seu espírito e sentido racional) tem sido praticamente válido e obrigatório para todo mundo, em qualquer época, uma vez que ele reside próximo o suficiente de cada ser humano para que este reconheça nele o seu dever. Tal

---

135. "Veio para o que era seu, mas os seus não a receberam. Mas a todos que a receberam, aos que creem em seu nome, deu o poder de se tornarem filhos de Deus" (Jo 1,11-12).

136. "Ele entregou-se por nós a fim de nos resgatar de toda iniquidade e purificar para si um povo exclusivamente seu e zeloso na prática do bem" (Tt 2,14).

sentido consiste no seguinte: que não há absolutamente nenhuma salvação para o ser humano a não ser na mais íntima admissão dos princípios morais genuínos em sua disposição de ânimo; que a essa admissão não se opõe, porventura, a tão frequentemente acusada sensibilidade, mas uma certa perversidade autoinfligida[137] ou – independentemente de como se queira chamar essa malignidade – falsidade[138] (*fausseté*, astúcia de Satã, mediante a qual o mal chegou no mundo), uma corrupção que reside em todos os seres humanos e que não pode ser sobrepujada por nada além do que a ideia do bem moral em sua inteira pureza, junto com a consciência de que tal ideia pertence efetivamente à nossa predisposição originária e apenas se deve ser diligente em mantê-la livre de qualquer mistura impura e admiti-la profundamente em nossa disposição de ânimo a fim de se tornar convicto, mediante o efeito que ela produz gradualmente sobre o ânimo, de que os poderes temíveis do mal nada podem realizar contra ela ("os portais do inferno não a sobrepujam"[139]) e que – para que não compensemos, por acaso, a falta dessa confiança *supersticiosamente*, mediante expiações que não pressupõem nenhuma mudança de mentalidade, ou *entusiasticamente*, mediante supostas iluminações internas (meramente passivas), e então sejamos mantidos sempre afastados do bem fundado na autoatividade [*Selbstthätigkeit*] – não devemos colocar na base desse bem nenhuma outra característica a não ser a de uma conduta de vida bem dirigida. – Além disso, um esforço – como o presente – de procurar na Escritura aquele sentido que se encontra em harmonia com *o mais santo* que a razão ensina, não deve apenas ser considerado permitido, mas / antes um dever† e pode-se lembrar, com isso, daquilo que o *sábio* professor disse aos seus discípulos a respeito de alguém que

6:84

---

137. O adjetivo "*selbst verschuldete*" quer dizer, de maneira mais literal, algo do qual se é, por si mesmo, culpado.

138. As edições inglesas traduzem o termo alemão "*Betrug*" por "*Fraud*" (1996) e "*Deceit*" (2009). Nas traduções portuguesa e francesa lemos respectivamente "impostura" e "*fausseté*".

139. "E eu te digo: Tu és Pedro e sobre esta pedra construirei a minha Igreja e as portas do inferno nunca levarão vantagem sobre ela" (Mt 16,18).

† Embora possa se admitir que este sentido[140] não é o único.

140. Como Kant utiliza o pronome masculino "*er*", observa-se que ele não refere a dever, mas a sentido ou significado.

trilhou seu caminho particular, embora, no fim, tivesse chegado contudo justamente na mesma meta: "não o impeça, pois aquele que não está contra nós, está por nós"[141]

Observação geral

Se uma religião moral (que é posta não nos estatutos e observâncias, mas na disposição de ânimo do coração de observar todos os deveres humanos como mandamentos divinos) deve ser fundada, então todos os *milagres* que a história associa à sua introdução devem eles mesmos finalmente tornar dispensáveis a crença em milagres em geral; pois é revelado um grau punível de incredulidade moral se alguém não quer conceder às prescrições do dever – como estão escritas originariamente no coração dos seres humanos – nenhuma autoridade suficiente a não ser que sejam ainda autenticadas, para tanto, por milagres: "se vós não virdes sinais e milagres, não acreditais"[142]. Ora, é, contudo, inteiramente adequado ao modo de pensar comum do ser humano que, quando uma religião de mero culto e de observâncias alcança seu término e deve ser introduzida em seu lugar uma religião fundada no espírito e na verdade (da disposição de ânimo moral), a introdução da última – embora isso não seja necessário – é acompanhada, na história, ainda com milagres e, por assim dizer, é adornada, a fim de anunciar o término da primeira, a qual sem milagres não teria, de modo algum, tido autoridade, inclusive, por certo, de maneira tal que, a fim de ganhar os adeptos da primeira religião para a nova revolução, ela é interpretada como um modelo mais antigo – que chega agora ao cumprimento – daquilo que era na última o fim término da providência; e, sob tais circunstâncias, não é nada frutífero contestar agora aquelas narrativas e interpretações, se a religião verdadeira está aí e pode manter-se agora e doravante mediante fundamentos racionais mesmos, que precisaram ser introduzidos para sua época por meio de tais meios; pois, caso

---

141. "Jesus, porém, disse: "Não o proibais, pois não há ninguém que faça um milagre em meu nome e fale mal de mim. Quem não está contra nós está a nosso favor" (Mc 9,39-40).

142. "Jesus lhe disse: "Se não virdes sinais e prodígios, não acreditais" (Jo 4,48).

contrário[143], se teria de estar disposto a assumir que o mero crer e dizer coisas incompreensíveis (algo que cada um é capaz, sem ser, por isso, um ser humano melhor ou mesmo tornar-se, por meio disso, um) é o modo – e mesmo o único modo – de agradar a Deus, alegação contra a qual devemos / lutar com toda força. Pode ser, portanto, que a pessoa do professor da única religião válida para todos os mundos seja um mistério; que sua aparição na terra, bem como seu arrebatamento[144] dela, sua vida repleta de ações e seu sofrimento sejam milagres puros; e, por certo, até mesmo que a história que deve autenticar a narrativa de todos aqueles milagres seja ela mesma também um milagre (revelação sobrenatural); assim, podemos permitir que estes milagres, em seu conjunto, descansem em seu mérito e, por certo, ainda honrar o invólucro que serviu para pôr em prática publicamente uma doutrina cuja autenticação baseia-se em um documento que está indelevelmente retido em toda alma e não precisa de nenhum milagre, desde que, no que concerne ao uso destes relatos históricos, não o tomemos como componente da religião de tal modo que o saber, a fé e a confissão destes relatos sejam por si algo mediante o qual podemos nos tornar agradáveis a Deus.

6:85

Mas, no que diz respeito aos milagres em geral[145], verifica-se que pessoas razoáveis, embora não estejam dispostas a renunciar à sua fé neles, nunca querem permitir que essa fé se manifeste em questões práticas, o que é tanto quanto querer dizer que elas acreditam, decerto, no que diz respeito à *teoria*, que milagres existem, mas não os admitem em seus assuntos. Por isso, decerto, governos sábios sempre admitiram – e até mesmo aceitaram legalmente a opinião entre as doutrinas da religião pública – que milagres aconteceram *em tempos antigos*, mas eles não autorizaram *novos* milagres*. Pois / os milagres antigos foram pouco a

6:86

---

143. Adicionado para trazer clareza à frase.
144. Arrebatamento tomado no sentido de ação ou efeito de retirar algo do lugar. No caso, poderíamos entender como o esvanecimento ou a saída dele da terra.
145. Para uma discussão sobre milagres e a direção divina, cf. *Lições sobre a doutrina filosófica da religião* (AA 28:1106-1109;1111-1112).
* Mesmo os professores de religião que vinculam seus artigos de fé à autoridade do governo (ortodoxos) seguem aqui, junto com o governo, a mesma máxima.

pouco sendo, dessa forma, determinados e limitados pela autoridade, de tal modo que nenhuma confusão poderia ser provocada por eles na comunidade por causa de novos milagreiros, mas os governos teriam de estar certamente preocupados com os efeitos que os milagres poderiam ter no estado de tranquilidade pública e na ordem estabelecida. No entanto, se se pergunta o que é para se entender pela palavra *milagre*, então pode-se explicá-los (já que

---

Por isso, o Sr. *Pfenninger*[146], ao defender o seu amigo, o Sr. *Lavater*[147], por causa de sua afirmação de que uma crença em milagres permanece sempre possível, acusou com razão os ortodoxos de inconsequência (ele expressamente excluiu, pois, nesse ponto, os que pensam *naturalisticamente*), apontando que – uma vez que há cerca de dezessete séculos eles afirmavam realmente que existiam milagreiros na comunidade cristã – agora não mais queriam admiti-los sem, contudo, poder provar a partir da Escritura que – e se – milagres deviam algum dia cessar completamente (pois o raciocínio sutil de que agora eles não são mais necessários é arrogar-se um discernimento maior do que um ser humano deve certamente creditar a si); e essa prova eles ainda lhe devem. Era, portanto, apenas uma máxima da razão não os admitir e permiti-los agora, não um discernimento objetivo de que não há nenhum. Mas a mesma máxima, que nessa situação considera a desordem [*Unfug*] preocupante na comunidade civil, não se aplica também ao temor de uma desordem semelhante na comunidade filosofante e, em geral, que reflete racionalmente? – Aqueles que não admitem *grandes* milagres (sensacionais), mas permitem generosamente *pequenos* milagres sob o nome de uma *direção extraordinária* (uma vez que / os últimos, como mera direção [*Lenkung*], exigem apenas pouca aplicação de força da causa sobrenatural), não consideram que o que importa aqui não é o efeito e sua magnitude, mas a forma do curso do mundo, isto é, o *modo como o efeito acontece*, se naturalmente ou sobrenaturalmente, e que para Deus não é pensável nenhuma diferenciação entre o fácil e o difícil. No que diz respeito ao *mistério* das influências sobrenaturais, um tal ocultamento intencional da importância de um acontecimento desse tipo é, no entanto, ainda menos apropriado.

146. Johann Konrad Pfenninger (1747-1792), teólogo reformador suíço, clérigo e escritor de hinos. Pastor na *Waisenhauskirche* e depois na *Peterkirche* em Zurique. Era um amigo próximo do iluminista Johann Caspar Lavater, que teve uma grande influência em suas perspectivas. Pfenninger propagou e defendeu as opiniões de seu amigo, razão pela qual teve que suportar grandes atribulações. Cf. *Appellation an den Menschenverstand, gewisse Vorfälle, Schriften und Personen betreffend* [Apelo ao entendimento humano no que diz respeito a certos incidentes, escritos e pessoas]. Hamburgo, 1776.

147. Johann Caspar Lavater (1741-1801), pastor suíço reformado, teólogo pietista, filósofo, escritor iluminista e um dos principais representantes da fisiognomia. Manteve correspondência com Kant. Seu principal trabalho foi *Physiognomischen Fragmente, zur Beförderung der Menschenkenntniß und Menschenliebe* [Fragmentos fisiognômicos para o fomento do conhecimento humano e da filantropia] (4 volumes, 1775-1778).

estamos propriamente interessados apenas em saber o que eles são *para nós*, isto é, para nosso uso prático da razão) como sendo acontecimentos no mundo, de cuja causa devem ser e permanecer absolutamente desconhecidas para nós as leis de atuação. Ora, aqui se pode pensar milagres *teísticos* ou milagres *daimônicos* [*dämonische*]; os últimos se dividem, porém, em *angelicais* (agatodaimônicos) e *diabólicos* (cacodaimônicos), dos quais, no entanto, apenas os últimos entram propriamente em questão, uma vez que os *bons anjos* (não sei por que) nos dão pouco ou nada em absoluto a dizer sobre eles.

No que diz respeito aos milagres *teísticos*, podemos certamente nos fazer um conceito das leis de atuação de sua causa (como um ser todo-poderoso etc. e, ao mesmo tempo, moral), mas, tão somente, um conceito geral, na medida em que o pensamos como criador do mundo e governante, segundo a ordem da natureza, bem como segundo a ordem moral, uma vez que podemos obter imediatamente e por si conhecimento das leis dessas duas ordens[148], leis que a razão então pode se servir para seu uso. Mas, se assumimos que Deus permite a natureza, às vezes e em casos particulares, desviar-se de suas leis, então não temos o menor conceito e também nunca podemos esperar obter um da lei segundo a qual Deus procede então na realização de um acontecimento tal (com exceção da *lei moral universal* que tudo o que Ele faz será bom, mas mediante a qual nada é determinado em consideração a esse incidente em particular). Ora, aqui a razão fica como que paralisada, pelo fato de que, em sua ocupação, ela se detém de acordo com leis conhecidas e[149] / não é instruída por nenhuma lei nova, nem nunca pode esperar ser instruída por esta lei no mundo. Entre os milagres, no entanto, os milagres daimônicos são os mais incompatíveis de todos com o uso de nossa razão. Pois, em relação aos *milagres teísticos*, a razão poderia ter, contudo, ao menos um critério[150] negativo para seu uso, a saber, que se algo é representado como ordenado por Deus em uma manifesta-

6:87

---

148. Lemos em alemão *"von dieser ihren Gesetzen"*. Para a versão francesa e portuguesa, trata-se das "leis daquele conhecimento".
149. Trocando a conjunção adversativa "mas" pela aditiva "e" para melhor adequação da sentença.
150. O termo alemão *"Merkmal"* pode ser traduzido de modo mais literal por "característica" ou "nota".

ção[151] imediata sua que, contudo, se opõe diretamente à moralidade, então, a despeito de toda a aparência de um milagre divino, isto não pode ser um milagre (por exemplo, se fosse ordenado a um pai que tivesse de matar seu filho, que, tanto quanto ele sabe, é inteiramente inocente[152]); no entanto, em um suposto milagre daimônico, mesmo esse critério desaparece; e se, para tais milagres, quiséssemos, em contrapartida, adotar o critério positivo oposto para o uso da razão – a saber, que se acontece por milagre um convite para uma boa ação que podemos reconhecer em si já como dever, logo esse convite não é feito por um espírito mau – poderíamos, então, ainda assim nos equivocar, pois, como se diz, o espírito mau se disfarça muitas vezes em um anjo de luz.

Nos assuntos práticos[153], portanto, é impossível contar com milagres ou levá-los, de alguma forma, em consideração no uso da razão (e esse uso é necessário em todos os casos da vida). O juiz (não importa quão crente em milagres ele possa ser na Igreja) escuta a alegação do delinquente acerca de tentações diabólicas que ele afirma ter sofrido como se absolutamente nada fosse dito; apesar de que, se o juiz considerasse este caso como possível, seria, contudo, sempre bastante digno de alguma consideração o fato de um simplório ser humano comum ter caído nas armadilhas de um astuto malfeitor; entretanto, o juiz não pode intimar o último e confrontar ambos; em outras palavras, não pode fazer absolutamente nada de racional acerca disso. O clérigo racional vai, portanto, tomar o cuidado de não encher a cabeça daqueles que estão sob seus cuidados pastorais com historinhas do *Proteu infernal*[154] e brutalizar a imaginação deles. Mas, no que diz res-

---

151. Nesse caso, se adequa melhor "manifestação" do que "fenômeno" na tradução do termo *"Erscheinung"*.

152. "Depois desses acontecimentos, Deus pôs Abrão à prova. Chamando-o, disse: 'Abraão', e ele respondeu: 'Aqui estou'. E Deus disse: 'Toma teu único filho Isaac a quem tanto amas, dirige-te à terra de Moriá e oferece-o ali em holocausto sobre um monte que eu te indicar'" (Gn 22,1-2).

153. Poderíamos traduzir *"Geschäften"* de maneira mais literal por "negócios" ou "ocupações". Aqui, assuntos práticos não têm o significado de assuntos morais, mas significa assuntos da nossa prática comum.

154. Erasmus Francisci (1627-1694), *Der Höllische Proteus, oder Tausendkünstige Versteller (nebenst vorberichtlichem Grund-Beweis der Gewissheit, daß es würcklich Gespenster gebe)* [O Proteu infernal, ou o enganador de mil artifícios (juntamente com a prova preliminar da certeza de que os fantasmas realmente existem)]. Endter, Nuremberg, 1690; 2. Auflage: 1695.

peito aos milagres do tipo bom, eles são usados pelas pessoas, nos assuntos práticos, meramente como frases. Então o médico diz: "a menos que aconteça um milagre, não se pode ajudar o doente, isto é, ele com certeza morrerá". – Ora, nos assuntos práticos, inclui-se também o do investigador da natureza de procurar as causas dos acontecimentos nas suas leis naturais, digo, nas leis naturais desses acontecimentos, as quais esse investigador pode, portanto, demonstrar pela experiência, embora tenha de renunciar ao conhecimento daquilo que opera em si mesmo, segundo essas leis, ou daquilo que essas leis poderiam ser para nós em vista de um outro sentido possível. / Ora, da mesma forma, o melhoramento moral do ser humano é um assunto que lhe compete e, para tal, influências celestes podem ainda concorrer ou serem consideradas necessárias para a explicação de sua possibilidade; no entanto[155], ele não sabe como distingui-las com segurança das influências naturais, nem como extraí-las para si e, por assim dizer, fazê-las descer do céu; visto, portanto, que não sabe o que fazer diretamente [*unmittelbar*] com tais influências, então ele não *admite*[†], nesse caso, nenhum milagre; em vez disso, se ele dá ouvidos à prescrição da razão, procede então como se toda mudança de mentalidade e melhoramento dependesse unicamente da aplicação de seu próprio trabalho. Mas que, pelo dom de acreditar teórica e muito *firmemente* em milagres, o ser humano mesmo possa também talvez até mesmo provocá-los e, então, invadir o paraíso, isso ultrapassa de longe os limites da razão, para que permaneçamos muito tempo em uma incursão sem sentido[*] desse tipo.

6:88

---

155. Para melhor adequação da frase acrescentamos a adversativa "no entanto".

† Significa tanto quanto: ele não assume a fé em milagres em suas máximas (nem da razão teórica, nem da razão prática) sem, contudo, contestar sua possibilidade ou realidade efetiva.

* É um subterfúgio comum daqueles que simulam artes *mágicas* aos crédulos – ou pelo menos querem tornar tais pessoas crédulas de tais artes em geral – apelar à confissão dos investigadores naturais de sua *ignorância*. Ao fim, não conhecemos – eles dizem - a *causa* da gravidade, da força magnética etc. Mas conhecemos as suas leis com suficiente minuciosidade sob determinadas limitações às condições sob as quais unicamente certos efeitos acontecem; e isto é suficiente tanto para um uso seguro da razão em relação a essas forças como para a explicação de suas manifestações [*Erscheinungen*] *secundum quid*, descendo ao uso destas leis a fim de organizar experiências sob elas, embora não *simpliciter* e *subindo* a fim de discernir mesmo as causas das forças que atuam segundo estas leis. – Por meio disso,

o fenômeno [*Phänomen*] interno do entendimento humano torna-se compreensível: porque os assim chamados milagres naturais – isto é, os fenômenos [*Erscheinungen*] suficientemente autenticados, embora paradoxais, ou as propriedades das coisas inesperadamente produzidas ou desviadas das leis da natureza até então conhecidas – são apreendidos com anseio e *estimulam* o ânimo, enquanto são, todavia, considerados naturalmente, ao passo que, ao contrário, o ânimo se abate mediante a proclamação de um verdadeiro milagre. Os primeiros, pois, abrem um prospecto de uma nova aquisição de alimento para a razão, a saber, eles dão *esperança* de descobrir novas leis naturais, enquanto os segundos suscitam a *preocupação* de perder inclusive a confiança para com as leis já adotadas como conhecidas. Mas se a razão é privada das leis da experiência, então, em um tal mundo encantado, ela não tem mais, em absoluto, qualquer utilidade, nem mesmo para o uso moral de cumprir o nosso dever em tal mundo, pois / não se sabe mais se, de maneira desconhecida em nós, mudanças não se passam com os móbeis morais por meio de milagres que ninguém pode distinguir se deve atribuir a si mesmo ou a alguma outra causa inescrutável. – Aqueles cuja capacidade de julgar nesse assunto está sintonizada de tal modo que eles se supõem incapazes de se contentar sem milagres, acreditam aliviar o escândalo que a razão sofre aí ao assumirem que milagres acontecem apenas *raramente*. Se eles querem dizer que isto já reside no conceito de um milagre (uma vez que, se um acontecimento tal ocorresse costumeiramente, ele não seria declarado como um milagre), então podemos dar-lhes talvez esse sofisma (de transformar uma questão objetiva a respeito do que a coisa é, em uma questão subjetiva sobre o que significa a palavra mediante a qual indicamos a coisa) e perguntar-lhes de volta: *quão raros?* Talvez um em cem anos? Ou, decerto, em tempos antigos, mas já não mais agora? Aqui nada é determinável para nós a partir do conhecimento do objeto (pois, segundo a nossa própria confissão, este é para nós transcendente), mas determinável apenas a partir das máximas necessárias do uso de nossa razão: de ou admitir os milagres como *cotidianos* (embora escondidos sob a aparência de incidentes naturais) ou *nunca* admiti-los e, no último caso, não colocá--los como fundamento nem de nossas explicações racionais nem da medida de nossas ações; e uma vez que o primeiro caso de modo algum é compatível com a razão, então nada resta além de adotar a última máxima; pois esse princípio permanece sempre apenas máxima para julgar, não asserção teórica. Ninguém pode impelir a presunção [*Einbildung*] de seu discernimento tão alto a fim de querer se pronunciar de maneira definitiva que – por exemplo, a altamente admirável conservação das espécies no reino das plantas e dos animais, onde, em toda primavera, cada nova geração apresenta o seu original, de novo sem diminuição, com toda perfeição interna do mecanismo e inclusive (como no reino das plantas) com toda a beleza da cor, costumeiramente tão delicada, sem que as forças, por outro lado, tão destrutivas da natureza inorgânica, no mau tempo do outono e do inverno, sejam capazes, neste ponto, de prejudicar em qualquer medida sua semente; que isto é, eu digo, uma mera consequência segundo leis naturais e querer *discernir* se não se exige, em vez disso, a cada momento, uma influência imediata do Criador. – No entanto, trata-se de experiências; *para nós*, portanto, não são nada mais do que efeitos naturais e nunca *devem* ser julgadas de outro modo; pois isto é o que a modéstia da razão requer em suas pretensões; ultrapassar esses limites é, no entanto, presunção e imodéstia nas pretensões, muito embora na afirmação de milagres se pretenda demonstrar uma maneira de pensar humilde e despojada de si mesmo.

DA DOUTRINA FILOSÓFICA DA RELIGIÃO
TERCEIRA PEÇA

TERCEIRA PEÇA
A VITÓRIA DO PRINCÍPIO BOM SOBRE O MAU E A FUNDAÇÃO DE UM REINO DE DEUS SOBRE A TERRA

A luta, que todo ser humano dotado moralmente de boa disposição deve vencer sob a liderança do princípio bom contra as impugnações[156] do princípio mau nessa vida, não pode, contudo, lhe proporcionar – não importa o quanto se esforce – nenhuma vantagem maior do que a liberação do *domínio* deste último. Ser livre, "libertar-se da servidão sob a lei do pecado para viver a justiça"[157], esse é o ganho supremo que ele pode alcançar. Não obstante, ele continua sempre exposto aos ataques do princípio mau; e para afirmar a sua liberdade, que é constantemente contestada[158], ele deve doravante continuar sempre armado para a luta.

Todavia, o ser humano está nesse estado repleto de perigo por sua própria culpa; consequentemente, ele é *obrigado*, tanto quanto pode, a, pelo menos, empregar força para se desvencilhar dele. Mas como? Eis a questão. – Se ele procurar ao redor pelas causas e circunstâncias que o arrastaram para esse perigo e o mantém nele, ele pode facilmente se convencer de que elas não lhe advêm tanto de sua própria natureza rude, enquanto ele existe isoladamente, mas dos seres humanos com os quais se encontra em relação ou associação. Não é pelos estímulos dessa natureza rude que se incita nele propriamente as assim chamadas *paixões*, que ocasionam tão grandes devastações em sua predisposição ori-

---

156. O termo alemão *"Anfechtungen"* apresenta conotação jurídica, nesse contexto. Por isso, optamos por traduzi-lo como "impugnação" ou "contestação". Nas edições em língua inglesa, ele é traduzido por *"attacks"* [ataques] (1996) e *"challenges"* [desafios] (2009). As edições portuguesa e francesa também traduzem por "ataques".
157. "E, livres do pecado, vos tornastes servos da justiça" (Rm 6,18).
158. Kant tem em vista o sentido jurídico ao usar o particípio passado *"angefochten"*. Por isso, a tradução do termo como "contestado" ou "impugnado" é uma opção melhor do que a tradução das demais edições como "desafiado" ou "atacado".

6:94 ginariamente boa. Suas necessidades são tão somente pequenas e seu estado de ânimo na provisão delas é moderado e tranquilo. Ele só é pobre (ou se considera assim), enquanto se preocupa que outros seres humanos poderiam considerá-lo assim e desprezá-lo por isso. A inveja, a ânsia de poder, a cobiça / e as inclinações hostis ligadas a elas atacam, logo a seguir, a sua natureza autossuficiente *quando ele está entre seres humanos* e não é sequer necessário pressupor tais seres humanos como já estando afundados no mal ou como exemplos que o tentam; é suficiente que eles estejam aí, que o rodeiem e que sejam seres humanos para que corrompam reciprocamente um ao outro em sua predisposição moral e tornem um ao outro mau. Ora, se não pudessem ser encontrados quaisquer meios para erigir uma união inteira e propriamente destinada à prevenção deste mal e ao fomento do bem no ser humano, como uma sociedade consistente e sempre expansiva, organizada meramente para a preservação da moralidade, que com forças unidas atuaria contra o mal, então – não importa o quanto o ser humano particular poderia ter feito para se despojar do domínio desse mal – este o manteria, contudo, inevitavelmente em perigo de uma recaída sob o seu domínio. – O domínio do princípio bom, na medida em que seres humanos podem trabalhar em prol dele, não é, portanto, – tanto quanto discernimos – alcançável senão mediante o estabelecimento e a expansão de uma sociedade segundo as leis da virtude e pela causa delas, de uma sociedade na qual se torna tarefa e dever para todo gênero humano em sua extensão decidir em direção a ela por meio da razão. – Pois apenas assim pode se esperar uma vitória do princípio bom sobre o mau. Além das leis que prescreve para cada indivíduo, é alçada, ainda, pela razão moralmente legisladora, uma bandeira da virtude como ponto de união para todos que amam o bem, a fim de que se reúnam sob ela e, então, antes de mais nada, ganhem predominância sobre o mal que infatigavelmente os tenta.

Pode-se chamar uma ligação de seres humanos sob meras leis da virtude, segundo a prescrição desta ideia, de uma sociedade *ética* e, enquanto essas leis são públicas, de uma sociedade ético-civil[159] (em contraste com a sociedade jurídico-civil[160]) ou de uma

---

159. Mais literalmente, lemos "eticamente civil" [*ethisch-bürgerliche*].
160. Literalmente, "juridicamente civil" [*rechtlich-bürgerliche*].

comunidade ética. Esta pode subsistir em meio a uma comunidade política e até mesmo consistir em todos os seus membros (assim como não poderia, de modo algum, sem que a comunidade política fosse seu fundamento, ser levada a cabo por seres humanos). Mas ela tem um princípio de união particular e a ela peculiar (a virtude) e, por isso, também uma forma e uma constituição que se distingue essencialmente daquela forma e constituição da comunidade política. Todavia, há uma certa analogia entre ambas, consideradas como duas comunidades em geral, em vista da qual a primeira pode também ser chamada *Estado ético,* / isto é, um *reino* da virtude (do princípio bom), cuja ideia tem na razão humana sua realidade objetiva inteiramente bem-fundada (como dever de se unir em um Estado tal), embora subjetivamente nunca se pudesse esperar, a partir da boa vontade do ser humano, que eles se decidissem a trabalhar em concordância para este fim.

6:95

Primeira divisão
Representação filosófica da vitória do princípio bom sob a fundação de um Reino de Deus sobre a terra

I. Do estado de natureza ético

Um *estado jurídico civil* (político) é a relação dos seres humanos uns com os outros na medida em que se encontram conjuntamente sob *leis públicas do direito* (que são em sua totalidade leis coercitivas). Um estado *ético civil* é aquele no qual eles estão unidos sob leis livres de coerção, isto é, sob meras *leis da virtude*.

Ora, assim como, ao estado jurídico civil, está oposto o estado de natureza legal (mas por isso nem sempre em conformidade ao direito), isto é, *o estado de natureza jurídico*, distingue-se do estado ético civil o *estado de natureza ético*. Em ambos os estados de natureza, cada um dá a lei a si mesmo e não há nenhuma lei externa à qual ele, junto com todos os outros, reconhece-se submetido. Em ambos, cada um é seu próprio juiz e não há nenhuma autoridade pública detentora de poder que determine com força legal, segundo leis, o que é dever de cada um nos casos que ocorrem e coloque aquelas leis em exercício geral.

Em uma comunidade política já subsistente, todos os cidadãos políticos como tais encontram-se, todavia, no *estado de natureza ético* e estão também autorizados a nele permanecer; pois seria uma contradição (*in adjecto*[161]) que a comunidade política tivesse de coagir seus cidadãos a entrarem na comunidade ética, uma vez que esta já carrega consigo, em seu próprio conceito, a liberdade da coerção. Toda comunidade política pode certamente desejar que nela se encontre um domínio sobre os ânimos segundo as leis da virtude; pois onde os seus meios de coerção não alcançam – uma vez que o juiz humano não pode prescrutar o interior de outros seres humanos – aí as disposições de ânimo virtuosas / efetuariam o que é desejado. Ai, no entanto, do legislador que quisesse levar a cabo pela coerção uma constituição dirigida a fins éticos! Pois, dessa forma, ele provocaria justamente não apenas o oposto dos fins[162] éticos, mas também minaria e tornaria inseguros seus fins políticos[163]. O cidadão da comunidade política, portanto, no que diz respeito à autoridade legiferante do legislador, permaneceria inteiramente livre, seja para querer entrar ademais com outros cidadãos também em uma união ética, seja para preferir permanecer em um estado de natureza desse tipo. Contudo, apenas na medida em que uma comunidade ética tem de se basear em leis *públicas* e conter uma constituição baseada nelas, aqueles que voluntariamente se obrigam a entrar nesse estado não se permitirão receber ordens do poder político sobre como devem ou não erigir internamente essa constituição, mas terão muito bem de tolerar restrições, a saber, restrições relativas à condição de que não há nada nessa constituição que contradiga o dever de seus membros como *cidadãos do Estado*; embora, se a vinculação ética for do

---

161. "*Contradictio in adiecto*" é uma contradição entre partes de um argumento. Diferentemente de uma contradição entre nomes, que se refere a duas palavras opostas que aparecem juntas, tais como, por exemplo, justo – injusto. A *contradictio in adjecto* ocorre quando um adjetivo está em oposição a um substantivo, como "círculo (substantivo) quadrado (adjetivo)".

162. Nas traduções portuguesa e francesa, entende-se que o subentendido na expressão "*der ethischen*" é "constituição" e não "fins".

163. Do mesmo modo do caso acima, as traduções portuguesa e francesa traduzem por "constituição".

tipo genuína, a última questão não é, de nenhuma maneira, uma preocupação.

Além disso, uma vez que os deveres de virtude dizem respeito ao gênero humano como um todo, então o conceito de uma comunidade ética sempre se refere ao ideal de um todo de todos os seres humanos, e nisso se distingue do conceito de uma comunidade política. Por isso, uma multidão de seres humanos unidos naquele propósito ainda não pode ser chamada de comunidade ética mesma, mas apenas de uma sociedade particular que se esforça para o consenso[164] de[165] todos os seres humanos (por certo, de todos os seres racionais finitos), a fim de erigir um todo ético absoluto, do qual toda sociedade parcial é apenas uma representação ou um esquema, uma vez que cada uma dessas sociedades parciais pode, por sua vez, ser representada na relação com outras desse tipo, como estando no estado de natureza ético, junto com todas as imperfeições de tal estado (como é também o caso com os diversos Estados políticos que não se encontram em nenhuma ligação mediante um direito público das gentes).

II. O ser humano deve sair do estado de natureza ético para se tornar um membro de uma **comunidade ética**

Assim como o estado de natureza jurídico é um estado de guerra de todos contra todos, o estado de natureza ético também é um / estado de agressão incessante ao princípio bom – que reside em todo ser humano – pelo mal que se encontra nele e, ao mesmo tempo, em todos os outros, os quais (como foi observado acima) corrompem reciprocamente a sua predisposição moral uns em relação aos outros; e, mesmo na boa vontade de cada indivíduo em particular, devido à falta de um princípio que os una, esses seres humanos – como se fossem *instrumentos do mal* – se distanciam, por meio de seus desacordos, do fim comum[166] do bem e

6:97

---

164. "*Einhelligkeit*" mais literalmente é traduzido por "unanimidade".
165. Seguimos a adaptação sugerida pela tradução em língua inglesa de Cambridge (1996) que permuta "*mit*" (com), com "de", uma vez que o sentido da frase fica mais determinado.
166. Mais literalmente, lemos "fim comunitário" [*gemeinschaftlicher Zweck*].

colocam uns aos outros em perigo de cair novamente nas mãos do domínio desse mal. Ora, além disso, assim como o estado de uma liberdade externa destituída de lei (brutal) e independência de leis coercitivas é um estado de injustiça e de guerra de todos contra todos, do qual o ser humano deve sair para entrar em um estado político civil*, o estado de natureza ético é uma agressão *pública* recíproca aos princípios da virtude e um estado de ausência de moralidade interna, do qual o ser humano natural deve se esforçar para sair tão logo possível.

Ora, temos aqui um dever – de tipo próprio – não do ser humano para com o ser humano, mas do gênero humano para consigo mesmo. A saber, toda espécie de seres racionais é determinada objetivamente, na ideia da razão, a um fim comum, a saber, ao fomento do sumo bem como bem comum[171]. Mas, uma vez que o sumo bem ético não é levado a cabo apenas por meio do esforço da pessoa particular para sua própria perfeição moral, exige uma união de tais pessoas em um todo para exatamente o mesmo fim, / para um sistema de seres humanos dotados de boa disposição, no qual e por meio de cuja unidade o sumo bem pode

---

* A proposição de Hobbes[167] *status hominum naturalis est bellum omnium in omnes*[168] não tem nenhum defeito a não ser que deveria dizer: *est status belli* etc.[169] Pois, ainda que não se admita que *hostilidades* efetivas sempre prevaleçam entre seres humanos que não se encontram sob leis externas e públicas, o *estado* de tais seres humanos (*status iuridicus*) – isto é, a relação na qual e por meio da qual eles são suscetíveis a direitos (de sua aquisição ou manutenção) – é, contudo, um estado tal, no qual cada um quer ser ele mesmo juiz sobre o que lhe é direito diante de outros, mas também não tem para isso nenhuma segurança da parte dos outros – ou dá a eles essa segurança – além da sua própria força; trata-se de um estado de guerra no qual todos devem estar constantemente armados contra todos. A segunda proposição de Hobbes, *exeundum esse e statu naturali*[170], é uma consequência da primeira, pois esse estado é uma lesão contínua dos direitos de todos os outros mediante a presunção de ser juiz nos seus próprios assuntos, sem deixar nenhuma segurança aos outros seres humanos em relação aos seus, além do que meramente o próprio arbítrio deles.

167. Thomas Hobbes (1588-1679), filósofo e matemático inglês, um dos grandes nomes da filosofia política moderna, sobretudo devido à teoria do contrato social apresentada nas obras *Do cidadão* (1642) e *Leviatã* (1651).

168. O estado do ser humano natural é o de guerra de todos contra todos.

169. É um estado de guerra.

170. Deve-se deixar o estado de natureza.

171. Aqui também lemos, literalmente, fim e bem "comunitários" [*gemeinschaftliche*].

se realizar, embora a ideia de um todo tal, como uma república universal segundo as leis da virtude, seja uma ideia inteiramente diferente de todas as leis morais (as quais dizem respeito àquilo que sabemos que se encontra em nosso poder); a saber, trata-se da ideia de trabalhar em vista de um todo do qual não somos capazes de saber se, como tal, ele também está em nosso poder; então esse dever é, segundo o tipo e o princípio, diferente de todos os outros. – Já se suspeitará de antemão que esse dever precisará da pressuposição de uma outra ideia, a saber, a de um ser moral supremo, mediante cujo arranjo universal as forças dos indivíduos, por si insuficientes, são unidas para um efeito comum. Antes de tudo, no entanto, temos de seguir o fio condutor daquela necessidade moral em geral e ver aonde ela nos levará.

III. O conceito de uma comunidade ética é um conceito de um povo de Deus sob leis éticas

Se uma comunidade ética deve se realizar, então todos os indivíduos devem estar subordinados a uma legislação pública e todas as leis que os vinculam devem poder ser consideradas como mandamentos de um legislador comum. Ora, se a comunidade a ser fundada tivesse de ser uma comunidade *jurídica*, então a multidão mesma que se une a um todo teria de ser o legislador (das leis da constituição), uma vez que a legislação parte do princípio[172] de *limitar a liberdade de cada um às condições sob as quais ela pode coexistir com a liberdade de todos os outros segundo uma lei universal** e aqui, portanto, a vontade universal institui uma coerção legal externa. Mas se a comunidade deve ser uma comunidade *ética*, então o povo mesmo, como tal, não pode ser considerado como legislador. Pois, em uma comunidade tal, todas as leis visam, inteira e propriamente, fomentar a *moralidade* das ações (o que é algo *interno* e, por conseguinte, não pode se encontrar

---

172. Eis como Kant apresenta o "princípio universal do direito" na *Metafísica dos costumes*: "*É correta* toda ação que permite, ou cuja máxima permite, à liberdade do arbítrio de cada um coexistir com a liberdade de todos segundo uma lei universal" (AA 6:230-231). Trad. C. Martins *et al*. Petrópolis: Vozes, 2017.
* Este é o princípio de todo direito externo.

6:99 sob leis humanas externas), visto que, ao contrário, estas últimas / - o que constituiria uma comunidade jurídica - visam apenas a *legalidade* das ações, que está diante dos olhos, e não a moralidade (interna), da qual se fala unicamente aqui. Portanto, deve haver alguém diferente do povo que poderia ser indicado, para a comunidade ética, como legislador público. Todavia, leis éticas também não podem ser pensadas, meramente, como provindas *originariamente* da vontade desse *superior* (como estatutos, que talvez não fossem obrigatórios sem que antes sua ordem fosse emitida), uma vez que então não seriam leis éticas e o dever que lhes são conforme seria não virtude livre, mas dever jurídico suscetível de coerção. Portanto, pode ser pensado como legislador supremo de uma comunidade ética apenas alguém, em relação a quem todos os *deveres verdadeiros* - por conseguinte também os deveres éticos* - devam ser representados, *ao mesmo tempo*, como mandamentos seus, alguém que, por isso, deve ser também um conhecedor de corações, a fim de perscrutar também o mais íntimo das disposições de ânimo de cada um e, como deve ser em qualquer comunidade, proporcionar a cada um o que seus atos merecem[173]. Mas este é o conceito de Deus como um governante moral do mundo. Portanto, é possível pensar uma comunidade ética apenas como um povo sob mandamentos divinos, isto é, como um *povo de Deus*, e, decerto, *segundo leis da virtude*.

Poder-se-ia muito bem também pensar um povo de Deus *segundo leis estatutárias*, a saber, segundo leis tais cujo cumpri-

---

* Tão logo algo seja conhecido como dever, mesmo se fosse dever imposto pelo mero arbítrio do legislador humano, obedecê-lo é, contudo, ao mesmo tempo, mandamento divino. Não se pode chamar, decerto, as leis civis estatutárias de mandamentos divinos, mas se elas estão em conformidade ao direito [*rechtmäßig*], então a sua *observância* é, ao mesmo tempo, mandamento divino. A proposição "deve-se obedecer a Deus mais do que aos seres humanos" significa apenas que, se os últimos ordenam algo que é mau em si (imediatamente contrário à lei moral), eles não podem e não devem ser obedecidos. Mas, ao inverso, se uma lei política civil, que em si não é imoral, é contrária a uma lei estatutária considerada divina, então há razão para considerar a última como espúria [*untergeschoben*], uma vez que contradiz um dever claro, pois o fato de ela mesma ser realmente um mandamento divino nunca pode ser autenticado suficientemente por notas empíricas, para permitir transgredir, de acordo com aquele mandamento, um dever antes estabelecido.

173. Lemos, literalmente, "qul é o valor dos seus atos" [*was seine Thaten werth sind*].

mento não se baseia na moralidade, mas meramente na legalidade das ações, algo que seria uma comunidade jurídica, da qual Deus seria, decerto, o legislador (por conseguinte, a sua *constituição* seria teocracia), / mas os seres humanos conduziriam, enquanto padres que recebem imediatamente dele seus mandamentos, um *governo* aristocrático. Mas uma constituição tal, cuja existência e forma se baseiam inteiramente em fundamentos históricos, não é aquela que constitui a tarefa da razão pura, moralmente legisladora, cuja solução temos que aqui unicamente levar a cabo; ela será levada em consideração na seção histórica, como instituição segundo leis político-civis, cujo legislador – embora Deus – é, contudo, externo, ao passo que aqui temos de tratar com um legislador tal, cuja legislação é unicamente interna e com uma república sob leis da virtude, isto é, com um povo de Deus que seria "zeloso para as boas obras"[174].

6:100

A um tal *povo de Deus* pode-se opor a ideia de um *bando* do princípio mau, como união daqueles que são parte dele para espalhar o mal, mal para o qual é importante não permitir que aquela união se realize, embora também aqui o princípio que impugna as disposições de ânimo virtuosas reside igualmente em nós e é representado apenas figurativamente como poder externo.

IV. A ideia de um povo de Deus não é realizável (sob a organização humana) senão na forma de uma Igreja

A ideia sublime, nunca completamente alcançável, de uma comunidade ética diminui-se bastante sob mãos humanas, a saber, a uma instituição, no máximo, capaz de representar puramente apenas a forma dessa comunidade, mas que, no que diz respeito aos meios de erigir um tal todo, está bastante limitada às condições da natureza humana sensível. Mas como se pode esperar que de uma madeira tão torta seja talhado algo totalmente reto?[175]

---

174. "Ele entregou-se por nós a fim de nos resgatar de toda iniquidade e purificar para si um povo exclusivamente seu e zeloso na prática do bem" (Tt 2,14).
175. Cf. a mesma referência em *Ideia de uma história universal do ponto de vista cosmopolita*. Proposição VI (AA 8:23).

6:101 Instituir um povo moral de Deus é, portanto, uma obra cuja execução não pode ser esperada dos seres humanos, mas apenas do Deus mesmo. Mas não é permitido ao ser humano, por esta razão, ser inativo em relação a esse assunto e deixar a providência governar como se cada um pudesse perseguir apenas seu interesse moral privado, deixando, no entanto, o todo dos assuntos do gênero humano (segundo sua destinação moral) a uma sabedoria suprema. Ao contrário, ele / deve proceder de tal modo como se tudo dependesse dele e, apenas sob esta condição, lhe é permitido esperar que a sabedoria suprema concederá compleição ao seu esforço bem-intencionado.

O desejo de todos os dotados de boa disposição é, portanto, que "venha o Reino de Deus, que seja feita a sua vontade sob a terra"[176]; ora, mas o que eles devem instituir para que isso lhes aconteça?

Uma comunidade ética sob a legislação moral divina é uma *Igreja* que, na medida em que não é nenhum objeto da experiência possível, chama-se *Igreja invisível* (uma mera ideia da união de todos os dotados de retidão sob um governo divino imediato, mas moral, do mundo, tal como serve de arquétipo a todas as Igrejas[177] a serem fundadas pelos seres humanos). A *Igreja visível* é a união efetiva dos seres humanos a um todo que concorda com aquele ideal. Na medida em que qualquer sociedade sob leis públicas carrega consigo uma subordinação de seus membros (na relação daqueles que obedecem à lei de tal sociedade para aqueles que supervisionam[178] a sua observância), a multidão unida para aquele todo (da Igreja) é a *congregação* sob seus superiores, que (também denominados professores ou pastores de alma) apenas administram os assuntos do chefe invisível dessa Igreja e, a este respeito, se chamam, em seu conjunto, de *servidores* da Igreja, assim como na comunidade política o chefe visível chama a si

---

176. "Venha o teu reino, seja feita a tua vontade, assim na terra, como no céu" (Mt 6,10).
177. Lemos "governo" nas traduções em língua inglesa, mas embora Kant se refira a governo na premissa anterior, é mais provável que aqui ele esteja se referindo à Igreja, que é a ideia da união de todos os indivíduos dotados de retidão.
178. Literalmente, lemos "aqueles que mantêm [*halten*] a sua observância".

mesmo, em algumas ocasiões, de servidor supremo do Estado[179], embora ele não reconheça nenhum ser humano particular (geralmente, nem mesmo o próprio povo como um todo) acima de si. A Igreja (visível) verdadeira é aquela que representa o reino (moral) de Deus sobre a terra, tanto quanto ele pode acontecer por meio dos seres humanos. Os requisitos[180] – e por conseguinte, também as marcas da verdadeira Igreja – são as seguintes:

1. A *universalidade*; por conseguinte, a sua unidade numérica – para o que ela deve conter em si a predisposição: a saber, que, embora dividida em opiniões contingentes e em desacordo, ela é, contudo, erigida, em relação ao propósito essencial, sobre princípios tais que devem levá-la necessariamente à união universal em uma única Igreja (portanto, não há sectarismo).

2. Sua *natureza*[181] (qualidade); isto é, a *pureza* – a união sob nenhuns outros móbeis senão os *morais* (purificada do disparate da superstição e da loucura do entusiasmo). /   6:102

3. A *relação* sob o princípio da *liberdade*; tanto a relação interna de seus membros uns com os outros quanto a relação externa da Igreja com o poder político, ambas em um *Estado livre* (portanto, nem *hierarquia*, nem *iluminatismo*, um tipo de *democracia* por meio de inspirações particulares que podem ser diferentes das de outras pessoas segundo a cabeça de cada um).

4. A sua *modalidade*; a *imutabilidade* segundo a sua *constituição*, contudo, com a exceção[182] dos arranjos contingentes,

---

179. Kant está se referindo a Frederico II (1712-1786), governante da Prússia entre 1740-1786, que se autoafirmara "o primeiro servidor do Estado". Entre outros, cf. *À paz perpétua* (AA 8:352).

180. Embora Kant apresente, como observa Wobbermin (AA 6:504) esses quatro requisitos em analogia com os quatro aspectos fundamentais da Igreja: *una, sancta, catholica e apostolica*, ele também está seguindo o fio condutor da distinção das categorias do entendimento apresentadas na *Crítica da razão pura* (A 80/B 106).

181. Para evitar má-compreensão, nesse caso, "*Beschaffenheit*" não será traduzido como "constituição" ou "propriedade", mas como "natureza". Nas traduções em língua inglesa, lemos "*make-up*" (1996) e "*character*" (2009). Na tradução portuguesa, lemos "característica".

182. De modo mais literal, traduz-se "*Vorbehalt*" por "reserva", "hesitação" ou "restrição".

mutáveis segundo tempo e circunstâncias, que dizem respeito unicamente à administração da Igreja; para o que, contudo, a Igreja já deve conter em si mesma *a priori* (na ideia de seu fim) também os princípios seguros (portanto, deve estar sob leis originárias, prescritas publicamente como que mediante um livro de leis, e não sob símbolos arbitrários, os quais, por causa de sua falta de autenticidade, são contingentes, expostos à contradição e mutáveis).

Portanto, uma comunidade ética, considerada como Igreja – isto é, como mera *representante* de um Estado de Deus – não tem propriamente, segundo seus princípios, nenhuma constituição similar à constituição política. Nela, a constituição não é nem *monárquica* (sob um papa ou patriarca), nem *aristocrática* (sob bispos e prelados) e nem *democrática* (como a de iluministas sectários). No máximo, ela poderia ser comparada com a constituição de uma associação doméstica (família) sob um pai moral comum[183], embora invisível, na medida em que seu filho santo – o qual representa a vontade de seu pai e, ao mesmo tempo, encontra-se em parentesco sanguíneo com todos os membros desta associação – ocupa o lugar de seu pai, de modo a tornar mais proximamente conhecida aos seus membros a sua vontade; por essa razão, tais membros honram nele o pai e, então, entram uns com os outros em uma união de coração voluntária, universal e duradoura.

V. A constituição de cada Igreja sempre parte de alguma fé histórica (revelada) que se pode denominar fé eclesial, e esta está fundada, no melhor dos casos, em uma Sagrada Escritura

A *fé religiosa pura* é, decerto, aquela que unicamente pode fundar uma Igreja universal, uma vez que ela é uma mera fé racional que / se deixa comunicar a qualquer um com o propósito de convencimento, ao passo que uma mera fé histórica, fundada em fatos [*Facta*], não pode espalhar a sua influência, em relação à capacidade de julgar a sua credibilidade, para além do que os

---

183. O termo "*gemeinschaftlicher Vater*" é traduzido literalmente por "pai comunitário".

relatos podem alcançar de acordo com as circunstâncias de tempo e espaço. No entanto, uma fraqueza particular da natureza humana tem a culpa de que nunca podemos contar com essa fé pura tanto quanto ela muito bem merece, a saber, para fundar apenas nela uma Igreja.

Os seres humanos, conscientes de sua incapacidade em conhecer coisas suprassensíveis, ainda que prestem todas as honras àquela fé (como a fé que deve ser convincente para eles universalmente), não são, contudo, fáceis de convencer de que o zelo constante para uma conduta de vida moralmente boa é tudo o que Deus exige de seres humanos para serem súditos agradáveis a ele em seu reino. Eles não são capazes, por certo, de pensar para si sua obrigação [*Verpflichtung*] de nenhum outro modo senão como a de um *serviço* que eles têm de prestar a Deus, no qual não importa tanto o valor interno das ações quanto, ao contrário, o fato de elas serem prestadas a Deus, não importa, contudo, o quão moralmente indiferentes possam ser em si mesmas, a fim de agradá-lo ao menos pela obediência passiva. Não lhes entra na cabeça que, quando eles cumprem seus deveres para com seres humanos (para consigo mesmos e os outros), também realizam, precisamente, dessa forma, mandamentos divinos e que, por conseguinte, estão em todo seu fazer e deixar de fazer, enquanto este tem relação com a moralidade, *constantemente no serviço de Deus*; e que é absolutamente impossível servir a Deus de maneira mais próxima de outro modo (porque eles não podem, contudo, atuar e ter influência em nada além do que meramente nos seres mundanos, mas não em Deus). Uma vez que todo grande senhor do mundo tem uma necessidade particular de ser *honrado* por seus súditos e *louvado* por meio de demonstrações de submissão, algo sem o qual não é capaz de esperar deles tanta obediência para com seus mandamentos quanto precisa, por certo, para poder governá-los e que, além disso, o ser humano – não importa quão razoável possa ser – encontra sempre ao fim também um comprazimento imediato em demonstrações de honra, então o dever é tratado, na medida em que é, ao mesmo tempo, mandamento divino, como o perseguir de um *assunto* de Deus, não do ser humano, e então surge o conceito de uma religião do *serviço de Deus* ao invés do conceito de uma religião moral pura.

6:104 Visto que toda religião consiste em considerarmos Deus, em relação a todos os nossos deveres, como o legislador a ser universalmente venerado, então importa / saber, na determinação da religião em vista da conduta nossa que lhe é conforme, *como Deus quer* ser venerado (e obedecido). – Uma vontade divina legisladora ordena, no entanto, ou por meio de leis que são em si *meramente estatutárias* ou mediante leis *puramente morais*. Em relação às últimas, cada um pode conhecer, a partir de si mesmo, por sua própria razão, a vontade de Deus que é fundamento de sua religião, pois o conceito da divindade só surge propriamente a partir da consciência destas leis e da necessidade racional de assumir um poder que pode proporcionar a elas o efeito inteiro, possível em um mundo, que concorda com o fim término moral. O conceito de uma vontade divina determinada puramente segundo meras leis morais nos permite pensar apenas *um* Deus e, portanto, também só *uma* religião que é puramente moral. Mas se assumimos leis estatutárias dessa vontade[184] e pomos a religião no cumprimento destas leis, então o conhecimento delas é possível não pela nossa própria simples razão, mas só pela revelação, a qual, independentemente de ter sido dada a cada indivíduo secreta ou publicamente pela tradição ou pela Escritura a fim de ser propagada entre os seres humanos, seria uma *fé histórica*, não uma *fé racional pura*. – Ora, mas mesmo que se possa assumir leis divinas estatutárias (que não se permitem reconhecer como obrigatórias por si mesmas, como tais, mas apenas como vontade divina revelada), será, contudo, a legislação *moral* pura, mediante a qual a vontade de Deus está originariamente escrita em nosso coração, não apenas a condição inevitável de toda religião verdadeira em geral, mas também o que constitui propriamente essa religião mesma e para o que a religião estatutária pode conter apenas o meio de seu fomento e difusão.

Portanto, se a questão de como Deus quer ser venerado deve ser respondida de maneira universalmente válida para todo ser humano *considerado meramente como ser humano*, então não há nenhuma dúvida de que a legislação de sua vontade deveria

---

184. As edições em língua francesa, espanhola e portuguesa, traduzem "*statutarische Gesetze desselben*" por "leis estatutárias de Deus" ou "leis estatutárias divinas".

ser simplesmente *moral*, pois a religião estatutária (que pressupõe a revelação) pode ser considerada apenas como contingente e como uma religião tal que não chegou ou pode não chegar a todo ser humano; por conseguinte, ela não pode ser considerada como obrigando[185] todo ser humano em geral. Portanto: "não os que dizem Senhor! Senhor!, mas os que fazem a vontade de Deus"[186]; por conseguinte, não serão os que procuram lhe ser agradáveis por meio da sua exaltação (ou de seu enviado, como um ser de descendência divina) segundo conceitos revelados que nem todo ser humano pode ter, mas aqueles que, pela boa conduta de vida em vista da qual qualquer um / conhece a sua vontade, os que prestam-lhe a verdadeira veneração que ele exige.

6:105

No entanto, se nos consideramos obrigados a nos comportar não meramente como seres humanos, mas também como *cidadãos* de um Estado divino sobre a terra e a atuar para a existência de uma tal associação sob o nome de Igreja, então a questão de como Deus quer ser venerado *em uma Igreja* (enquanto uma congregação de Deus) parece não ser suscetível de resposta pela simples razão, mas precisa de uma legislação estatutária que apenas se torna conhecida para nós pela revelação; por conseguinte, precisa de uma fé histórica que, em oposição à fé religiosa pura, pode se chamar fé eclesial. No caso da primeira, importa pois apenas o que constitui a matéria da veneração de Deus, a saber, a observância – que acontece na disposição de ânimo moral – de todos os deveres como mandamentos seus; mas uma Igreja, como união de muitos seres humanos sob tais disposições de ânimo em direção a uma comunidade moral, precisa de uma obrigação *pública*, de uma certa forma eclesial, baseada em condições empíricas, que em si é contingente e diversa; por conseguinte, ela não pode ser reconhecida como dever sem leis divinas estatutárias. Mas não se deve considerar imediatamente por isso que determinar essa

---

185. O termo alemão "*verbindend*" também pode ser traduzido como "vinculando" ou "conectando". Na passagem, Kant está enfatizando a capacidade de uma religião ligar ou conectar todos os seres humanos, conexão que em língua alemã está pressuposta no conceito prático de "obrigação" [*Verbindlichkeit*].
186. "Nem todo o que me diz: Senhor, Senhor! entrará no Reino dos Céus, mas quem fizer a vontade de meu Pai que está nos céus" (Mt 7,21).

forma é um assunto do legislador divino; ao contrário, pode-se supor, com razão, que a vontade divina é a que realizemos nós mesmos a ideia racional de uma tal comunidade e que, embora os seres humanos possam ter, decerto, tentado com êxito infeliz muitas formas de uma Igreja, eles não devem, todavia, cessar de perseguir este fim, se necessário mediante novas tentativas que evitem, da melhor maneira possível, os erros das precedentes, posto que esse assunto – que para eles é, ao mesmo tempo, dever – é inteiramente confiado a eles mesmos. Portanto, para a fundação e forma de qualquer Igreja, não se tem motivo para considerar as leis diretamente como leis divinas *estatutárias*; ao contrário, é presunção fazer as leis se passarem por tais a fim de se dispensar do esforço de continuar sempre a melhorar a forma da Igreja; ou talvez seja até mesmo usurpação da autoridade suprema, a fim de impor um jugo à multidão, com estatutos eclesiais, mediante o pretexto da autoridade divina; no entanto, seria do mesmo modo arrogância negar absolutamente que a maneira como uma Igreja é organizada não possa talvez ser também um arranjo divino particular, se, tanto quanto discernimos, a Igreja estiver na maior concordância com a religião moral e se, além disso, não se pode discernir adequadamente como ela poderia alguma vez aparecer sem os / progressos devidamente preparados do público em conceitos religiosos. Ora, na dubiedade desse problema, se Deus ou os seres humanos mesmos devem fundar uma Igreja, prova-se a propensão dos últimos para uma *religião do serviço de Deus* (*cultus*) e, uma vez que esta se baseia em prescrições arbitrárias, prova-se a propensão para a fé em leis estatutárias divinas, sob a pressuposição de que ainda se deve acrescentar, contudo, à melhor conduta de vida (que o ser humano pode sempre seguir de acordo com a prescrição da religião moral pura) uma legislação divina, não cognoscível pela razão, mas que precisa da revelação; e, com isso, considera-se imediatamente em veneração do ser supremo (não mediante o cumprimento de seu mandamento que já nos está prescrito pela razão). Ora, dessa forma, ocorre que os seres humanos nunca considerarão como necessários em si a união a uma Igreja e o acordo em relação à forma que lhe é dada, bem como os arranjos *públicos* para o fomento do aspecto moral na religião, mas, como eles dizem, apenas o servir a seu Deus por meio de celebrações, confissões de fé em leis reveladas e observância das prescrições pertencentes à forma da Igreja (que, contudo, é ela mesma mero meio); embora todas essas observâncias sejam, em seu fundamento, ações moralmente indiferentes, as quais, no entanto, justamente pelo fato de que devem acontecer meramente por causa dele, são consideradas tanto mais agradáveis a ele. Assim, no trabalho[187] dos seres humanos em direção à comunidade ética, a fé eclesial precede naturalmente[†] à fé religiosa pura; e existiram *templos* (edifícios consagrados ao serviço público de Deus) antes das *igrejas* (lugares de reunião para instrução e estímulo nas disposições de ânimo morais), *sacerdotes* (administradores consagrados às práticas piedosas) antes dos *clérigos* (professores da religião moral pura); e eles ainda estão, na maioria das vezes, também na posição e no valor que a grande multidão lhes concede.

Ora, se, portanto, não há como mudar que uma *fé eclesial* estatutária se acrescente à fé religiosa pura como veículo e meio da união pública dos seres humanos para o fomento desta última, então deve-se confessar também que a preservação imutável desta fé – sua difusão universal uniforme / e mesmo o respeito à revelação assumida nela – dificilmente pode ser provida de modo suficiente pela *tradição*, mas apenas pela *Escritura*, que, por sua vez, deve ser, ela mesma, enquanto revelação para contemporâneos e posteridade, um objeto da mais alta estima; pois a necessidade dos seres humanos exige isto para que eles estejam certos de seu dever para com o serviço de Deus. Um livro sagrado adquire para si o grande respeito, mesmo entre aqueles (e, sobretudo, precisamente, entre estes) que não o leem – ou, ao menos, não são capazes de formar para si, por meio dele, nenhum conceito coerente de religião – e todo raciocínio sutil nada consegue contra a sentença de autoridade[188] que abate todas as objeções: *aí está*

6:107

---

187. O termo alemão *"Bearbeitung"* é traduzido nas edições em língua inglesa, francesa e portuguesa respectivamente por *"molding"* (1996), *"fashioning"* (2009), *"effort"* e "esforço".

† Moralmente deveria ser ao contrário.

188. O termo alemão *"Machtspruch"* pode ser traduzido mais literalmente por "decreto".

escrito. É por isso, também, que as passagens do livro sagrado, que devem apresentar um ponto de fé, chamam-se simplesmente *provérbios* [*Sprüche*]. Os intérpretes específicos de uma tal Escritura, precisamente por causa de seu ofício, são, eles mesmos, por assim dizer, pessoas consagradas e a história prova que uma fé fundada na Escritura não pôde ser extirpada, nem mesmo pelas mais devastadoras revoluções de Estado, ao passo que a fé, que se fundou na tradição e em antigas observâncias públicas, encontrou sua derrocada, ao mesmo tempo, na desintegração do Estado. Que sorte*, que um livro tal, que chegou às mãos dos seres humanos, contenha em sua completude, ao lado de seus estatutos como leis da fé, ao mesmo tempo, a mais pura doutrina moral da religião, que pode ser conduzida à melhor harmonia com aqueles estatutos (como veículos de sua introdução); nesse caso, tanto por causa do fim que deve ser alcançado por meio do livro quanto devido à dificuldade de tornar para si compreensível, segundo leis naturais, a origem de uma tal iluminação do gênero humano realizada por meio deste livro, ele pode reivindicar a autoridade igual a de uma revelação.

* * *

Agora, outra coisa que se relaciona com este conceito de uma fé revelada.

Há apenas *uma religião* (verdadeira), mas pode haver diversos tipos de fé. – Pode-se acrescentar que nas muitas igrejas, separadas umas das outras devido à diversidade de seus tipos de fé, / pode, todavia, ser encontrada uma única e mesma religião verdadeira.

É, por isso, mais adequado (assim como, de fato, mais comum) dizer: este ser humano é desta ou daquela *fé* (judaica, maometana, cristã, católica, luterana) do que ele é desta ou daquela religião. Essa última expressão sequer deveria apropriadamente ser usada ao dirigir-se ao grande público (nos catecismos e sermões), pois

---

* Uma expressão para tudo, que é desejado ou desejável, que, contudo, não podemos nem prever, nem provocar mediante nosso esforço segundo leis da experiência, algo para o qual, se queremos chamar de um fundamento, não podemos indicar nenhuma coisa senão uma providência benigna.

ela é para este muito erudita e incompreensível; assim como as línguas modernas não oferecem para ela nenhuma palavra de significado equivalente. O homem comum entende por religião sempre sua fé eclesial, que lhe cai sob os sentidos, ao passo que a religião está internamente oculta e depende de disposições de ânimo morais. Concede-se muita honra à maioria das pessoas quando se diz delas que elas confessam para si esta ou aquela religião, pois não conhecem ou anseiam por nenhuma; a fé eclesial estatutária é tudo o que elas entendem por esta palavra. Também as assim chamadas controvérsias religiosas, que muito frequentemente abalaram o mundo e o regaram com sangue, nunca foram algo mais do que disputas em torno da fé eclesial; e o oprimido se queixava não propriamente de que foi impedido de aderir à sua religião (pois nenhum poder externo o pode), mas que não lhe foi permitido seguir publicamente sua fé eclesial.

Ora, como costumeiramente acontece, se uma Igreja se faz passar pela única Igreja universal (embora seja fundada, decerto, em uma fé revelada particular que, enquanto histórica, jamais pode ser exigida de todos), então aquele que de modo algum reconhece a fé eclesial (particular) dessa Igreja é chamado por ela de *incrédulo* e odiado de todo coração; aquele que apenas se desvia parcialmente (no não essencial) dela é chamado crédulo *equivocado*[189] e é, ao menos, evitado como contagioso. Finalmente, se ele confessa para si, decerto, a mesma Igreja, mas se desvia dela no essencial da sua fé (a saber, naquilo que se faz o essencial), então ele se chama, principalmente se espalha sua fé equivocada[190], *herege** e, como um rebelde, é considerado ainda mais punível do que / um inimigo externo, sendo expulso da Igreja por meio de

6:109

---

189. As traduções para o francês, espanhol e português vertem "*Irrgläubiger*" por "heterodoxo". As edições em língua inglesa traduzem, por sua vez, por "*erring believer*" e "*misbeliever*".

190. Em alemão, "*Irrglauben*".

* Os mongóis chamam o Tibet (segundo o *Alphabetum tibetanum de Giorgius*, p. 11) *Tangut-Chazar*, isto é, o país dos habitantes de casas, a fim de distingui-los de si mesmos, enquanto nômades vivendo sob tendas no deserto; de onde surgiu o nome dos chazares e, deste, o nome dos *hereges* [*Ketzer*], porque os mongóis foram adeptos da fé tibetana (dos Lamas), que está de acordo com o maniqueísmo – e talvez também tenha a sua origem nele – e o difundiram em suas incursões na Europa; por isso, por um tempo considerável, os nomes *Haeretici* e *Manichaei* também foram usados como sinônimos.

um anátema[191] (semelhante ao que os romanos pronunciaram sobre os que cruzaram o Rubicão contra o consentimento do Senado) e entregue a todos os deuses do inferno. A pretensa corretude exclusiva de fé [*Rechtgläubigkeit*] dos professores e cabeças de uma igreja no que diz respeito à fé eclesial chama-se *ortodoxia*, a qual se poderia muito bem dividir em ortodoxia *despótica* (brutal) e *liberal*. – Se uma Igreja que faz passar a sua fé eclesial por universalmente obrigatória deve se chamar *católica*, enquanto aquela que se resguarda contra as pretensões de outras (apesar de que ela mesma exerceria de bom grado, com frequência, essas pretensões, se pudesse) deve ser chamada de *protestante*, então um observador atento encontrará muitos exemplos louváveis de católicos protestantes e, em contrapartida, ainda mais, exemplos ofensivos de protestantes arquicatólicos; os primeiros são exemplos de homens dotados de um modo *expansivo* de pensar (embora, por certo, não o de sua Igreja), diante dos quais os últimos, com seu modo de pensar bastante *restrito*, se contrastam, mas de modo algum em sua própria vantagem.

VI. A fé eclesial tem, como sua intérprete suprema, a fé religiosa pura

Observamos que, embora uma Igreja renuncie à mais importante marca de sua verdade, a saber, a de uma pretensão legítima à universalidade, se ela se funda em uma fé revelada, enquanto fé histórica (embora bastante difundida e assegurada pela Escritura para a mais tardia posteridade), ela não é, contudo, capaz de nenhuma comunicação universal convincente; todavia, por causa da necessidade natural de todos os seres humanos de exigir sempre algo que *se sustenta sensivelmente* para os conceitos supremos e fundamentos da razão, alguma confirmação da experiência etc. (algo que deve ser levado, de fato, em consideração no propósito de *introduzir* universalmente uma fé), deve-se utilizar alguma fé eclesial histórica que já se encontra comumente disponível[192].

---

191. Trata-se da sentença de expulsão da Igreja, a sentença de excomunhão.
192. Literalmente, lemos "comumente diante de si" [*vor sich*].

/ Ora, mas a fim de conciliar o fundamento de uma fé moral 6:110 (seja ela fim ou apenas meio auxiliar) com uma fé empírica tal que, como parece, um acaso nos colocou em mãos, exige-se uma interpretação da revelação que chegou em nossas mãos, isto é, uma exegese completa dela em um sentido que concorde com as regras práticas universais de uma religião racional pura. Pois o aspecto teórico da fé eclesial não pode nos interessar moralmente se não atua para o cumprimento de todos os deveres humanos como mandamentos divinos (o que constitui o aspecto essencial da religião). Esta interpretação pode, inclusive, muitas vezes, nos parecer forçada em relação ao texto (da revelação) e muitas vezes de fato pode sê-lo; e, contudo, desde que seja possível que o texto a aceite, ela deve ser preferível a uma tal interpretação literal, que não contém em si absolutamente nada para a moralidade ou que até mesmo atua contra os seus móbeis[†]. — Descobrir-se-á, tam-

---

[†] Para mostrar isso em um exemplo, tomemos o Salmo 59,11-16, no qual é encontrada uma *oração* por *vingança*, que chega ao ponto do horror[193]. *Michaelis*[194] (Moral, 2ª parte, p. 202) aprova essa oração e acrescenta: "Os salmos são *inspirados*; se punição é pedida neles, então tal coisa não pode estar errada e *não devemos ter nenhuma moral mais santa do que a Bíblia*". Detenho-me aqui na última expressão e pergunto se a moral deve ser interpretada segundo a Bíblia ou, ao contrário, a Bíblia segundo a moral. — Ora, sem nem mesmo considerar como a passagem no Novo Testamento – "Foi dito aos antigos etc. Mas vos digo: amai o vosso inimigo, *abençoai os que vos maldizem*"[195] etc. – que também pode ser inspirada, pode coexistir com a primeira, eu tentarei ou adequá-la aos meus princípios morais consistentes por si (de modo, por exemplo, que não se entende aqui inimigos corpóreos, mas, sob o símbolo deles, os inimigos invisíveis que nos são muito mais perniciosos, a saber, as más inclinações, que devemos desejar colocar totalmente sob os pés) ou, se isso não for praticável, então eu preferirei assumir que essa passagem de modo algum é para ser entendida em sentido moral, mas segundo a relação na qual os judeus se consideravam, no que diz respeito a Deus, como seu governante político; assim também como uma outra passagem da Bíblia, na qual diz: "a vin-

193. "Não lhes tires a vida, do contrário meu povo esquecerá! Põe-nos em debandada com teu exército e derruba-os, Senhor, nosso escudo! Cada palavra de seus lábios é um pecado de sua boca; sejam presa de seu orgulho, pela maldição e mentira que proferem. Aniquila com furor, aniquila, e que não sobre ninguém! Então se saberá até os confins da terra, que Deus governa em Jacó. Eles voltam pela tarde, ladram como cães e rondam a cidade. Vagueiam à procura de comida e, quando não se fartam, ficam rosnando" (Sl 59,12-17).

194. Cf. nota 16.

195."Ouvistes o que foi dito aos antigos: Não matarás; quem matar será réu de julgamento. Pois eu vos digo: quem se encolerizar contra seu irmão será réu de julgamento. Quem chamar seu irmão de patife será réu perante o Sinédrio, e quem o chamar de tolo será réu do inferno de fogo" (Mt 5,21-22).

6:111

bém, que este sempre tem sido o caso com todos os tipos antigos e novos de fé, em parte formulados em livros sagrados, e que professores do povo[197], racionais e de bom pensamento [wohldenkende], / os interpretaram até trazê-los, gradualmente, à concordância, segundo seu conteúdo essencial, com as proposições de fé moral universais. Os filósofos morais entre os *gregos* e depois entre os *romanos*, pouco a pouco, fizeram exatamente o mesmo com suas fabulosas doutrinas dos deuses. Eles souberam, por fim, interpretar o politeísmo mais grosseiro como mera representação simbólica das propriedades do ser divino uno e proporcionar às diversas ações viciosas ou mesmo aos devaneios selvagens, mas ainda assim belos, de seus poetas um sentido místico que aproximou uma fé popular (que não teria sido sequer aconselhável extirpar, porque talvez disso poderia surgir um ateísmo ainda mais perigoso ao Estado) a uma doutrina moral compreensível e unicamente vantajosa a todos os seres humanos. O *judaísmo* tardio e mesmo o cristianismo consistem em tais exegeses, em partes bastante forçadas, mas ambos para fins indubitavelmente bons e necessários a todos os seres humanos. Os *maometanos* sabem (como mostra Reland[198]) proporcionar muito bem à descrição de seu paraíso,

---

gança é minha; eu retribuirei!, diz o senhor"[196], que se interpreta comumente como advertência moral contra a vingança pessoal [Selbstrache], embora provavelmente sugira apenas a lei, que é válida em todo Estado, de buscar satisfação pelas ofensas no tribunal do soberano, onde, quando o juiz permite ao acusador propor a punição que quiser, não importa quão severa seja, de modo algum permite considerar a sede de vingança do acusador como aprovada.

196. "Não vos vingueis uns dos outros, caríssimos, mas deixai agir a ira de Deus, porque está escrito: A mim pertence a vingança, eu é que darei a paga merecida, diz o Senhor. Pelo contrário, se teu inimigo tiver fome, dá-lhe de comer, se tiver sede, dá-lhe de beber, pois, assim fazendo, amontoas brasas vivas sobre sua cabeça" (Rm 12,19-20).

197. "*Volkslehrer*" era uma denominação usada para pastores e pregadores na época do Iluminismo. De forma geral, designava aquele que era responsável for fazer a ponte entre a erudição e o senso comum. O termo é usado, em *O conflito das faculdades*, no sentido de professor 'nomeado pelo Estado', referindo-se a um funcionário do Estado [öffentliche Volkslehrer] (AA 7:60).

198. Adriaan Reland (1676-1718), notável orientalista, cartógrafo e filólogo holandês, fez contribuições significativas para a linguística e cartografia do Oriente Médio e da Ásia, incluindo a Pérsia, o Japão e a Terra Santa. Escreveu *De religione Mohammedica libri duo* (1717), a primeira tentativa europeia de descrever sistematicamente as práticas religiosas islâmicas.

consagrado a toda sensibilidade, um sentido espiritual e exatamente o mesmo faz os *indianos* com a interpretação dos *Vedas*, ao menos para a parte mais esclarecida de seu povo. – No entanto, que se pode sempre fazer precisamente isso sem ir demasiadamente contra o sentido literal da fé popular decorre de que, bem antes dessa última, a predisposição para a religião moral residia oculta na razão humana, disposição cujas primeiras manifestações rudes destinavam-se, decerto, meramente ao uso do serviço de Deus e, por causa disso, deram ocasião mesmo àquelas supostas revelações, embora também tenham colocado por meio disso nessas invenções poéticas, ainda que sem intenção, algo do caráter de sua origem suprassensível mesma. – Não se pode também acusar tais interpretações de desonestidade, ao pressupor que não queremos afirmar que o sentido que damos aos símbolos da fé popular ou mesmo aos livros sagrados tenha sido exatamente o intentando por estas interpretações, mas isso fica por decidir e assume apenas a *possibilidade* de entender seus autores dessa forma. Pois mesmo a leitura destas Sagradas Escrituras – ou a inquirição de seu conteúdo – tem por propósito final fazer seres humanos melhores, enquanto o aspecto histórico, que em nada contribui para isso, é algo em si inteiramente indiferente, com o qual se pode tratar como quiser. (A fé histórica é "morta em si mesma"[199], isto é, considerada por si como confissão, ela nada contém e também não conduz a nada que teria um valor moral para nós).

/ Portanto, embora tenha se adotado uma Escritura como revelação divina, o seu critério supremo como tal será: "toda Escritura, inspirada por Deus, é útil para a doutrina, para a punição, para o melhoramento etc."[200] e visto que o último aspecto, a saber, o melhoramento moral do ser humano, constitui o fim propriamente dito de toda religião racional, este também conterá o princípio supremo de toda interpretação da Escritura. Esta religião é "o espírito de Deus que nos guia em toda verdade"[201]. Este

6:112

---

199. "Assim também a fé, se não tiver obras, está morta em si mesma" (Tg 2,17).

200. "Toda Escritura é inspirada por Deus e útil para ensinar, para aprender, para corrigir, para educar na justiça, a fim de que o homem de Deus seja perfeito e capacitado para toda obra" (2Tm 3,16-17).

201. "Quando vier o Espírito da verdade, ele vos guiará em toda a verdade, porque não falará de si mesmo, mas do que ouvir, e vos anunciará as coisas futuras" (Jo 16,13).

espírito é, no entanto, aquele que, ao nos *instruir*, também nos *vivifica*, ao mesmo tempo, com princípios para ações e se refere por inteiro, independente de tudo o que a fé histórica pode conter, às regras e móbeis da fé moral pura, os quais unicamente constitui, em cada fé eclesial, aquilo que nela é propriamente religião. Toda pesquisa e interpretação da Escritura deve partir do princípio de buscar nela esse espírito e "pode-se encontrar nela a vida eterna apenas na medida em que ela dá testemunho deste princípio"[202].

Ora, a este intérprete da Escritura está associado um outro, embora subordinado, a saber, o *erudito da Escritura*. A autoridade da Escritura, enquanto o mais digno e – agora na parte mais esclarecida do mundo – o único instrumento da união de todos os seres humanos em uma Igreja, constitui a fé eclesial que, como fé popular, não pode ser negligenciada, uma vez que nenhuma doutrina que é baseada na simples razão parece apropriada ao povo como uma norma imutável e ele exige revelação divina; por conseguinte, exige também uma autenticação histórica de sua autoridade por meio da dedução de sua origem. Ora, uma vez que a arte – e a sabedoria humana – não pode ascender até o céu para conferir a credencial da mensagem do primeiro professor mesmo, mas deve se contentar com as marcas – que, à parte do conteúdo, ainda podem ser tiradas do modo como uma tal fé foi introduzida, isto é, deve contentar-se com relatos humanos que devem ser gradualmente procurados em tempos muito antigos e idiomas agora mortos para serem apreciados[203], segundo a sua credibilidade histórica – então a *erudição escritural* será exigida para manter na autoridade uma Igreja fundada em uma Sagrada Escritura, mas não uma religião (pois a religião, para ser universal, deve sempre ser fundada na simples razão), ainda que esta erudição não estabeleça nada senão que a origem da Escritura não contém em si nada que torne impossível a sua aceitação como revelação divina imediata[204]; isto seria suficiente para não frustrar aqueles que su-

---

202. "Pesquisais as Escrituras porque julgais encontrar nelas a vida eterna – e são elas mesmas que dão testemunho de mim" (Jo 5,39).
203. Literalmente, lemos "para apreciá-los segundo sua credibilidade histórica" [*um sie nach ihrer historischen Glaubhaftigkeit zu würdigen*].
204. O mesmo que "revelação direta".

põem encontrar nessa ideia[205] / fortalecimento especial de sua fé   6:113
moral e, por isso, a adotam de bom grado. – Mas não apenas a
certificação[206] da Sagrada Escritura, mas também a sua *interpretação*, precisa, pelo mesmo motivo, de erudição. Pois como quer
o não erudito, que pode ler apenas em traduções, estar certo de
seu sentido? Por isso, o intérprete que também tem domínio da
linguagem fundamental, deve, contudo, possuir, ainda, conhecimento histórico ampliado e crítico a fim de tirar da situação, dos
costumes e das opiniões (da fé popular) daquele tempo, os meios
pelos quais se pode abrir a compreensão à comunidade eclesial.

Religião racional e erudição escritural são, portanto, as propriamente designadas intérpretes e depositárias de um documento
sagrado. É óbvio que estas não podem ser absolutamente impedidas, no uso público de seus discernimentos e descobertas nesse
campo, pelo braço secular, nem estar atadas a certas proposições
de fé, uma vez que, ao contrário, os *leigos* coagiriam[207] os clérigos
a entrarem de acordo com sua opinião[208], opinião essa que eles,
contudo, só possuem pela instrução dos últimos. Desde que o Estado cuide para que não faltem eruditos e homens de boa reputação segundo sua própria moralidade, que administram o todo dos
assuntos da Igreja e a cuja consciência confia esta incumbência,
então o Estado fez tudo o que seu dever e autoridade implicam.
Mas conduzir tais intérpretes e eruditos nas escolas e lidar com
suas querelas (que, desde que não se conduzam a partir dos púlpitos, deixam o público eclesial na completa paz) é uma exigência[209] que o público não pode fazer, sem presunção, ao legislador
mesmo, uma vez que ela está abaixo da dignidade deste último[210].

---

205. Na ideia da Escritura como revelação divina imediata ou direta.

206. O termo *"Beurkundung"* é traduzido, respectivamente, nas edições em língua inglesa, francesa e portuguesa por *"authentication"* (2009), *"verification"* e "documentação".

207. De modo mais literal, poder-se-ia traduzir *"nöthigen würden"*, segundo o vocabulário técnico, como "necessitariam".

208. Lemos literalmente "entrarem na sua opinião" [*in ihre Meinung einzutreten*].

209. Poder-se-ia traduzir *"Zumutung"*, mais literalmente, por "impertinência".

210. Kant desenvolve a posição acerca da relação entre Estado e Igreja na *Doutrina do direito*: "Que uma Igreja deva ter uma determinada fé, qual deva ser esta, que ela deva conservar-se inalterada e que não deva reformar a si mesma, tudo isso são intromissões do poder público que estão abaixo de sua dignidade" (AA 6:327). Trad. C. Martins. Petrópolis: Vozes, 2017.

No entanto, um terceiro pretendente ainda se apresenta ao ofício de um intérprete, que não precisa nem de razão, nem de erudição, mas apenas de um *sentimento* interno para conhecer o verdadeiro sentido da Escritura e, ao mesmo tempo, sua origem divina. Ora, não se pode negar, certamente, que "quem segue sua doutrina e faz o que ela prescreve descobrirá, sem dúvida, que ela é de Deus"[211] e que o impulso mesmo para boas ações e para a retidão na conduta de vida, que o ser humano que lê a Escritura ou escuta sua exposição deve sentir, tem de convencê-lo da divindade dela, uma vez que este impulso é nada mais do que o efeito da lei moral, que enche o ser humano com um íntimo respeito e que merece ser considerada por isso também como mandamento divino. / Mas assim como não se pode inferir e verificar, a partir de algum sentimento, o conhecimento das leis e que estas são morais, também, e ainda menos, pode-se inferir e verificar, por meio de um sentimento, a marca segura de uma influência divina imediata, uma vez que pode ocorrer para o mesmo efeito mais de uma causa, mas, nesse caso, é a mera moralidade da lei (e da doutrina), conhecida pela razão, a causa de tal efeito; e mesmo no caso da mera possibilidade de uma origem desse tipo é dever dar a ela a última interpretação, se não se quer abrir a porta para todo entusiasmo e privar mesmo o sentimento moral inequívoco de sua dignidade, mediante seu parentesco com qualquer outro sentimento fantástico. – O sentimento – mesmo se a lei a partir da qual ou também segundo a qual ele se segue é de antemão conhecida – cada um o tem apenas para si e não pode esperá-lo do outro; portanto, também não pode louvar o sentimento como uma pedra de toque da genuinidade de uma revelação, pois ele não ensina absolutamente nada, mas contém apenas o modo como o sujeito é afetado em vista de seu prazer e desprazer, algo sobre o qual de modo algum se pode fundar um conhecimento. –

Não há, portanto, nenhuma norma da fé eclesial além da Escritura e nenhum outro intérprete dela além da *religião racional* pura e da *erudição escritural* (que lida com o aspecto histórico da Escritura), das quais apenas a primeira é *autêntica* e válida

---

211. "Se alguém quiser fazer a vontade dele saberá se minha doutrina é Deus, ou se falo de mim mesmo" (Jo 7,17).

para todo mundo, enquanto a segunda é apenas *doutrinal*, a fim de transformar a fé eclesial para um certo povo, em uma certa época, em um sistema determinado que se conserva de maneira constante. No que diz respeito à fé eclesial, não se pode, no entanto, mudar o fato de a fé histórica não se tornar, em última instância, uma mera fé em eruditos escriturais e no discernimento deles, algo que certamente não redunda de maneira particular em honra para a natureza humana, mas que, por sua vez, torna-se algo bom mediante a liberdade pública de pensamento, que se justifica tanto mais apenas pelo fato de que os eruditos expõem suas interpretações ao escrutínio de todos e permanecem eles mesmos, ao mesmo tempo, sempre abertos e receptivos ao melhor discernimento, podendo contar, por isso, com a confiança da comunidade em suas decisões.

6:115

VII. *A transição gradual da fé eclesial para a autocracia[212] da fé religiosa pura é a aproximação do Reino de Deus*

A marca distintiva da verdadeira Igreja é sua universalidade; no entanto, a característica desta Igreja é, por sua vez, sua necessidade e sua determinabilidade de uma única maneira possível. Ora, a fé histórica (que é fundada, como experiência, na revelação) só tem validade particular – a saber, para aqueles para quem chegou a história sobre a qual essa fé se baseia – e contém em si, como todo conhecimento empírico, não a consciência de que o objeto em que se acredita *deve* ser assim e não de outro modo, mas apenas que ele assim é; por conseguinte, esta fé contém, ao mesmo tempo, a consciência de sua contingência. Portanto, essa fé pode, decerto, ser suficiente como fé eclesial (da qual pode haver várias), mas apenas a fé religiosa pura que se funda inteiramente na razão pode ser conhecida como necessária e, por conseguinte, como

---

212. O termo *"Alleinherrschaft"* é traduzido nas versões em língua inglesa (1996, 2009), respectivamente, por "domínio exclusivo" [*exclusive dominion*] e "autarquia" [*Autarchy*]. Nas traduções em língua francesa e portuguesa lemos *"l'unique autorité"* e "domínio público".

a única que distingue a *verdadeira* Igreja. – Portanto, embora (em conformidade com a limitação inevitável da razão humana) uma fé histórica afete, enquanto veículo[213], a religião pura, junto, contudo, da consciência de que ela é meramente um tal veículo, e que ela, enquanto fé eclesial, carrega consigo um princípio de se aproximar continuamente da fé religiosa pura a fim de poder dispensar finalmente aquele veículo, uma Igreja tal pode sempre se chamar de a *verdadeira*; mas visto que nunca se pode evitar o conflito sobre doutrinas da fé histórica, ela é chamada apenas de Igreja *militante*, embora com o prospecto de, no fim, irromper-se na *triunfante* Igreja imutável e que a tudo unifica! A fé de todo indivíduo, que carrega consigo a receptividade moral (dignidade) de ser eternamente feliz, é denominada fé *beatífica*. Esta só pode ser, portanto, também uma única e, a despeito de toda diversidade da fé eclesial, ela pode ser encontrada, contudo, em toda fé que – referindo-se à sua meta, à fé religiosa pura – é prática. A fé de uma religião do serviço de Deus é, ao contrário, uma fé *servil* e mercenária (*fides mercennaria, servilis*) e não pode ser considerada como beatificante, porque não é moral. Pois a fé moral deve ser uma fé livre fundada em uma disposição de ânimo pura do coração (*fides ingenua*). A primeira presume se tornar agradável a Deus mediante ações (de *cultus*), que (embora laboriosas) não têm por si, contudo, nenhum valor moral e, por conseguinte, são ações necessitadas pelo medo / ou esperança, as quais mesmo um ser humano mau é capaz de executar, ao passo que a última pressupõe, como necessária a ela, uma disposição de ânimo moralmente boa.

A fé beatífica contém duas condições de sua esperança de bem-aventurança: uma em vista do que o ser humano mesmo não pode fazer, a saber, desfazer legalmente (diante de um juiz divino) as suas ações praticadas; a outra em vista do que ele mesmo deve e pode fazer, a saber converter-se em uma nova vida em conformidade com seu dever. A primeira fé é a fé em uma satisfação (pagamento da sua dívida, redenção, reconciliação com Deus); a segunda fé é a fé em ser capaz, em uma boa conduta de vida a ser levada daqui em diante, de se tornar agradável a Deus. – Ambas as condições constituem apenas uma fé e estão necessariamente

---

213. De modo mais literal, traduz-se "*Leitmittel*" por "meio de orientação".

juntas. No entanto, não se pode discernir a necessidade de uma ligação a não ser que se assuma que uma se deixa derivar da outra; portanto, que ou a fé na absolvição da culpa que reside em nós produz a boa conduta de vida ou que a disposição de ânimo verdadeira e ativa de uma boa conduta de vida sempre levada adiante produz a fé naquela absolvição, segundo a lei das causas moralmente atuantes.

Ora, aqui se mostra uma curiosa antinomia da razão humana consigo mesma, cuja resolução – ou se esta não tivesse de ser possível, pelo menos o apaziguamento – pode, unicamente, decidir se deve sempre se acrescentar uma fé histórica (eclesial), para além da fé religiosa pura, como uma parte essencial da fé beatífica, ou se essa fé histórica, como mero veículo, pode ao fim se transformar, não importa quão distante esse futuro seja, na fé religiosa pura.

1. Pressupondo que tenha ocorrido uma satisfação para os pecados do ser humano, então é, decerto, bem compreensível como todo pecador desejaria referir essa satisfação a si mesmo e que, se isso dependesse meramente da *fé* (o que significa tanto quanto declarar que esse pecador quer que a satisfação também tenha sido feita para ele), ele não hesitaria a isso nem por um momento. Mas de modo algum se discerne como um ser humano razoável, que se sabe culpável, pode acreditar seriamente que só precisa crer na mensagem de uma satisfação que lhe é prestada e assumi-la *utiliter*[214] (como dizem os juristas), a fim de considerar sua culpa como extirpada e, decerto, de tal modo (até mesmo com a sua raiz) que, também para o futuro, uma boa conduta de vida, para a qual ele não despendeu até agora / o menor esforço, será a consequência inevitável dessa fé e da aceitação do benefício oferecido. Nenhum ser humano que reflete é capaz de provocar em si esta fé, por mais que o amor de si frequentemente converta em esperança o mero desejo de um bem para o qual nada se faz ou não se é capaz de fazer, como se o objeto de tal desejo, atraído mediante o mero anseio, fosse chegar por conta própria. Não se pode pensar isso como possível de nenhum outro modo senão pensando que o ser

6:117

---

214. De forma útil, por sua utilidade. Segundo Bohatec (1966, p. 142), Kant está se referindo a Achenwall, § 85, *Prolegomena iuris naturalis*.

humano considera essa fé mesma como celestialmente inspirada dentro dele e então como algo sobre o qual ele não precisa mais prestar contas à sua razão. Se ele não é capaz disso ou é ainda sincero demais para inventar em si uma tal confiança como mero meio de insinuação, então, a despeito de todo seu respeito para com uma tal satisfação extravagante e a despeito de todo seu desejo de que uma tal satisfação possa também lhe estar aberta, ele não será, contudo, capaz de deixar de considerá-la apenas como condicionada, a saber, que sua conduta de vida melhorada, tanto quanto está em seu poder, deve preceder, a fim de proporcionar ainda que apenas o fundamento mínimo à esperança de que um tal mérito supremo possa chegar em seu benefício. – Portanto, se o conhecimento histórico desse benefício[215] pertence à fé eclesial, mas a conduta de vida melhorada como condição pertence à fé moral pura, então *esta última fé deverá preceder a primeira*.

2. Mas se o ser humano está corrompido por natureza, como pode ele acreditar fazer de si, não importa o quanto possa se esforçar, um novo ser humano agradável a Deus, se ele – consciente das transgressões das quais até aqui se tornou culpável – ainda está sob o poder do princípio mau e não encontra em si nenhuma capacidade suficiente para o fazer melhor no futuro? Se ele não é capaz de considerar a justiça que ele mesmo suscitou contra si como reconciliada pela satisfação de outro e de considerar a si mesmo como renascido, por assim dizer, mediante esta fé e, então, capaz de entrar pela primeira vez em uma nova conduta de vida que seria então a consequência do princípio bom conciliado com ele, sobre o que ele quer fundar a sua esperança de se tornar um ser humano agradável a Deus? – Por conseguinte, a fé em um mérito, que não é o seu próprio e pelo qual ele se reconcilia com Deus, deve preceder todo esforço para boas obras – o que contradiz a proposição anterior. Esse conflito não pode ser resolvido[216] mediante o discernimento da determinação causal da liberdade

---

215. Literalmente, Kant escreve "o conhecimento histórico do último" [*das historische Erkenntniß von dem letztern*]. Kant está se referindo ao "benefício da graça" que ele descreve como o "mérito supremo" pelo qual seus pecados podem ser dissipados ou "satisfeitos".

216. Literalmente "*ausgeglichen*" é traduzido por "equilibrado" ou "compensado".

do ser humano, isto é, das causas que fazem com que um ser humano se torne bom ou mau; portanto, não pode ser resolvido teoricamente, pois essa questão / ultrapassa a inteira capacidade especulativa de nossa razão. No entanto, para o âmbito prático, no qual não se pergunta o que vem primeiro fisicamente, mas moralmente para o uso de nosso livre-arbítrio – a saber, de onde devemos começar: se da fé no que Deus fez por nossa causa ou do que devemos fazer para nos tornarmos dignos disto (não importa em que tal coisa consiste) – não há nenhuma hesitação em decidir pelo último.

6:118

Pois a aceitação do primeiro requisito para a beatitude[217], a saber, da fé em uma satisfação vicária, é necessária, quando muito, meramente para o conceito teórico: de nenhum outro modo podemos *tornar compreensível* para nós a libertação do pecado[218]. Em contrapartida, a necessidade do segundo princípio é prática e, decerto, puramente moral: de nenhum outro modo podemos esperar seguramente nos tornar participantes da apropriação mesma de um mérito que satisfaz o outro e, então, da bem-aventurança, senão nos qualificamos para isso mediante nosso esforço em cumprir todo dever humano, o qual deve ser efeito de nosso próprio trabalho e não, por sua vez, uma influência de outro, na qual somos passivos. Pois, visto que este último mandamento é incondicionado, então também é necessário que o ser humano o coloque, como máxima, na base de sua fé, a saber, que ele comece do melhoramento da vida, como condição suprema sob a qual unicamente pode ter lugar uma fé beatífica.

A fé eclesial, como uma fé histórica, começa justamente do primeiro requisito; mas, visto que ela contém apenas o veículo para uma fé religiosa pura (na qual reside o fim propriamente dito), então o que nesta fé religiosa pura, como fé prática, é a condição, a saber, a máxima do *fazer*, deve vir primeiro e a máxima do *saber* ou fé teórica deve apenas efetuar a consolidação e compleição da primeira.

---

217. O termo "*Seligmachung*" é traduzido nas edições de língua inglesa por "*salvation*". As edições francesa e portuguesa traduzem por "*salut*" e "beatificação".

218. Traduz-se "*Entsündigung*" nas edições em língua inglesa (1996; 2009) respectivamente por "remoção do pecado" [*removal of sin*] e "absolvição" [*absolution*]. Na edição francesa, lemos "*purification*".

Aqui ainda se pode observar que, de acordo com o primeiro princípio, a fé (a saber, a fé em uma satisfação vicária) seria creditada ao ser humano como dever, enquanto a fé na boa conduta de vida, enquanto provocada por uma influência superior, lhe seria creditada como graça. – Mas, de acordo com o segundo princípio, trata-se do inverso. Pois, de acordo com este, a *boa conduta de vida*, como condição suprema da graça, é *dever* incondicionado, enquanto a satisfação suprema[219] é uma mera questão de graça. – Acusa-se (muitas vezes, não injustamente) o primeiro princípio – que sabe, contudo, conciliar uma conduta de vida condenável com a religião – de *superstição* do serviço de Deus[220]; acusa-se o segundo / – que liga indiferença, ou, por certo, até mesmo insubordinação contra toda revelação, com uma conduta de vida que é, ao contrário, talvez, também bastante exemplar – de *incredulidade naturalística*. – Mas isso seria cortar o nó (mediante uma máxima prática), em vez de desatá-lo (teoricamente), o que é também certamente permitido em questões de religião. – Entretanto, o seguinte pode servir para satisfazer a demanda teórica. – A fé viva no arquétipo do ser humano agradável a Deus (o filho de Deus) refere-se, *em si mesma*, a uma ideia moral da razão, na medida em que ela nos serve não apenas como norma, mas também como móbil, e, portanto, trata-se da mesma coisa se eu começo dela, como fé *racional*, ou do princípio da boa conduta de vida. Em contrapartida, a fé, no mesmo arquétipo *no fenômeno* (no ser humano-Deus), como *fé empírica* (histórica), não é a mesma coisa que o princípio da boa conduta de vida (o qual deve ser inteiramente racional) e seria algo inteiramente diferente começar de uma tal fé[†] e dela querer derivar a boa conduta de vida. Nessa medida, haveria, portanto, um conflito entre as duas proposições acima. No entanto, no fenômeno do ser humano-Deus, o objeto da fé beatífica não é propriamente o que de tal ser humano-Deus cai sob os sentidos ou pode ser conhecido pela experiência, mas

---

219. Kant refere-se propriamente à satisfação a partir do ser supremo, que é a "satisfação do outro" à qual ele tem se referido nessa parte.

220. Lemos a tradução de "*gottesdienstlicher Aberglaube*", nas edições em língua inglesa (1996), francesa e portuguesa respectivamente como "*ritual superstition*", "*superstition du culte*" e "superstição do culto divino".

† Que deve fundar a existência de uma pessoa tal em evidências históricas.

o arquétipo que reside em nossa razão, algo que colocamos na base de tal ser humano-Deus (uma vez que, tanto quanto se permite perceber em seu exemplo, este ser humano-Deus encontra-se em conformidade com esse arquétipo); e uma fé tal identifica-se com o princípio de uma boa conduta de vida agradável a Deus. – Portanto, não há aqui dois princípios em si diferentes, dos quais começar de um ou do outro seria seguir caminhos opostos, mas apenas uma única e mesma ideia prática, da qual partimos, uma vez, na medida em que ela representa o arquétipo como situado em Deus e emanado dele, e, na outra, na medida em que ela situa tal arquétipo em nós, mas, em ambas as vezes, na medida em que ela o representa como norma [*Richtmaß*] de nossa conduta de vida; e a antinomia é, por conseguinte, apenas aparente, uma vez que, por um mal entendido, se considera como dois princípios diferentes a mesma ideia prática, apenas tomada em diferentes aspectos. – Mas se se quisesse fazer da fé histórica na realidade de um fenômeno tal, que ocorreu uma vez no mundo, condição da única fé beatífica, então certamente haveria dois / princípios inteiramente diferentes (um empírico, o outro racional) a respeito dos quais – se se tivesse de partir e começar de um ou de outro – surgiria um verdadeiro conflito que, no entanto, nenhuma razão seria alguma vez capaz de apaziguar. – A proposição: deve-se acreditar que, uma vez, houve um ser humano (do qual a razão nada nos fala) que, mediante sua santidade e mérito, fez o suficiente tanto por si (em relação ao seu dever) quanto também por todos os outros (e sua carência em relação ao seu dever), a fim de esperarmos que nós mesmos possamos, em uma boa conduta de vida, nos tornar bem-aventurados, embora unicamente em virtude dessa fé; essa proposição diz algo inteiramente diferente da seguinte: devemos nos esforçar, com todas as forças da disposição de ânimo santa de uma conduta de vida agradável a Deus, a fim de podermos acreditar que o amor dele para com a humanidade (já nos assegurado pela razão) compensará, de algum modo, a deficiência da ação em consideração à disposição de ânimo reta, na medida em que a humanidade se esforça em direção à sua vontade com toda sua capacidade. – A primeira proposição não se encontra, no entanto, na capacidade de todo ser humano (mesmo do não erudito). A história prova que este conflito de dois princípios de fé prevaleceu em todas as formas de religião; pois todas as

6:120

religiões tiveram expiações, não importa onde quiseram pô-las. No entanto, a predisposição moral em todo ser humano também não falhou, de sua parte, em fazer ouvir as suas exigências. Em toda época, todavia, os padres reclamaram mais do que os moralistas; a saber, os primeiros em voz alta (e sob a forma de intimação às autoridades de controlar o dano) acerca da negligência do serviço de Deus, o qual foi instituído para reconciliar o povo com o céu e evitar o infortúnio do Estado; os últimos, em contrapartida, acerca do declínio dos costumes, que eles colocaram na conta daqueles meios de liberação dos pecados pelos quais os padres facilitaram para todos se reconciliar com a divindade por ocasião dos mais grotescos vícios. De fato, se já existe um fundo inesgotável para o pagamento das dívidas contraídas ou ainda por se contrair, em que basta estender a mão (e, a despeito de todas as reivindicações que a consciência faz, sem dúvida é também a primeira coisa que se lança mão) para se livrar das dívidas, ao passo que o propósito da boa conduta de vida pode ser suspenso até que antes de tudo as coisas estejam às claras a respeito daquele pagamento, então não se pode pensar facilmente outras consequências de uma tal fé. – Mas mesmo que esta fé fosse ela mesma apresentada como se tivesse uma força bastante especial e uma influência mística tal (ou mágica), de modo que – embora, tanto quanto sabemos, ela tivesse, decerto, / de ser considerada meramente histórica – ela fosse, contudo, capaz, ao nos entregarmos a ela e aos sentimentos que lhe são associados, de melhorar o ser humano inteiramente desde a raiz[221] (de fazer dele um novo ser humano), esta fé ainda teria de ser considerada ela mesma como conferida e inspirada (com e sob a fé histórica) imediatamente pelo céu; nesse caso, então, tudo – mesmo a constituição moral do ser humano – culmina em última instância em um decreto incondicionado de Deus: "Ele compadece-se de quem quer e endurece a quem quer"[222]*,

---

221. Nas edições em língua inglesa e francesa se traduz "*von Grunde*", respectivamente, por "*radically*" (1996), "*from his very basis*" (2009) e "*foncièrement*".

222. "Assim, Deus tem misericórdia de quem quer e é duro para quem quer" (Rm 9,18).

* Isto pode muito bem ser interpretado da seguinte maneira: nenhum ser humano pode dizer com certeza porque este se torna um ser humano bom e aquele um ser humano mau (ambos comparativamente), visto que muitas vezes a predisposição para esta diferença parece já ser encontrada no nascimento e, às vezes, as contingências da vida, pelas quais ninguém é responsável, também são decisivas nisso; e então ninguém pode dizer o que pode ser dele. A respeito disso, portan-

algo que, tomado segundo a letra, é o *salto mortale*[223] da razão humana.

É, portanto, uma consequência necessária da predisposição física e, ao mesmo tempo, moral em nós – sendo a última o fundamento e, ao mesmo tempo, intérprete de toda religião – que a religião seja liberada gradativamente de todos os fundamentos de determinação empíricos, de todos os estatutos que se baseiam na história e que unem provisoriamente os seres humanos para o fomento do bem mediante uma fé eclesial; e, assim, finalmente, reine sobre todos a religião racional pura, "de modo que Deus seja tudo em todos"[224]. Os invólucros sob os quais o embrião, pela primeira vez, se formou em um ser humano devem ser descartados, se é agora para ele chegar à luz do dia. O fio condutor da tradição sagrada – com seus apêndices, os estatutos e observâncias – que prestou bom serviço em sua época, torna-se, pouco a pouco, supérfluo; por certo, torna-se, finalmente, um grilhão, quando o ser humano entra na adolescência. Enquanto ele (a espécie humana) "era uma criança, era inteligente como uma criança"[225] e sabia

---

to, devemos deixar o juízo àquele que tudo vê, algo que se expressa aqui como se seu decreto, pronunciado sobre eles antes que nascessem, tivesse traçado para cada um o papel que deveria assumir algum dia. Na ordem dos fenômenos, a *previsão* é, para o autor do mundo – se ele mesmo é pensado em termos antropopáticos – ao mesmo tempo, uma decisão antecipada [*Vorherbeschließen*]. Mas, na ordem suprassensível das coisas, segundo as leis da liberdade, em que o tempo desaparece, ela é, meramente, um *saber que tudo vê* [*allsehendes Wissen*], sem poder explicar o porquê de um ser humano proceder de uma maneira e o outro segundo princípios opostos e, ao mesmo tempo, de conciliar tal porquê com a liberdade da vontade.

223. O "salto mortal" é enfatizado por Friedrich Heinrich Jacobi (1743-1819), filósofo alemão, figura literária e *socialite*. Jacobi foi crítico do Iluminismo e do idealismo, defendendo a perspectiva de que os filósofos, em sua paixão pela explicação e compreensão, involuntariamente acabavam por confundir condições de conceituação com condições de existência, negando, dessa forma, todo espaço para a liberdade individual ou para um Deus pessoal. Disso, o ser humano só poderia escapar por meio de um salto mortal na fé. Jacobi recomendou o salto mortal a Lessing (1729-1781) para se libertar do determinismo que é consequência de uma filosofia fundada apenas na razão. Ao contrário de Jacobi, Kant está afirmando que não é a razão, mas a fé, que pode levar a uma perspectiva determinista sobre o destino humano.

224. "E quando tudo lhe estiver submetido, então o próprio Filho se submeterá àquele que lhe submeteu todas as coisas, a fim de que Deus seja tudo em todos" (1Cor 15,28).

225. "Quando era criança, falava como criança, pensava como criança, raciocinava como criança; mas quando me tornei homem, abandonei as coisas de criança" (1Cor 13,11).

6:121 ligar com os estatutos que / lhe foram impostos sem a sua colaboração, também a erudição e, por certo, até mesmo uma filosofia subserviente à Igreja, "mas agora que ele é um homem, põe de lado o que é infantil"[226]. A diferença degradante entre *leigos* e *clérigos* cessa e a igualdade surge da liberdade verdadeira, todavia sem anarquia, uma vez que cada um obedece, decerto, a lei (não estatutária) que prescreve a si mesmo, mas que ele deve também considerar, ao mesmo tempo, como a vontade do governante do mundo, que lhe é revelada por meio da razão, que liga todos, de maneira invisível, sob um governo comum, em um Estado que antes foi pobremente representado e preparado pela Igreja visível. – Não é para se esperar tudo isso de uma revolução externa que produz tempestuosa e violentamente seu efeito de maneira bastante dependente das circunstâncias da fortuna e na qual o que estava uma vez errado na fundação de uma nova constituição é mantido com pesar ao longo dos séculos, porque não pode mais ser mudado – pelo menos não de outra maneira – senão por meio de uma nova revolução (sempre perigosa). – No princípio da religião racional pura, como uma revelação divina (embora não empírica), que tem lugar continuamente em todos os seres humanos, deve residir o fundamento para aquela transição para uma nova ordem de coisas, a qual, uma vez apreendida a partir de uma reflexão madura, é levada à execução mediante uma reforma gradual progressiva, na medida em que essa ordem deve ser uma obra humana; pois, no que diz respeito às revoluções que podem encurtar esse progresso, tais são deixadas à providência e não podem se introduzir em conformidade ao plano sem prejuízo da liberdade.

No entanto, pode-se dizer, com fundamento, "que o Reino de Deus chegou a nós"[227], ainda que o princípio da transição gradual da fé eclesial para a religião racional universal – e, assim, para um Estado ético (divino) sobre a terra – apenas tenha criado raízes universal e *publicamente* também em algum lugar, embora o estabelecimento efetivo de tal Estado ainda resida infinitamente distante de nós. Pois, uma vez que esse princípio contém o funda-

---

226. 1Cor 13,11.
227. "Mas, se é pelo Espírito de Deus que eu expulso os demônios, então o Reino de Deus chegou até vós" (Mt 12,28).

mento de uma aproximação contínua a essa perfeição, então reside nele, como em um germe que se desenvolve e que posteriormente de novo se insemina, o todo (de modo invisível) que algum dia deve iluminar e governar o mundo. A verdade e o bem, para os quais o fundamento tanto do discernimento quanto do interesse do coração [*Herzensantheils*] reside nas predisposições morais de todo ser humano, não deixa, no entanto, uma vez que se tornam públicos, de se comunicar por toda parte, em virtude da afinidade natural na qual se / encontra com a predisposição moral dos seres racionais em geral. Os obstáculos oriundos de causas políticas civis que, de tempos em tempos, podem se opor à sua difusão, servem antes para tornar ainda mais íntima a união dos ânimos em direção ao bem (o qual, depois que eles o colocam uma vez diante dos olhos, nunca mais deixa seus pensamentos)*.

6:123

---

* Pode-se conservar a fé eclesial, sem que se negue seu serviço ou se ataque sua influência útil como veículo e, todavia, retirar-lhe, enquanto uma desilusão [*Wahne*] do dever de serviço de Deus, toda influência no conceito da religião propriamente dita (a saber, a religião moral); e, então, a despeito da diferença dos tipos de fé estatutária, pode-se instituir a compatibilidade de seus adeptos uns em relação aos outros mediante os princípios da única religião racional; a partir disso, os professores têm de interpretar todos aqueles estatutos e observâncias; até que, com o tempo, em virtude do verdadeiro esclarecimento [*Aufklärung*] (de uma legalidade que resulta da liberdade moral) que tem tomado conta, pode-se trocar, com o consenso de todos, a forma de um meio degradante de coerção por uma forma eclesial que é adequada à dignidade de uma religião moral, a saber, a forma de uma fé livre. – Reconciliar a unidade da fé eclesial com a liberdade em assuntos de religião é um problema para cuja solução a ideia da unidade objetiva da religião racional nos impele continuamente mediante o interesse moral que tomamos nela, mas que, se interrogamos a natureza humana sobre isso, há pouca esperança de se concretizar em uma Igreja visível. Trata-se de uma ideia da razão, cuja apresentação em uma intuição que lhe é adequada nos é impossível, mas que, afinal, como princípio prático regulador, tem realidade objetiva para trabalhar para este fim da unidade da religião racional pura. Acontece aqui o mesmo que com a ideia política de um direito do Estado, na medida em que este deve se referir, ao mesmo tempo, a um direito das gentes universal e *detentor* de poder. A experiência nega-nos toda esperança a este respeito. Parece estar colocada na natureza humana (talvez intencionalmente) uma propensão de que todo Estado particular – se as coisas acontecem segundo seus desejos – esforça-se para subjugar todos os outros e a erigir uma monarquia universal; mas, quando ele alcançou uma certa magnitude, fragmenta-se, contudo, por si mesmo, em Estados menores. Então, cada Igreja nutre a pretensão orgulhosa de se tornar uma Igreja universal; mas, assim que se propagou e se tornou dominante, logo se manifesta um princípio de dissolução e separação em diferentes seitas.
† Se nos é permitido assumir aqui um propósito da providência, a fusão prematura e dessa forma (pelo fato de chegar antes que os seres humanos tenham se

* * *

6:124 / Este é, portanto, o trabalho – inobservável aos olhos humanos, mas constantemente em progresso – para erigir para si no gênero humano, enquanto uma comunidade, um poder e um reino segundo as leis da virtude, o qual afirma a vitória sobre o mau e assegura ao mundo, sob seu domínio, uma paz perpétua.

Segunda divisão
Representação histórica da fundação gradual do domínio do princípio bom sobre a terra

Não se pode exigir da religião sobre a terra (no sentido mais estrito da palavra) uma *história universal* do gênero humano, pois, enquanto fundada em uma fé moral, esta não é nenhuma condição pública, mas cada um pode estar consciente apenas por si mesmo do progresso que tem feito nessa fé. Por isso, a fé eclesial é a única da qual se pode esperar uma apresentação histórica universal, quando a comparamos, de acordo com a sua forma variada e mutável, com a fé religiosa pura, única e imutável. A partir do momento em que a primeira reconhece publicamente sua dependência das condições restritivas da última e da necessidade da concordância com ela, a Igreja *universal* começa a se formar como um Estado ético de Deus e a progredir, segundo um princípio firme que é um único e mesmo para todos os seres humanos e épocas, em direção à compleição de tal Estado. – Pode-se prever que essa história será nada mais do que a narrativa da luta constante entre a fé religiosa do serviço de Deus e a fé religiosa moral, das quais a primeira, como fé histórica, o ser humano está constantemente inclinado a pôr por cima, ao passo que a última

---

tornado melhores moralmente), prejudicial aos Estados, é impedida, sobretudo, por duas poderosas causas atuantes, a saber, a diversidade das línguas e a diversidade das religiões[228].

228. Em *À paz perpétua* (AA 8:367), Kant apresenta a diversidade de línguas e religiões como um dos artifícios pelo qual a natureza, concebida teleologicamente, utiliza-se da guerra para realizar o seu propósito de manter a diversidade dos Estados que é exigida pelo direito das gentes.

nunca renunciou à sua pretensão à prioridade que lhe é devida, como a única fé que melhora a alma, e, com certeza, afirmará, ao fim, tal pretensão.

Essa história só pode ter unidade, no entanto, se for meramente restrita àquela parte do gênero humano na qual agora as predisposições à unidade da Igreja universal já se aproximou de seu desenvolvimento, posto que, por meio dela[229], ao menos, já se levantou publicamente a questão a respeito da distinção da fé racional e da fé histórica e se fez sua resolução a maior preocupação moral, pois / a história dos estatutos de diferentes povos, cuja fé não se encontra em nenhuma ligação umas com as outras não garante, de outro modo, nenhuma unidade da Igreja. Para esta unidade, não se pode contar, no entanto, com o fato de que surgiu uma vez, em um ou outro povo, uma certa nova fé, que notadamente se distinguiu da fé anteriormente dominante, mesmo que esta última fé tenha carregado consigo as causas que *ocasionaram* a produção desta nova fé. Pois tem de haver unidade do princípio, se é para se contar as consequências de diversos tipos de fé, uma após a outra, como as modificações de uma única e mesma Igreja; e é com a história dessa última que propriamente nos ocuparemos agora.

6:125

Portanto, nesse propósito, podemos tratar apenas com a história daquela Igreja que carrega consigo, desde seu primeiro início, o germe e os princípios para a unidade objetiva da fé religiosa verdadeira e *universal* da qual ela gradualmente se aproxima. – Ora, mostra-se primeiramente que a fé *judaica* não se encontra, no todo e em absoluto, em nenhuma ligação essencial – isto é, em nenhuma unidade segundo conceitos – com essa fé eclesial, cuja história queremos considerar, embora ela tenha imediatamente precedido e dado a ocasião física para a fundação desta (da fé cristã).

A *fé judaica* é, segundo a sua instituição originária, um conjunto de leis meramente estatutárias, sobre o qual foi fundada uma constituição do Estado, pois quaisquer que fossem as adições

---

229. Kant está se referindo à história dos povos civilizados, com ênfase no europeu, na qual o gênero humano já desenvolveu em alguma medida a predisposição à Igreja universal.

morais que tenham sido *anexadas* a ela, seja já naquela época, seja mesmo posteriormente, elas não são absolutamente pertencentes ao judaísmo como tal. O judaísmo não é, propriamente e em absoluto, nenhuma religião, mas meramente a união de uma multidão de seres humanos, os quais, visto pertencerem a uma linhagem particular, formaram-se como uma comunidade sob leis meramente políticas e, por conseguinte, não como uma Igreja; antes, o judaísmo *deveria* ser um Estado meramente secular, de tal modo que, se esse Estado fosse porventura desmembrado por contingências adversas, ainda lhe restaria sempre a fé política (pertencente a ele de modo essencial) em talvez restaurar esse Estado algum dia (com a chegada do Messias). Que essa constituição estatal tenha a teocracia como fundamento (visivelmente uma aristocracia dos padres ou líderes que se gabavam de instruções concedidas imediatamente por Deus) e, por conseguinte, o nome de Deus – que aqui é, contudo, venerado meramente como governante secular, que não faz, em absoluto, nenhuma reivindicação sobre e na consciência – não a torna uma constituição religiosa. A prova de que ela não deveria ter sido uma constituição religiosa é clara. *Primeiramente*, todos os mandamentos são / do tipo que mesmo uma constituição política pode se apoiar neles e impô-los como leis coercitivas, uma vez que dizem respeito meramente a ações externas; e, embora os dez mandamentos – sem que fossem dados publicamente – já valham também como mandamentos éticos diante da razão, de modo algum eles são dados, naquela legislação, com a exigência sobre a *disposição de ânimo moral* no cumprimento deles (na qual o cristianismo pôs posteriormente o trabalho principal), mas são dirigidos, absolutamente, tão somente à observância externa; isso se esclarece também pelo fato de que, *em segundo lugar*, todas as consequências do cumprimento ou transgressão desses mandamentos – toda recompensa e punição – estão restritas apenas a consequências tais que podem ser distribuídas a todos nesse mundo; e, mesmo estas, sequer de acordo com conceitos éticos, posto que ambas, recompensa e punição, também deveriam afetar a posteridade, que não toma qualquer parte prática naqueles atos ou delitos, o que em uma constituição política pode certamente ser muito bem um meio prudencial para proporcionar para si obediência, mas que em uma constituição ética seria contra toda equidade. Ora, visto que, de modo algum, uma religião pode ser pensada sem fé em uma vida futura, então o judaísmo, como tal, tomado em sua pureza, não contém, em absoluto, nenhuma fé religiosa. Isto é reforçado ainda mais pela seguinte observação. A saber, dificilmente se duvida que, tanto quanto outros povos, inclusive os mais rudes, os judeus também devem ter tido uma fé em uma vida futura e, por conseguinte, seu céu e seu inferno, pois essa fé se impõe por si a todos em virtude da predisposição moral universal na natureza humana. Então, certamente aconteceu *intencionalmente* que o legislador desse povo – embora este seja representado como Deus mesmo – não *quis* prestar, contudo, a mínima consideração à vida futura, o que mostra que ele queria fundar tão somente uma comunidade política, não uma comunidade ética; na comunidade política, falar de recompensas e punições que não podem se tornar visíveis aqui na vida, teria sido, no entanto, sob aquela pressuposição, um procedimento inteiramente inconsequente e impróprio. Ora, embora também não se duvide que os judeus tenham posteriormente, cada um por si mesmo, produzido uma certa fé religiosa que foi mesclada aos artigos de sua fé estatutária, tal fé religiosa nunca constituiu, contudo, uma parte pertencente à legislação do judaísmo. *Em terceiro lugar*, é bastante equivocado pensar que o judaísmo constituiu uma época pertencente à condição da *Igreja universal* ou que constituiu, em seu tempo, até mesmo essa Igreja universal mesma; / ao contrário, o judaísmo, enquanto um povo especialmente escolhido para si por Jeová, excluiu o gênero humano por inteiro de sua comunidade, povo que hostilizou todos os outros povos e, por isso, foi hostilizado por cada um deles. Não se deve sobrestimar aqui que esse povo pôs para si um único Deus – não representável por nenhuma figura visível – como soberano universal do mundo. Pois, na maioria dos outros povos, constata-se que sua doutrina da fé resultou igualmente nisso e que tal doutrina só se tornou suspeita de politeísmo devido à *veneração* de certos subdeuses poderosos que são subordinados àquele único Deus. Pois um Deus, que quer apenas a obediência a tais mandamentos para os quais não se exige, em absoluto, nenhuma disposição de ânimo moral, não é, contudo, propriamente, aquele ser moral cujo conceito temos como necessário para uma religião.

6:127

Uma religião estaria mais propícia a ocorrer em uma fé em muitos seres poderosos desse tipo, se um povo os pensasse para si, porventura, de modo que todos esses deuses concordassem, a despeito da diferença de seus departamentos, em dignificarem com seu comprazimento apenas os que aderissem com inteiro coração à virtude, do que se esta fé fosse dedicada a apenas um único ser que faz, todavia, de um culto mecânico o trabalho principal.

Portanto, não podemos começar a história universal da Igreja, na medida em que ela deve constituir um sistema, senão a partir da origem do cristianismo, o qual, como um abandono completo do judaísmo do qual nasceu, e fundado em um princípio inteiramente novo, provocou uma inteira revolução nas doutrinas da fé. O esforço que os professores do cristianismo dispendem ou podem ter dispendido no começo para tecer, a partir de ambas as doutrinas, um fio condutor coerente – quando quiseram apenas sustentar a nova fé como uma continuação da antiga, a qual continha prefigurada todos os acontecimentos da primeira – mostra muito claramente que sua única preocupação a este respeito é, ou era, os meios mais adequados para *introduzir* uma religião moral pura, no lugar de um culto antigo ao qual o povo estava muito fortemente acostumado sem, contudo, transgredir diretamente os seus preconceitos. A abolição subsequente da insígnia corporal, que servia para separar inteiramente aquele povo de outros, já permite julgar que a nova fé – não ligada aos estatutos da antiga e, por certo, a quaisquer estatutos em geral – devia conter uma religião válida para o mundo, não para um único povo.

Portanto, a partir do judaísmo – mas de um judaísmo não mais patriarcal e sem mistura, estabelecido apenas em uma constituição política (que já estava também bastante estilhaçada) / – mas a partir do judaísmo já misturado a uma doutrina da fé, por meio de doutrinas morais tornadas gradativamente públicas, em uma circunstância em que já havia chegado a esse povo, antes ignorante, muita sabedoria estrangeira (grega), sabedoria que supostamente também contribuiu para esclarecê-lo mediante conceitos da virtude e que, a despeito do fardo opressivo de sua fé estatutária, contribuiu para prepará-lo para revoluções, na ocasião da diminuição do poder dos padres por causa da submissão ao domínio de um povo[230] que olhava com indiferença para toda fé popular estrangeira; a partir de um tal judaísmo nasceu subitamente, embora não despreparadamente, o cristianismo. O professor do Evangelho anunciou-se como um enviado do céu e declarou, como um enviado digno de tal missão, ao mesmo tempo, que a fé servil (em dias de serviço de Deus, confissões e práticas) é, por si, nula, enquanto a fé moral – que unicamente santifica os seres humanos, "assim como vosso pai é santo no céu"[231], e que prova sua genuinidade por meio da boa conduta de vida – é a única fé beatífica; no entanto, depois de ele ter dado – em sua própria pessoa, por meio da doutrina e do sofrimento até a morte não merecida e, ao mesmo tempo, meritória* – um exemplo em conformidade ao arquétipo

---

230. Kant está se referindo aqui ao povo romano.
231. "Fala a toda a comunidade dos israelitas e dize-lhes: Sede santos, porque eu, o SENHOR vosso Deus, sou santo" (Lv 19,2). "Porque eu sou o SENHOR vosso Deus. Santificai-vos e sede santos, porque eu sou santo. Não vos mancheis, pois, com nenhum réptil que se arrasta pelo chão" (Lv 11,44) "Santificai-vos e sede santos, porque eu sou o SENHOR vosso Deus" (Lv 20,7).
* Com a qual termina a história pública dele (que, por isso, também pôde servir universalmente como exemplo a seguir). A história mais secreta – que foi acrescentada como suplemento e passou apenas diante dos olhos de seus íntimos – de sua *ressurreição* e *ascensão* (que, se tomadas meramente como ideias da razão, significariam o começo de uma outra vida e a entrada na posse da bem-aventurança, isto é, na comunidade com todos os bons) não pode ser usada, sem prejuízo de sua apreciação histórica, para a religião nos limites da simples razão. Não pelo fato de ser, porventura, uma narrativa histórica (pois assim também é a história precedente), mas porque ela, tomada literalmente, adota um conceito que é, decerto, bastante adequado ao modo de representação sensível do ser humano, mas que é muito fastidioso à razão em sua fé no futuro, a saber, o conceito da materialidade de todos os seres mundanos, tanto o *materialismo da personalidade* do ser humano (o materialismo psicológico), personalidade que só pode ter lugar sob a condição precisa do mesmo *corpo*, quanto o materialismo da *presença* em um mundo em geral (materialismo cosmológico), mundo este que, segundo este princípio, não pode ser senão *espacial*; em contrapartida, a hipótese do espiritualismo dos seres mundanos racionais – na qual o corpo pode permanecer morto na terra e, contudo, a mesma pessoa estar viva, e na qual, do mesmo modo, o ser humano pode, no que diz respeito ao espírito (em sua qualidade não sensível), alcançar a sede da aventurança, sem ser deslocado para algum lugar no espaço infinito que circunda a terra (e que nós também chamamos de céu) – é mais favorável à razão, não apenas por causa da impossibilidade de tornar compreensível para si uma matéria pensante / mas, sobretudo, devido à contingência para a qual nossa existência após a morte é exposta mediante o fato de ela ter de se basear meramente na coesão de um certo pedaço de matéria em certa forma, ao invés de poder pensar a persistência de uma substância simples,

/ do ser humano unicamente agradável a Deus, ele é representado como novamente voltando ao paraíso do qual viera; e, embora ele tenha deixado para trás sua última vontade de modo oral (como em um testamento), poder-se-ia dizer, contudo, no que diz respeito à força da lembrança de seu mérito, doutrina e exemplo, que "ele (o ideal da humanidade agradável a Deus) permanece, não obstante, com seus discípulos até o fim do mundo"[232]. – A essa doutrina – que se tivesse de tratar, porventura, com uma *fé histórica* devido à vinda e ao provável estatuto supraterreno da pessoa dele, precisaria muito bem de uma confirmação por milagres, mas que, como pertencente meramente à fé moral e que melhora a alma, pode dispensar todas as provas tais de sua verdade – são acrescentados, ainda, em um livro sagrado, milagres e mistérios, cuja propagação mesma é, por sua vez, um milagre e exige uma fé histórica, que não pode ser autenticada nem assegurada quanto à significação e sentido, senão pela erudição.

Mas toda fé que, como fé histórica, funda-se em livros, tem necessidade, para sua garantia, de um *público erudito*, pelo qual ela pode ser, por assim dizer, inspecionada[233] por escritores, que, enquanto contemporâneos, não levantam nenhuma suspeita de um compromisso particular com os primeiros propagadores dessa fé e cuja conexão com a escrita[234] atual têm se mantido de maneira ininterrupta. Em contrapartida, a fé racional pura não precisa de uma tal autenticação, mas prova a si mesma. Ora, nos tempos daquela revolução no povo que governou os judeus e que

---

como fundada na natureza dessa substância. – Sob a última pressuposição (a do espiritualismo), a razão não pode encontrar, no entanto, seja um interesse em arrastar consigo, pela eternidade, um corpo que – não importa quão purificado possa ser – deve, contudo, sempre consistir (se a personalidade baseia-se na identidade de tal) do mesmo material que constitui a sua base orgânica e que, em vida, o ser humano mesmo nunca apreciou, nem pode a razão tornar compreensível para si o que essa terra calcária da qual consiste o corpo deveria estar fazendo no paraíso, isto é, em um outro lugar do cosmos onde supostamente outros tipos de matéria poderiam constituir a condição da existência e da conservação dos seres vivos.

232. "Ensinando-os a observar tudo quanto vos mandei. Eis que eu estou convosco, todos os dias, até o fim do mundo" (Mt 28,20).

233. No alemão, o verbo *"kontrollieren"* também tem o sentido de "inspecionar", "verificar" ou "revistar".

234. O substantivo *"Schriftstellerei"* é traduzido nas edições em língua inglesa (1996), francesa e portuguesa como *"authors"*, *"littérature"* e "literatura".

se espalhou em seu próprio país (no povo romano), já havia um público erudito a partir do qual a história daquele tempo, no que diz respeito aos acontecimentos na constituição política, / também nos foi transmitida mediante uma série ininterrupta de escritores; esse povo também, embora pouco preocupado com a fé religiosa de seus súditos não romanos, de modo algum era incrédulo em relação aos milagres que teriam ocorrido publicamente entre eles; mas, enquanto contemporâneos, eles nada mencionavam nem a respeito de tais milagres, nem da revolução – embora tenham ocorrido publicamente – que eles produziram no povo (com respeito à religião) que lhe era submisso. Apenas tarde, depois de mais do que uma geração, eles instituíram uma investigação sobre a natureza [*Beschaffenheit*] dessa mudança de fé – embora não sobre a história de seu primeiro início – que até então lhes permanecia desconhecida (mudança que não acontecera sem mobilização pública), a fim de visitá-la em seus próprios anais. Por isso, dessa época até a época em que o cristianismo constituiu por si mesmo um público erudito, a sua história é obscura e permanecem, portanto, desconhecidos para nós quais efeitos a doutrina do cristianismo teve sobre a moralidade de seus correligionários[235]; se os primeiros cristãos eram realmente seres humanos moralmente melhorados ou, no entanto, pessoas de extirpe comum. Mas desde que o cristianismo mesmo tornou-se um público erudito ou, ao menos, entrou em um público geral, sua história – no que diz respeito ao efeito benéfico que se pode justamente esperar de uma religião moral – de modo algum serve para recomendá-lo. — Como[236] os entusiasmos místicos na vida de eruditos e monges e a exaltação da santidade da condição celibatária tornou um grande número de seres humanos inúteis para o mundo; como supostos milagres ligados a isso oprimiram o povo, sob uma superstição cega, com pesados grilhões; como, com a hierarquia que se impôs aos seres

6:128

---

235. As edições em língua inglesa, francesa e portuguesa traduzem "*Religionsgenossen*", respectivamente, por "adeptos" [*adherents*] (1996) "companheiros religiosos" [*religious comrades*] (2009), "aqueles que fizeram disso uma profissão" [*ceux qui en faisaient profession*] e "fiéis".

236. Para uma melhor compreensão da passagem como um todo, poder-se-ia acrescentar ao seu começo: (pois essa história conta) como os entusiasmos místicos na vida de eruditos [...]; como supostos milagres [...] etc..

humanos livres, a terrível voz da *ortodoxia* levantou-se da boca de presunçosos intérpretes da Escritura, nomeados únicos, e dividiu o mundo cristão em partidos amargurados por causas de suas opiniões de fé (para as quais, se não se proclama a razão como intérprete, não se alcança absolutamente nenhum acordo universal); como no Oriente, onde o Estado mesmo ocupou-se de uma maneira ridícula com os estatutos de fé dos padres e com a clerezia em vez de mantê-los nos limites estreitos de uma simples condição de ensinar (a partir de onde eles estão sempre inclinados a passar a uma condição de governar) e como este Estado – digo eu – teria inevitavelmente de se tornar no fim a presa de inimigos externos que, em última instância, puseram um fim em sua fé dominante; como no Ocidente, onde a fé erigiu seu próprio trono independente do poder secular / e a ordem civil juntamente às ciências (que a preserva) foi destroçada e tornada impotente por um pretenso vicário[237] de Deus; como ambas as partes cristãs do mundo, que, da mesma maneira que as plantas e animais que próximos de sua decomposição em virtude de uma doença atraem insetos destrutivos que a concluem, foram atacadas por bárbaros; como, no Ocidente, aquele chefe espiritual governou e castigou reis como crianças por meio da varinha mágica de sua ameaça de excomunhão e os incitou a guerras externas (as cruzadas), que despovoaram outra parte do mundo, à contenda uns contra os outros, à rebelião dos súditos contra a sua autoridade e ao ódio sedento de sangue contra seus companheiros, que pensavam diferente, de um e mesmo assim chamado cristianismo universal; como a raiz dessa discórdia, que mesmo agora é impedida de erupções violentas tão somente pelo interesse político, reside escondida no princípio de uma fé eclesial que ordena despoticamente e permite que continuemos a nos preocupar com cenários semelhantes àqueles: essa história do cristianismo (que, enquanto este tivesse de ser erigido sobre uma fé histórica, não poderia se realizar de outra maneira), se a apreendemos, como uma pintura, sob um olhar, poderia muito bem justificar a exclamação *tantum religio potuit suadere malorum!*[238], se não continuasse a brilhar de maneira suficiente-

---

237. De modo mais literal, traduz-se "*Statthalter*" por "governante".
238. "A tantos males pode a religião persuadir", Lucrécio. *Da natureza das coisas*, I, 101.

mente distinta, a partir da instituição do cristianismo, que o seu primeiro propósito verdadeiro não era nenhum outro senão o de introduzir uma fé religiosa pura sobre a qual não pode haver quaisquer opiniões conflitantes; todo aquele tumulto, pelo qual o gênero humano fora destroçado e pelo qual ainda se divide, deriva meramente, no entanto, do fato de que, por meio de uma propensão ruim da natureza humana, o que no começo deveria servir para introduzir essa fé moral pura – a saber, ganhar para a nova fé, mediante seus próprios preconceitos, a nação acostumada com a antiga fé histórica – transformou-se posteriormente no fundamento de uma religião universal do mundo.

Se se pergunta agora que época da história da Igreja como um todo, conhecida até aqui, é a melhor, não tenho dúvidas em dizer: *é a atual* e, decerto, pelo fato de que basta que se permita desenvolver mais e mais, desimpedidamente, o germe da verdadeira fé religiosa – como ele tem sido plantado agora na Cristandade, apenas por alguns decerto, mas publicamente – a fim de esperar disso uma aproximação contínua àquela Igreja que une para sempre todos os seres humanos, a qual constitui a representação visível (o esquema) de um reino invisível de Deus sobre a terra. / – 6:132 A razão – que, nas coisas que por natureza devem ser morais e melhorar a alma, libertou-se do fardo de uma fé constantemente exposta ao arbítrio do intérprete – aceitou universalmente, entre os verdadeiros devotos da religião, em todos os países de nossa parte do mundo (mesmo que não publicamente em todos os lugares), *em primeiro lugar*, o princípio da *modéstia* equânime[239] em afirmações sobre tudo o que se chama revelação; aceitou que, visto que ninguém pode contestar a *possibilidade* de uma Escritura, que segundo seu conteúdo prático contém nada além do que o divino, pode muito bem ser considerada também (a saber, em relação ao que é histórico nela) realmente como revelação divina e que, do mesmo modo, a ligação dos seres humanos a uma religião não pode ser viavelmente realizada e feita permanente sem um livro sagrado e uma fé eclesial fundada nele e visto também que,

---

239. Nas edições em língua inglesa, francesa e portuguesa, traduz-se, respectivamente, o termo "*billige Bescheidenheit*" por "*appropriate modesty*" (1996), "*reasonable moderation*" (2009), "*équitable modération*" e "justa moderação".

dado como está constituído o estado presente do discernimento humano, dificilmente alguém pode esperar uma nova revelação introduzida por um novo milagre, então a coisa mais razoável e equânime é usar doravante o livro – uma vez que já existe – como fundamento da instrução eclesial e não enfraquecer seu valor por meio de ataques inúteis e maliciosos, nem impor, ao mesmo tempo, a nenhum ser humano a fé em tal livro como exigida para a bem-aventurança. O *segundo* princípio é: visto que a história sagrada que é adotada meramente por causa da fé eclesial não pode e nem deve ter, unicamente por si, absolutamente, qualquer influência na adoção de máximas morais, mas é dada a essa fé apenas como representação viva de seu objeto verdadeiro (a virtude que se esforça para a santidade), tal história deve sempre ser ensinada e explicada visando o aspecto moral, mas deve se destacar nela também – cuidadosamente e (porque, sobretudo, o ser humano comum tem em si uma propensão constante para a fé passiva*) / repetidamente – que a verdadeira religião não é para ser posta no conhecimento ou confissão do que Deus faz ou fez para nossa bem-aventurança [*Seligwerdung*], mas no que nós devemos fazer para nos tornar dignos dela; o que nunca pode ser nada mais do que aquilo que tem por si mesmo um valor *incondicionado* indubitável e, por conseguinte, torna-nos unicamente agradáveis a Deus e de cuja necessidade, ao mesmo tempo, todo ser humano pode se tornar totalmente certo sem qualquer erudição escritural. – Ora, é dever do governante não impedir esses princípios de se tornarem públicos; ao contrário, muito se arrisca e se empreende por responsabilidade própria quando se intervém no curso da providência divina e para agradar certas doutrinas eclesiais históricas – as quais, contudo, quando muito, têm por si apenas uma probabilidade de ser constituída por eruditos – a fim

---

*Uma das causas dessa propensão reside no princípio de segurança de que os erros de uma religião, na qual eu nasci e fui educado, cuja instrução não dependeu de minha escolha, e na qual eu não modifiquei nada por meio de meu próprio raciocínio [*Vernünfteln*], não devem ser colocados na minha conta, mas na dos meus educadores ou dos professores publicamente designados para isso, razão pela qual não se dá facilmente aprovação à mudança pública de religião de um ser humano, à qual se pode acrescentar, certamente, uma outra razão (mais profunda), a saber, que, com a incerteza que cada um sente em si sobre qual fé (entre as históricas) é a correta, ao passo que a fé moral é em todo lugar a mesma, torna-se bastante desnecessário causar um rebuliço a este respeito.

de expor a conscienciosidade [*Gewissenhaftigkeit*] dos súditos à tentação mediante o oferecimento ou a recusa de certas vantagens civis normalmente disponíveis a todos*, algo que / - sem contar o prejuízo que, dessa forma, tem lugar em uma liberdade que, nesse caso, é santa - dificilmente pode proporcionar ao Estado bons cidadãos. Quem entre aqueles que se oferecem para impedir um tal desenvolvimento livre das predisposições divinas para o maior bem do mundo, ou mesmo sugerem tal impedimento, desejaria - se refletisse sobre isso com consulta à consciência - responsabilizar-se eventualmente por todo o mal que pode surgir de tais intervenções violentas, mal pelo qual o progresso no bem, pretendido pelo governo do mundo, poderia ser obstruído talvez por muito tempo e, por certo, mesmo levado ao retrocesso, embora tal progresso não possa jamais ser inteiramente suprimido por nenhum poder ou instituição humana?

6:134

---

* Se um governo não quer que se considere como coerção de consciência o fato de ele proibir dizer a opinião religiosa de alguém *publicamente* apenas, enquanto não impede ninguém, contudo, de *pensar* por si mesmo o que acha bom em segredo, então comumente se faz piada disso e se diz que de modo algum isso é liberdade concedida por ele, uma vez que, de qualquer maneira, o governo não pode impedir tal coisa. Mas o que o poder secular superior não pode, o poder espiritual, contudo, pode, a saber, proibir mesmo o pensamento e impedi-lo de fato; ele é capaz até de impor uma coerção tal, a saber, a proibição de pensar também o que é diferente do que ele prescreve, inclusive aos seus superiores poderosos. – Pois, por causa da propensão dos seres humanos à fé servil no serviço divino – à qual eles estão, por si mesmos, não apenas inclinados a dar a maior importância frente à fé moral (de servir a Deus por observância de nossos deveres em geral), mas também a única importância, que compensa qualquer outra deficiência – é sempre fácil para os guardiões da ortodoxia, enquanto pastores de almas, instilar em seu rebanho um terror piedoso frente ao menor desvio de certas proposições de fé baseadas na história e mesmo frente a toda investigação, de modo que as pessoas não ousem permitir, mesmo só em pensamento, nascer em si uma dúvida contra as proposições que lhes são impostas, porque isso é o mesmo que dar ouvidos ao espírito mau. É verdade que, para se livrar dessa coerção, basta *querer* (o que não é o caso com aquela coerção do soberano em relação à confissão pública); mas esse querer é precisamente aquele que está bloqueado internamente. Esta coerção propriamente dita da consciência é, contudo, bastante ruim (uma vez que induz à hipocrisia interna), mas ainda não tão ruim quanto o impedimento da liberdade externa de crença, uma vez que a coerção da consciência deve – mediante o progresso do discernimento moral e da consciência de sua liberdade, da qual unicamente pode surgir o verdadeiro respeito pelo dever – / gradualmente desaparecer por si mesma, enquanto essa coerção externa impede todos os progressos voluntários na comunidade ética dos crédulos, que constitui a essência da verdadeira Igreja, e submete a sua forma a regulamentações inteiramente políticas.

6:134

Por último, o reino do céu também é representado nessa história, no que diz respeito à sua condução pela providência, não apenas como uma aproximação que está decerto atrasada em certas épocas, embora nunca inteiramente interrompida, mas representado também em sua chegada. Ora, pode-se interpretar o Reino do Céu como uma representação simbólica que visa meramente a maior estimulação da esperança, da coragem e do esforço em direção a ele, se a essa narrativa histórica ainda se acrescentar uma profecia (igual aos Livros Sibilinos[240]) da compleição desta grande transformação do mundo na pintura de um reino visível de Deus sobre a terra (sob o governo de seu representante e vicário que desceu novamente) e da compleição da felicidade que deve ser desfrutada aqui na terra, sob tal representante, depois da separação e expulsão dos rebeldes que tentam sua resistência mais uma vez, juntamente à inteira extirpação desses rebeldes e de seu cabecilha (no Apocalipse[241]) e, assim, o *término do mundo* constitui a conclusão da história. O professor do Evangelho mostrou aos seus discípulos o Reino de Deus sobre a terra apenas do lado esplêndido, que eleva a alma, e moral, a saber, do lado da dignidade de serem cidadãos de um Estado divino e os instruiu sobre o que tinham de fazer não apenas para alcançá-lo para eles mesmos, mas para se unirem nele com outros de boa disposição e, se possível, com o gênero humano por inteiro. Mas, no que diz respeito à felicidade, que constitui a outra parte dos inevitáveis desejos humanos, ele lhes antecipou que, em sua vida terrena, eles não poderiam contar com ela. / Ao contrário, ele os preparou para estarem prontos para as maiores atribulações e sacrifícios, mas acrescentou (uma vez que uma inteira renúncia do aspecto físico da felicidade não pode ser esperada do ser humano enquanto ele

---

240. Os Livros Sibilinos foram uma coleção de sentenças oraculares, compostas em versos hexâmetros no assim chamado dialeto homérico, que foram comprados pelo último rei de Roma, Lúcio Tarquínio, o soberbo, e consultados em momentos de crises na história da República romana e do Império. Estima-se que a coleção foi utilizada por quase mil anos. Os originais foram queimados no ano 83 a.C., embora houvesse cópias. As cópias foram destruídas por Flávio Estilicão, general romano no século V durante uma invasão visigoda como precaução para que os Godos não se apoderassem dos livros.

241. "O grande dragão, a antiga serpente, chamada diabo e Satanás, que seduz o mundo todo, foi expulso para a terra, juntamente com os seus anjos" (Ap 12,9).

existe): "Alegrai-vos e confiai, porque grande é vosso galardão no céu"[242]. Ora, a citada adição à história da Igreja, no que diz respeito ao seu destino futuro e último, a representa finalmente como *triunfante*, isto é, como coroada, depois de todos os obstáculos superados, com a felicidade ainda aqui na terra. – A separação dos bons em relação aos maus, que durante os progressos da Igreja para sua perfeição não teria sido propícia a este fim (posto que a mistura dos dois, um com outro, era precisamente necessária, em partes para servir aos primeiros de pedra de amolar a virtude, em partes para tirar os últimos do mal por meio do exemplo), é representada, após a instituição consumada do Estado de Deus, como a última consequência dele; acrescenta-se aqui ainda a última prova da firmeza desse Estado, considerado como poder: sua vitória sobre todos os inimigos externos, os quais são considerados igualmente tanto quanto em um Estado (no estado do inferno), vitória com a qual então toda a vida na terra tem um término, posto que "o último inimigo (do ser humano bom), a morte, cessa"[243], e, para ambas as partes, inicia-se a imortalidade, como salvação para um e como danação para o outro; a forma mesma de uma Igreja é dissolvida; o vicário sobre a terra ingressa em uma classe com os seres humanos elevados a ele como cidadãos do céu e, assim, Deus é tudo em todos.*

Essa representação de uma narrativa histórica do mundo futuro – narrativa que não é, ela mesma, uma história – é um belo

---

242. "Alegrai-vos e exultai, porque grande será a vossa recompensa nos céus. Foi assim que perseguiram os profetas antes de vós" (Mt 5,12).
243. "O último inimigo reduzido a nada será a morte" (1Cor 15,26).
* Essa expressão (se se põe de lado o aspecto misterioso – que ultrapassa todas as fronteiras da experiência possível – pertencente apenas à *história* sagrada da humanidade e que, portanto, nada nos interessa do ponto de vista prático) pode ser entendida da seguinte maneira: que a fé histórica que, como fé eclesial, precisa de um livro como fio condutor do ser humano, mas que precisamente, através disso, impede a unidade e universalidade da Igreja, será ela mesma superada [*aufhören*] e se transformará em uma fé religiosa pura, que é igualmente evidente para todo mundo, fé para a qual devemos trabalhar diligentemente já agora, mediante o desenvolvimento persistente da religião racional pura a partir daquele invólucro que, no presente momento, ainda não é dispensável.
† Não que ela seja superada (pois talvez ela possa sempre ser útil e necessária como veículo), mas ela pode ser superada; com isso, intenta-se apenas a firmeza interna da fé moral pura.

6:136 ideal da época moral do mundo, provocada pela introdução da verdadeira religião universal, *prevista* na fé, / até a sua compleição, que não *vemos* previamente como compleição empírica, mas *vislumbramos* apenas no contínuo progresso e aproximação ao sumo bem possível sobre a terra (no qual não há nada de místico, mas tudo acontece naturalmente de maneira moral), isto é, podemos fazer preparativos em vista dele. O aparecimento do anticristo, o quiliasmo e o anúncio da proximidade do término do mundo podem assumir, diante da razão, seu bom significado simbólico e o último destes, representado como um acontecimento que não pode ser previsto (assim como o término da vida, se está perto ou longe), expressa muito bem a necessidade de estar sempre preparado para ele, mas de nos considerarmos, de fato (se se coloca o sentido intelectual como base desse símbolo), sempre, realmente, como conclamados cidadãos de um Estado divino (ético). "Ora, quando virá então o Reino de Deus?" – "O Reino de Deus não vem em forma visível. Não se dirá também: ei-lo aqui ou lá. Pois eis que o Reino de Deus está no meio de vós!"[244] (Lc 17,21-22)[†].

---

244. "Interrogado pelos fariseus sobre quando chegaria o Reino de Deus, Jesus respondeu-lhes: "O Reino de Deus não vem ostensivamente. Nem se poderá dizer 'está aqui' ou 'está ali', porque o Reino de Deus está no meio de vós" (Lc 17,20-21).

† Ora, representa-se aqui um Reino de Deus, não segundo um pacto particular (não um reino messiânico), mas um reino *moral* (cognoscível pela simples razão). O primeiro (*regnum divinum pactitium*) deveria tirar sua prova da história e lá o reino *messiânico* se divide segundo o pacto *antigo* e o *novo*. Ora, é digno de nota que os devotos do primeiro (os judeus) preservaram-se ainda como tais, embora dispersos em todo mundo, enquanto os devotos de outras religiões normalmente mesclavam a sua fé com a fé do povo em que se dispersaram. Este fenômeno parece ser para muitos tão maravilhoso que eles o julgam, por certo, como não sendo possível segundo o curso da natureza, mas como uma instituição extraordinária para um propósito divino particular. – Mas um povo que tem uma religião escrita (livros sagrados) nunca se funde em uma fé com um tal povo, que (como o império romano – o mundo civilizado como um todo naquela época) não tem nenhuma religião, mas meramente costumes; ao contrário, ele forma, mais cedo ou mais tarde, prosélitos. Por isso, também os judeus – após o cativeiro babilônico, depois do qual, como parece, seus livros sagrados tornaram-se pela primeira vez objeto de leituras públicas – não mais foram acusados por causa de sua propensão de correr atrás de deuses falsos [*fremden*]; e, especialmente, a cultura alexandrina, que também deve tê-los influenciado, poderia lhes ter sido favorável para proporcionar àqueles deuses uma forma sistemática. Assim,

Observação geral

Em todos os tipos de fé, que se referem à religião, a investigação acerca de sua constituição interna inevitavelmente se depara

os *Parsis*[245], adeptos da religião de Zoroastro, conservaram a sua fé até hoje a despeito de sua dispersão, uma vez que os seus *dasturs* tinham o Zendavestá[246]. Em contrapartida, os *Hindus*, que estão amplamente espalhados em toda parte sob o nome de ciganos, não escaparam da mistura com a fé estrangeira, uma vez que eles eram da escória do povo (dos *parias*, para quem é até mesmo / proibido ler em seus livros sagrados). No entanto, o que os judeus não teriam, todavia, efetuado por si mesmos, fez a religião cristã e, mais tarde, a religião maometana, principalmente a primeira, uma vez que estas religiões pressupõem a fé judaica e os livros sagrados que lhe pertencem (ainda que a religião maometana os declare como distorcidos [*verfälscht*]). Os judeus poderiam, pois, sempre reencontrar entre os cristãos, que saíram deles, seus documentos antigos, desde que em suas migrações – em que a habilidade de lê-los e, assim, o prazer de possuí-los pode se extinguir de várias maneiras – eles conservassem a memória de que uma vez, outrora, os tiveram. Por isso, fora dos mencionados países, não se encontra também quaisquer judeus, excetuando os poucos sobre a costa do Malabar e, talvez, uma comunidade na China (destes, os primeiros eram capazes de estar em intercurso comercial constante com seus correligionários na Arábia), muito embora não seja de se duvidar que os judeus devam ter se espalhado também naqueles países ricos, mas, pela falta de qualquer parentesco de sua fé com os tipos de fé dali, caíram no total esquecimento de sua própria fé. É bastante precário, no entanto, fundar considerações edificantes em cima da conservação do povo judeu junto à sua religião sob circunstâncias tão prejudiciais para eles, uma vez que cada uma das duas partes acredita encontrar sua justificativa nisso. Uma parte vê na conservação do povo ao qual pertence e de sua antiga fé, que permanece sem mistura a despeito da dispersão entre povos tão variados, a prova de uma providência benigna particular que poupa o povo para um reino futuro na terra; a outra vê nada mais do que as ruínas de advertência de um Estado destruído que resiste à chegada do Reino dos Céus, ruínas que uma providência particular continua a conservar, em parte a fim de manter na memória a antiga profecia de um Messias saído desse povo, em parte a fim de instituir um exemplo de justiça punitiva, uma vez que tal povo queria formar obstinadamente para si um conceito político e não um conceito moral deste Messias.

245. Os Parsis são descendentes de persas que migraram para a Índia medieval durante e após a conquista árabe do Império Persa (parte das primeiras conquistas muçulmanas) para preservar sua identidade zoroastriana. Antes da queda do Império Sassânida no século VII para o califado de Rashidun, o continente iraniano (historicamente conhecido como "Pérsia") tinha uma maioria zoroastriana.

246. Dastur é o termo usado para o sumo sacerdote zoroastriano que tem autoridade em assuntos religiosos. O termo é usado principalmente entre os parsis da Índia. O termo também tem sido usado em sentido secular para se referir a um primeiro-ministro, ministro ou conselheiro do governo. O Zendavestá ou Avestá é um conjunto de textos sagrados zoroastristas compilados durante os séculos e redigidos em vários dialetos da antiga língua iraniana de avéstico. O Avestá apresenta uma grande variedade de textos religiosos, incluindo hinos, orações e rituais, bem como tratados filosóficos e éticos.

com um *mistério*, isto é, com algo *sagrado*, que pode ser decerto *conhecido* por cada um em particular, mas que não pode, contudo, ser *confessado* publicamente, isto é, universalmente comunicado. – Enquanto algo *sagrado*, ele deve ser um objeto moral – por conseguinte, um objeto da razão – e capaz de ser conhecido internamente de modo suficiente para o uso prático, mas, enquanto algo *misterioso*, não para o uso teórico, uma vez que então ele também teria de ser comunicável a todos e, portanto, confessado externa e publicamente.

6:138
Ora, a fé em algo que devemos considerar, contudo, ao mesmo tempo como mistério sagrado, pode ser considerada ou como uma fé *divinamente inspirada* / ou como uma *fé racional pura*. A menos que sejamos impelidos pela maior necessidade a adotar a primeira alternativa, tomaremos como nossa máxima nos atermos à segunda. – Sentimentos não são conhecimentos e, portanto, não designam nenhum mistério; e, visto que o mistério se relaciona com a razão, mas não pode ser, contudo, universalmente comunicado, então cada um terá de procurá-lo (se é que tal existe) apenas em sua própria razão.

É impossível estabelecer *a priori* e objetivamente se há tais mistérios ou não. Teremos, portanto, de procurar diretamente [*unmittelbar*] no aspecto interno, subjetivo, de nossa predisposição moral para ver se isso se encontra em nós. Não nos é permitido contar entre os mistérios sagrados, contudo, os *fundamentos* do aspecto moral, inescrutáveis para nós – algo que se deixa decerto se comunicar publicamente, para o qual, no entanto, a causa não nos é dada – mas nos é permitido contar apenas aquilo que nos é dado conhecer, embora seja, contudo, incapaz de uma comunicação pública. Então a liberdade – uma propriedade que se torna manifesta ao ser humano a partir da determinabilidade de seu arbítrio por meio da lei moral incondicionada – não é nenhum mistério, uma vez que o conhecimento dela pode ser *comunicado* a todos; mas o fundamento inescrutável dessa propriedade é um mistério, porque a ele não nos *é dado* conhecer. No entanto, é precisamente essa liberdade aquilo que também unicamente – se aplicada ao objeto último da razão prática, a realização da ideia do fim término moral – leva-nos de maneira inevitável aos mistérios sagrados*.

/ Uma vez que o ser humano não é capaz de realizar, ele mesmo, a ideia do sumo bem, que está ligada inseparavelmente à disposição de ânimo moral pura (não apenas do lado da felicidade que lhe concerne, mas também da união necessária dos seres humanos para o fim como um todo), mas encontra, não obstante, em si, o dever de trabalhar para isso, então ele se encontra induzido à fé na cooperação ou arranjo de um governante moral do mundo, pelo qual esse fim é unicamente possível; e abre-se agora diante dele o abismo de um mistério acerca do que Deus faz nisso, se *algo* deve ser atribuído a Ele (a Deus) em geral e *o que* lhe deve ser atribuído de maneira particular, ao passo que o ser humano não conhece em todo dever nada além do que ele mesmo tem de fazer para ser digno daquele complemento que lhe é desconhecido ou, pelo menos, incompreensível.

---

* Assim, a *causa* da gravidade universal de toda matéria do mundo nos é desconhecida, de tal maneira que somos capazes ainda de discernir que ela nunca poderá nos ser conhecida, uma vez que seu conceito já pressupõe uma força motriz primeira e incondicionada a ela mesma inerente. No entanto, esta causa não é, ao fim, nenhum mistério, mas pode se tornar manifesta a todos, porque sua *lei* é suficientemente conhecida. Quando *Newton* a representa, por assim dizer, como a onipresença divina no fenômeno (*omnipraesentia phaenomenon*), não se trata de uma tentativa de explicá-la (pois a existência de Deus no espaço contém uma contradição), mas ao fim uma analogia sublime na qual se considera apenas a união dos seres corpóreos em um todo do mundo ao se colocar como base dessa união uma causa incorpórea; e o mesmo aconteceria também à tentativa de discernir o princípio autossuficiente da união dos seres racionais do mundo em um Estado ético e explicar esta união a partir de tal princípio. Só conhecemos o dever que nos atrai a isso; a possibilidade do efeito intentado, quando obedecemos àquele dever, reside além / das fronteiras de todo nosso discernimento. – Existem mistérios que são arcanos (*arcana*) da natureza; pode haver mistérios (confidencialidade, *secreta*) da política que não *devem* ser conhecidos publicamente; mas ambos, na medida em que se baseiam em causas empíricas, *podem*, contudo, nos ser conhecidos. Em relação àquilo que é dever humano universal conhecer (a saber, o aspecto moral), não pode haver nenhum mistério, mas em relação àquilo que só Deus pode fazer, em vista do qual fazer algo ultrapassa nossa capacidade e, por conseguinte, também nosso dever, só lá pode haver o mistério propriamente dito, a saber o mistério (*mysterium*) sagrado da religião, a respeito do qual poderia, porventura, nos ser útil apenas saber e entender que ele existe como tal, mas não, exatamente, discerni-lo.

Esta ideia de um governante moral do mundo é uma tarefa para nossa razão prática. Não se trata tanto de saber o que Deus é em si mesmo (sua natureza), mas de saber que Ele é para nós um ser moral, embora tenhamos de pensar e assumir, por causa dessa referência, a constituição natural divina como sendo necessária para essa relação na inteira perfeição exigida para a execução de sua vontade (por exemplo, como um ser imutável, onisciente, onipotente etc.)[247] e, sem essa referência, nada podemos conhecer nele.

Ora, em conformidade com essa necessidade da razão prática, a verdadeira fé religiosa universal é a fé em Deus 1) como o criador onipotente do céu e da terra, isto é, *moralmente* como legislador santo, 2) a fé nele – o mantenedor do gênero humano – como governante *benigno* e provedor moral de tal gênero, 3) a fé nele – o administrador de sua própria lei santa – isto é, como juiz *justo*.

6:140 / Esta fé não contém propriamente nenhum mistério, uma vez que expressa tão somente a conduta moral de Deus para com o gênero humano; ela também se oferece, por si mesma, a toda razão humana e é encontrada, por isso, na religião da maioria dos povos civilizados*. Ela reside no conceito de um povo como uma comunidade na qual sempre se deve pensar um tal poder (*pouvoir*) triplo superior, exceto que esta comunidade é representada aqui como ética; por isso, pode-se pensar essa qualidade tripla do

---

247. Em suas *Lições sobre a doutrina filosófica da religião*, Kant enfatiza que as perfeições morais de Deus exigem as suas perfeições transcendentais como complemento. Cf. AA 28:1073. Cf. tb. *Crítica da faculdade de julgar* (AA 5:444).

* Na história profética sagrada das últimas coisas, o *juiz do mundo* (propriamente aquele que tomará sob seu domínio, como os seus, aqueles que pertencem ao reino do princípio bom e os separará) é representado e nomeado não como Deus, mas como filho do homem. Isso parece mostrar que a *humanidade mesma*, consciente de sua limitação e fragilidade, pronunciará a sentença nessa seleção, algo que é uma bondade que, contudo, não prejudica a justiça. – Em contrapartida, o juiz dos seres humanos – representado em sua divindade, isto é, como fala à nossa consciência segundo a lei santa que nos é conhecida e segundo a nossa própria imputação (o espírito santo) – pode ser pensado apenas julgando segundo o rigor da lei[248], uma vez que nós mesmos não sabemos absolutamente o quanto podemos nos beneficiar na conta de nossa fragilidade, mas temos diante dos olhos meramente nossa transgressão, junto com a consciência de nossa liberdade e da violação do dever, da qual somos inteiramente culpados, e então não temos nenhuma razão para supor bondade na sentença do juiz sobre nós.

248. Kant apresenta essa mesma distinção nas *Lições sobre a doutrina filosófica da religião* (AA 28:1074).

chefe moral do gênero humano unida em um único e mesmo ser, que teria de ser, em um Estado jurídico-civil, distribuída necessariamente entre três diferentes sujeitos†.

Mas, uma vez que essa fé – que, por causa de uma religião em geral, purificou a relação moral dos seres humanos com o ser supremo de antropomorfismos prejudiciais e a adequou à moralidade genuína de um povo de Deus – foi, no fim das contas, apresentada primeiro ao mundo em uma doutrina da fé (a cristã) e apenas nela, então pode-se muito bem chamar a sua promulgação de a revelação daquilo que para os seres humanos, por meio de sua própria culpa, era, até então, mistério.

Nela se diz, a saber, *primeiramente*, que se deve representar o legislador supremo como tal não como ordenando *de modo misericordioso* – por conseguinte *de maneira indulgente* (*indulgent*) para com a fraqueza dos seres humanos – nem de modo *despótico* e meramente segundo seu direito ilimitado e que se deve representar suas leis não como arbitrárias e de modo algum

---

† Não se pode, por certo, indicar por que tantos povos antigos estavam em consenso nessa ideia, a não ser pelo fato de que a ideia reside na razão humana universal, quando se quer pensar para si um governo do povo e (segundo a analogia com este) um governo do mundo. A religião de *Zoroastro* tinha estas três pessoas divinas: Ormuz, Mitra e Arimã; a religião hinduísta Brahma, Vishnu e Shiva (apenas com a diferença de que a *primeira religião* representa a terceira pessoa não apenas como autora do *mal físico* [*Übels*], na medida em que este é a punição, mas mesmo do *mal moral*, pelo qual o ser humano é punido, enquanto a *última* representa esta terceira pessoa meramente como emitindo o julgamento e a punição. A religião *egípcia* tinha os seus *Ptá, Kneph* e *Neith*, dos quais – tanto quanto a obscuridade dos relatos dos tempos mais antigos desse povo permite adivinhar – o primeiro deveria representar o espírito, distinto da matéria, como *criador do mundo*; o segundo princípio a bondade que conserva e *governa*; o terceiro a sabedoria que restringe essa bondade, isto é, a *justiça*. A religião gótica venerava seu *Odin* (pai de todos), sua *Freya* (também *Freyer*, a bondade) e / *Thor*, o Deus que julga (castiga)[249]. Mesmo os *judeus* pareciam, nas últimas épocas de sua constituição hierárquica, ter seguido essas ideias. Pois, na acusação dos fariseus de que Cristo chamou a si mesmo de *filho de Deus*[250], eles não pareceram colocar nenhum peso especial de incriminação na doutrina de que Deus tem um filho, mas apenas no fato de que Cristo queria ser esse filho de Deus.

249. Kant apresenta essa mesma distinção nas *Lições sobre a doutrina filosófica da religião* (AA 28:1074).

250. "Mas Jesus permaneceu em silêncio. O sumo sacerdote lhe disse: 'O sumo sacerdote lhe disse: 'Conjuro-te pelo Deus vivo: dize-nos se tu és o Cristo, o Filho de Deus'. Jesus respondeu-lhe: 'Tu o disseste. Entretanto eu vos digo: Um dia vereis o Filho do homem sentado à direita do Todo-poderoso, vindo sobre as nuvens do céu'" (Mt 26,63-64; cf. tb. Jo 5,25-26; Mc 14,61-62; Lc 22,67-71).

6:141

aparentadas com nossos conceitos da moralidade, mas como leis que se referem à santidade do ser humano. *Em segundo lugar*, deve-se pôr a sua bondade não em uma benevolência incondicionada para com suas criaturas, mas no fato de que ele vê, antes de tudo, a constituição moral dessas criaturas pela qual elas podem *comprazê*-lo e só então complementa a incapacidade delas de satisfazer essa condição por si mesmas. *Em terceiro lugar*, sua justiça não pode ser representada como *bondosa* e *flexível* (o que contém uma contradição) e tampouco como executada na *qualidade da santidade* do legislador (diante do qual nenhum ser humano é justo), mas apenas como limitação da bondade à condição da concordância dos seres humanos com a lei santa, na medida em que fossem capazes – enquanto *filhos dos homens* – de estar em conformidade com a exigência da lei[251]. – Em uma palavra: Deus quer ser servido em uma qualidade moral, que se diversifica especificamente em três, para a qual a denominação das diferentes personalidades[252] (não personalidades físicas, mas morais) de um único e mesmo ser não é nenhuma expressão inadequada; este símbolo da fé expressa, ao mesmo tempo, a religião moral pura como um todo, a qual sem essa diferenciação – segundo a propensão do ser humano de pensar para si a divindade como um chefe humano / (porque este último normalmente não separa, umas das outras, essa qualidade tripla em seu governo, mas muitas vezes mistura-as e as confunde) – corre habitualmente o risco de degenerar em uma fé servil antropomórfica.

Mas se esta fé (na trindade divina) fosse considerada precisamente não apenas como representação de uma ideia prática, mas como uma fé tal que devesse representar o que Deus é em si mesmo, então ela seria um mistério que ultrapassa todos os con-

---

251. Sobre a crítica à justiça indulgente e a explicação do caráter da justiça de Deus, cf. *Lições sobre a doutrina filosófica da religião*: "Não posso pensar o juiz como bondoso, de modo que ele pudesse perdoar e abrandar em alguma medida a santidade da lei" (AA 28:1074). Trad. B. Cunha. Petrópolis: Vozes, 2019. Cf. tb. *Lições de ética* (2018, p. 266-267; Menzer, 1924, p. 133).

252. Lemos em alemão, "*die Benennung der verschiedenen Persönlichkeit*". Embora o último termo se encontre no singular, o sentido da frase só fica mais claro ao passá-lo para o plural. Seguimos a versão em língua inglesa de Cambridge (1996) nesse ponto.

ceitos humanos – por conseguinte, um mistério incapaz de uma revelação para a capacidade humana de apreensão – e poderia ser declarada, nesse sentido, como um mistério. A fé nesse mistério, como ampliação do conhecimento teórico da natureza divina, seria apenas a confissão a um símbolo – inteiramente incompreensível para os seres humanos e, se eles acham que o compreendem, um símbolo antropomórfico – de uma fé eclesial, mediante a qual nem o mínimo se orientaria para o melhoramento moral. – Apenas o que se pode decerto entender e discernir, adequada e inteiramente, em um contexto[253] prático, mas que do ponto de vista teórico (para a determinação da natureza do objeto em si) ultrapassa todos os nossos conceitos, é mistério (em um contexto) e pode, contudo, ser revelado (em outro). Desse último tipo é o mistério mencionado acima, que pode ser divido em três mistérios revelados por nossa própria razão:

1. O mistério da *vocação*[254] (dos seres humanos como cidadãos de um Estado ético). – Não podemos pensar a submissão universal *incondicionada* do ser humano à legislação divina senão na medida em que nos consideramos, ao mesmo tempo, como suas *criaturas*, assim como Deus pode ser considerado o autor de todas as leis da natureza apenas porque é o criador das coisas naturais. Mas é absolutamente incompreensível para nossa razão como devem ser *criados* seres para o uso livre de suas forças, uma vez que, de acordo com o princípio da causalidade, não podemos atribuir a um ser que assumimos como produzido nenhum outro fundamento interno de suas ações senão aquele que a causa produtora colocou nele, fundamento pelo qual se determina, então, também (por conseguinte, mediante uma causa externa) cada ação desse ser; por conseguinte, este ser mesmo não seria livre. Portanto, não se pode conciliar, por meio de nosso discernimento racional, a legislação divina e santa, que se aplica meramente a seres livres, com o conceito de uma criação de tais seres, mas deve-se considerá-los como seres livres já existentes que não são determinados pela sua dependência natural, em virtude de sua criação,

---

253. Literalmente, traduz-se o termo *"Beziehung"* como "relação" ou "referência". Nesse ponto, contudo, cabe a adaptação.
254. Poderíamos traduzir *"Berufung"*, mais literalmente, por "chamado".

6:143 / mas por meio de uma necessitação [*Nöthigung*] meramente moral, possível segundo leis da liberdade, isto é, uma vocação para cidadania no Estado Divino. Então, a vocação para este fim é moralmente e inteiramente clara, mas, para a especulação, a possibilidade destes invocados[255] é um mistério impenetrável.

2. O mistério da *satisfação*. O ser humano, assim como o conhecemos, está corrompido e de modo algum é adequado por si mesmo àquela lei santa. Todavia, se a bondade de Deus o chamou, por assim dizer, à existência, isto é, o convidou para existir de um modo particular (como membro do Reino dos Céus), então Deus também deve ter um meio de compensar, a partir da plenitude de sua própria santidade, a deficiência da aptidão do ser humano que é exigida para isso. No entanto, isto é contrário à espontaneidade (que se pressupõe em todo bem e mal moral que um ser humano pode ter em si), segundo a qual um tal bem não deve provir de outro, mas do ser humano mesmo, se deve poder lhe ser imputado. – Portanto, tanto quanto a razão discerne, nenhum outro pode, mediante o *superavit* de sua boa conduta e de seu mérito, substituir o ser humano; ou, se se assume isso, apenas de um ponto de vista moral pode ser necessário *assumir* tal coisa, pois, para o raciocínio sutil [*Vernünfteln*], trata-se de um mistério inalcançável.

3. O mistério da *eleição*. Ainda que aquela satisfação vicária seja admitida como possível, sua aceitação moralmente crédula é, contudo, uma determinação da vontade para o bem, a qual já pressupõe uma disposição de ânimo agradável a Deus no ser humano que, no entanto, de acordo com a corrupção natural dentro de si, não pode produzi-la por si mesmo. No entanto, que deva atuar nele uma *graça* celestial que – não segundo o mérito das obras, mas por um *decreto* incondicionado – conceda esse apoio a um ser humano, mas recuse a outro e que elegerá uma parte de nosso gênero para a bem-aventurança e a outra para a reprovação eterna, isto não dá, por sua vez, nenhum conceito de uma justiça divina, mas teria de se referir, em todo caso, a uma sabedoria cuja regra é absolutamente um mistério para nós.

---

255. Nas edições em língua inglesa, traduz-se "*Berufenen*" como "seres que são então chamados" [*beings who are thus called*] (1996) e "seres chamados" [*called beings*] (2009).

Ora, sobre esses segredos, na medida em que dizem respeito à história moral de vida de todo ser humano – a saber, como acontece que um bem ou mal moral em geral esteja no mundo e (se o mal moral está em todos e em qualquer época) como, contudo, dele surge o bem e se restabelece em qualquer ser humano; ou porque, se *isso* tem lugar / em alguns, outros permanecem contudo disso excluídos – Deus nada nos revelou e também nada pode nos revelar, uma vez que não *entenderíamos* isso[†]. Seria como se quiséssemos *explicar* e *tornar compreensível* o que acontece no ser humano pela sua liberdade, algo sobre o que Deus revelou, decerto, sua vontade, mediante a lei moral em nós, mas deixou as *causas* a partir das quais uma ação livre acontece ou também não acontece na terra na mesma obscuridade em que deve permanecer para a investigação humana tudo o que, enquanto história, também deve se compreender, contudo, a partir da liberdade segundo a lei das causas e efeitos[††]. Mas sobre a regra objetiva de nossa conduta está suficientemente revelado para nós (pela razão e Escritura) tudo o que precisamos e essa revelação é, ao mesmo tempo, compreensível para todo ser humano.

6:144

[†] Comumente não se têm escrúpulos em exigir dos aprendizes da religião a fé em mistérios, uma vez que o fato de nós não os *compreendermos*, isto é, não sermos capazes de discernir a sua possibilidade, pouco pode nos autorizar à rejeição de sua hipótese, tal como a capacidade de reprodução das matérias orgânicas, que também nenhum ser humano compreende e que, contudo, não pode ser por isso rejeitada de se assumir, muito embora ela será e permanecerá um mistério para nós. *Entendemos* muito bem, no entanto, o que essa última expressão quer dizer e temos um conceito empírico do objeto junto com a consciência de que não há nenhuma contradição nele. – Ora, a respeito de qualquer mistério estabelecido pela fé, pode-se, com razão, exigir que se *entenda* o que se quer dizer com ele; isso não acontece porque se entende *uma a uma* as palavras pelas quais ele é enunciado, isto é, ao ligá-las a um sentido, mas porque elas, concebidas juntas em um conceito, devem permitir, ainda, um sentido sem que todo pensar aí se esgote. – É impensável que Deus possa permitir que esse conhecimento nos chegue por *inspiração*, desde que de nossa parte não deixemos faltar um desejo sério em vista disso, pois de modo algum esse conhecimento pode nos ser inerente, uma vez que a natureza de nosso entendimento é incapaz dele.

[††] Por isso, no contexto [*Beziehung*] prático (se o discurso é sobre dever), entendemos muito bem o que é liberdade, mas do ponto de vista [*Absicht*] teórico, no que diz respeito à causalidade da liberdade (por assim dizer, a sua natureza), não podemos sequer pensar sem contradição ao querer entendê-la.

6:145 Que, pela lei moral, o ser humano é chamado para a boa conduta de vida; que, pelo respeito indelével que nele reside a essa lei, ele também encontra em si a promessa rumo à confiança nesse espírito bom e à esperança de ser capaz, independente do que possa acontecer, de satisfazê-lo; e, finalmente, que, mantendo essa última expectativa junto com o mandamento estrito da lei moral, / ele deve constantemente se testar, enquanto intimado a prestar contas diante de um juiz, a respeito disso nos ensinam e a isto nos impelem, ao mesmo tempo, a razão, o coração e a consciência moral [*Gewissen*]. É presunção exigir que nos seja aberto ainda mais e, se isso tivesse de acontecer, o ser humano teria de contá-lo não como necessidade humana universal.

Mas, embora aquele grande mistério, que abarca em uma fórmula todos os mistérios mencionados, possa se tornar compreensível a todo ser humano pela razão, como ideia religiosa praticamente necessária, pode-se, contudo, dizer que, para se tornar fundamento moral da religião, sobretudo de uma religião pública, ele foi revelado pela primeira vez quando foi ensinado *publicamente* e tornado símbolo de uma época religiosa inteiramente nova. *Fórmulas solenes* contêm normalmente sua própria linguagem apenas para aqueles que pertencem a uma associação particular (uma corporação ou comunidade), uma linguagem determinada, por vezes, mística e não compreensível para qualquer um, da qual alguém propriamente deveria se servir (por respeito) apenas por causa de um ato cerimonial (como, porventura, quando alguém deve ser admitido como membro em uma sociedade que se distingue de outras). A meta suprema – nunca completamente alcançável pelos seres humanos – da perfeição moral das criaturas finitas é, no entanto, o amor da lei.

Em conformidade a essa ideia, "Deus é amor"[256] seria um princípio de fé na religião; em Deus, pode-se *venerar* aquele que se ama (com o amor do *comprazimento* moral nos seres humanos, na medida em que eles são adequados à sua lei santa), o *pai*; além disso, pode-se venerar nele, na medida em que ele se apresenta em

---

256. "Quem não ama não conhece a Deus, porque Deus é amor" (1Jo 4,8). "Nós conhecemos o amor que Deus tem por nós, e nele acreditamos. Deus é amor, e quem permanece no amor permanece em Deus, e Deus nele" (1Jo 4,18).

sua ideia que a tudo conserva, o arquétipo da humanidade gerado e amado por ele, seu *filho*; e finalmente também, na medida em que ele limita esse comprazimento à condição da concordância dos seres humanos com a condição daquele amor de comprazimento e, por meio disso, demonstra um amor fundado na sabedoria, pode-se venerar nele o *Espírito Santo**; / no entanto, 6:147

---

* Este Espírito – mediante o qual se concilia o amor de Deus, enquanto bem-aventurado [*Seligmachers*] (propriamente, nosso amor em resposta ao dele), com o temor de Deus como legislador, isto é, o condicionado com a condição, que pode, portanto, ser representado "como procedendo de ambos" – é, além de "conduzir a toda verdade (observância do dever)", ao mesmo tempo, o juiz propriamente dito dos seres humanos (diante da consciência deles). Pois o julgamento pode ser tomado em um duplo significado, ou concernindo ao mérito e à falta de mérito ou à culpa e à inocência. Deus, considerado como *amor* (em seu filho), julga os seres humanos na medida em que, para além da obrigação [*Schuldigkeit*] deles, um mérito ainda pode lhes ser concedido / e aí seu veredito é: *digno* ou 6:146 *indigno*. Ele separa, como os seus, aqueles a quem ainda pode ser imputado um mérito tal. Os restantes saem de mãos vazias. Em contrapartida, a sentença do juiz de acordo com a *justiça* (do juiz assim chamado, propriamente, pelo nome de Espírito Santo) sobre os que não se pode conceder nenhum mérito é: *culpado* ou *inocente*, isto é, condenação ou absolvição. – O julgamento significa, no primeiro caso, a *separação* dos merecedores dos não merecedores, que, de ambos os lados, concorrem a um prêmio (da bem-aventurança). Por *mérito* se entende aqui, no entanto, não uma superioridade da moralidade em relação à lei (em vista da qual nenhum excedente de observância do dever pode nos ser atribuído para além de nossa obrigação), mas na comparação com outros seres humanos no que diz respeito à sua disposição de ânimo moral. A *dignidade* tem também sempre apenas significado negativo (não indigno), a saber, o da receptividade moral para um tal bem. – Portanto, aquele que julga na primeira qualidade (como brabeuta[257]) pronuncia o julgamento da escolha entre *duas* pessoas (ou partidos) que se candidatam ao prêmio (da bem-aventurança), enquanto aquele que julga na segunda qualidade (o juiz propriamente dito) pronuncia a sentença sobre *uma única* e *mesma* pessoa diante de um tribunal (da consciência), que dá o veredito judicial em meio a acusador e advogado. – Ora, se se assume que todos os seres humanos se encontram, decerto, sob a culpa do pecado, mas a alguns deles se pode conceder um mérito, então o veredito do *juiz* procede do *amor*; a falta desse veredito levaria apenas a um *julgamento de rejeição*, a partir do qual seria uma consequência inevitável o *julgamento de condenação* (posto que o ser humano agora cai nas mãos do juiz a partir de justiça). De tal maneira, em minha opinião, podem ser conciliadas as proposições aparentemente contraditórias entre si "o Filho virá para julgar os vivos e os mortos" e, do outro lado, "Porque Deus não enviou o seu Filho ao mundo para condenar o mundo, mas para que o mundo seja salvo por Ele" (Jo 3,17) e se colocar em concordância com aquela na qual se diz "que nele crê não é condenado, mas quem não crê já está condenado, porque

257. Βραβεύς – do grego, arbitro ou juiz.

não se pode propriamente *invocá*-lo em uma personalidade tão múltipla (pois isso indicaria uma diversidade de seres, mas ele é sempre apenas um único objeto), embora se possa muito bem invocá-lo no nome do objeto venerado e amado por ele mesmo sobre todas as coisas, com o qual é desejo e, ao mesmo tempo, dever se colocar em união moral. De resto, a confissão teórica da fé na natureza divina nessa qualidade tripla pertence à mera fórmula clássica de uma fé eclesial – a fim de diferenciá-la de outros tipos de fé derivados de fontes históricas – confissão[260] com a qual poucos seres humanos estão em condições de ligar um conceito distinto e determinado (não exposto a nenhuma má interpretação) e cuja discussão diz respeito mais aos professores em sua relação uns com os outros (enquanto intérpretes filosóficos e eruditos de um livro sagrado) para entrarem em um acordo entre si sobre seu sentido; nele nem tudo é para a capacidade de apreensão comum, nem também para a necessidade desta época; a mera fé literal, no entanto, mais corrompe a verdadeira disposição de ânimo religiosa do que a melhora.

---

não acreditou no nome do Filho único de Deus" (Jo 3,18)[258], a saber, mediante aquele espírito do qual se diz "Ele julgará o mundo por causa do pecado e da justiça"[259]. – O cuidado apreensivo a respeito de tais diferenciações no campo da simples razão, para a qual elas são aqui propriamente empregadas, poderia ser facilmente considerado aqui como sutileza inútil e enfadonha; e o seria, se fosse aplicada à investigação da natureza divina. Mas visto que, em seus assuntos religiosos, os seres humanos são constantemente inclinados a se voltar à vontade divina por causa de suas culpas, mas não podem, não obstante, contornar a sua justiça e um *juiz bondoso* em uma única e mesma pessoa é uma contradição, então se vê bem que, mesmo de um ponto de vista [*Rücksicht*] prático, os conceitos dos seres humanos a este respeito devem ser bastante oscilantes e discordantes consigo mesmos; portanto, a correção e a determinação de tais conceitos é de grande importância prática.

258. "Porque Deus não enviou o seu Filho ao mundo para condenar o mundo, mas para que o mundo seja salvo por Ele. Quem nele crê não é condenado, mas quem não crê já está condenado, porque não acreditou no nome do Filho único de Deus" (Jo 3,17-18).

259. "Quando Ele vier, convencerá o mundo do que é pecado, justiça e julgamento" (Jo 16,8).

260. O termo subentendido no pronome relativo "*welchem*" é traduzido nas edições em língua inglesa por "*formula*" (1996) e "*faith*" (2009). É mais plausível, no entanto, que Kant esteja se referindo à "confissão teórica".

DA DOUTRINA FILOSÓFICA DA RELIGIÃO
QUARTA PEÇA

QUARTA PEÇA
DO SERVIÇO E PSEUDOSSERVIÇO SOB O DOMÍNIO DO PRINCÍPIO BOM, OU DA RELIGIÃO E CLERICALISMO[261]

Já é um começo do domínio do princípio bom e um sinal de "que o Reino de Deus vem a nós"[262], mesmo que só os princípios de sua constituição comecem a se tornar *públicos*; pois, no mundo do entendimento, já existe aquilo para o qual os fundamentos que podem unicamente provocá-lo criaram raiz universalmente, embora o desenvolvimento completo de sua manifestação [*Erscheinung*] no mundo sensível ainda esteja afastado a uma distância imensurável. Vimos que se unir em uma comunidade ética é um dever de tipo particular (*officium sui generis*) e que, embora cada um obedeça ao seu dever privado, pode-se muito bem derivar daí uma *concordância contingente* de todos em direção a um bem comum, sem que também seja necessário para isso ainda um arranjo particular; vimos, no entanto, que essa concordância de todos não pode, contudo, ser esperada, a menos que se faça um assunto particular resistir às impugnações do princípio mau (ao qual seres humanos são normalmente tentados, mesmo pelos outros, a servir de instrumento) a partir da união deles uns com os outros para precisamente o mesmo fim e a partir do estabelecimento de uma **comunidade** sob leis morais, como força unida e, por isso,

---

261. O termo "*Pfaffenthum*", tal como seu sinônimo na língua alemã "*Priestertum*", poderia ser traduzido, simplesmente, como "sacerdócio", como faz, por exemplo, a edição francesa. No entanto, o sentido ao qual Kant se refere vai além do significado de sacerdócio entendido como o conjunto de funções e vocação do sacerdote. O termo "clericalismo" se adequa melhor ao contexto, porque leva em conta não apenas as atribuições do sacerdote, mas também a influência do clero nos costumes e nos assuntos políticos.

262. "Naqueles dias apareceu João Batista pregando no deserto da Judeia: 'Convertei--vos porque está próximo o Reino dos Céus'" (Mt 3,1-2).

mais forte. – Vimos também que uma comunidade tal, como um **Reino de Deus**, pode ser empreendida pelos seres humanos apenas por meio da *religião* e que, finalmente, para que esta seja pública (o que é exigido para uma comunidade), esse reino pode ser representado na forma sensível de uma *Igreja,* / cujo arranjo [*Anordnung*] é incumbido, portanto, aos seres humanos instituir, como uma obra que lhes é confiada e pode lhes ser exigida.

No entanto, erigir uma Igreja como uma comunidade segundo leis religiosas, parece exigir mais sabedoria (tanto segundo o discernimento quanto a boa disposição de ânimo) do que se pode, por certo, confiar aos seres humanos; parece, especialmente, que o bem moral, que se intenta mediante um tal arranjo [*Veranstaltung*], já tem de estar, por isso, *pressuposto* nestes seres humanos. De fato, também é uma expressão absurda que *seres humanos* deveriam *instituir* um Reino de Deus (assim como se pode muito bem dizer deles, que podem erigir um reino de um monarca humano); Deus deve ser Ele mesmo o autor de seu reino. No entanto, visto que não sabemos o que Deus faz imediatamente[263] a fim de apresentar na realidade efetiva a ideia de seu reino, no qual encontramos em nós a destinação moral para sermos cidadãos e súditos, mas sabemos muito bem o que temos de fazer para nos tornarmos adequadamente membros dele, então essa ideia – tenha ela sido despertada ou tornada *pública* no gênero humano pela razão ou a Escritura – nos obrigará, contudo, ao arranjo de uma Igreja, da qual, no último caso, Deus mesmo, como fundador, é o autor da *constituição*, embora os seres humanos como membros e cidadãos livres desse reino sejam, em todos os casos, os autores da *organização*; aí, então, aqueles entre eles que, em conformidade com essa organização, gerenciam os assuntos públicos da Igreja constituem a sua *administração*, enquanto servos da Igreja, assim como todos os demais constituem uma associação[264] submetida às suas leis, a *congregação*.

---

263. Nas edições em língua inglesa o termo "*unmittelbar*" é traduzido na maioria dos casos por "diretamente" [*directly*].

264. O termo "*Mitgenossenschaft*" é traduzido nas edições inglesas por "*fellowship*" (1996) e "*comradeship*" (2009), algo que poderia ser traduzido mais literalmente como "camaradagem".

Visto que uma religião racional como fé religiosa pública permite apenas a mera ideia de uma Igreja (a saber, uma Igreja invisível) e a Igreja visível, que é fundada em estatutos, é a única que precisa e é suscetível de uma organização por seres humanos, então não se poderá considerar o serviço sob o domínio do princípio bom na Igreja invisível como serviço eclesial e a religião racional não tem quaisquer servidores legais, enquanto *funcionários* de uma comunidade ética; cada membro dessa comunidade recebe suas ordens imediatamente do legislador supremo. Mas visto que, em relação a todos os nossos deveres (os quais, em seu conjunto, temos de considerar, ao mesmo tempo, como mandamentos divinos), nós sempre nos encontramos, todavia, no serviço de Deus, então a *religião racional pura* terá todos os seres humanos de bom pensamento como *servidores* (sem, contudo, serem *funcionários*); / nessa medida, eles apenas não poderão ser chamados de servidores de uma Igreja (a saber, de uma Igreja visível, da qual unicamente se fala aqui). – Entretanto, uma vez que toda Igreja erigida em leis estatutárias só pode ser a verdadeira na medida em que contém em si um princípio para se aproximar constantemente da fé racional pura (como aquela que, se é prática, constitui em toda fé propriamente a religião) e pode dispensar com o tempo a fé eclesial (segundo o que é histórico nela), então poderemos pôr nessas leis e nos funcionários da Igreja fundada nessas leis um *serviço* (*cultus*) da igreja, na medida em que dirigem suas doutrinas e arranjo sempre àquele fim último (uma fé religiosa pública). Em contrapartida, os servidores de uma Igreja, que não levam em absoluto esse fim em consideração, mas que, ao contrário, declaram a máxima da contínua aproximação a ele como condenável e como unicamente beatífico a aderência à parte histórica e estatutária da fé eclesial, podem ser acusados justamente de *pseudosserviço* da Igreja ou de pseudosserviço (daquilo que se representa por meio da Igreja) da comunidade ética sob o domínio do princípio bom – Por um pseudosserviço[265] (*cultus spurius*), entende-se a persuasão de servir a alguém mediante ações tais que na realidade anulam o seu propósito. Em uma comunidade, no

---

265. "*Afterdienst*" foi o termo depreciativo utilizado por Lutero para se referir a certas práticas da Igreja Católica Apostólica Romana. Kant utiliza o termo aqui, no entanto, para criticar a religião eclesial em geral.

entanto, isso acontece quando aquilo que tem valor de um meio, a fim de satisfazer a vontade de um superior, se passa por e é posto no lugar daquilo que nos torna *imediatamente* agradáveis a ele; por meio disso, então, o propósito dele é frustrado.

Primeira parte[266]
Do serviço de Deus em uma religião em geral

A *religião* é (considerada subjetivamente) o conhecimento de todos os nossos deveres como mandamentos divinos*. Aquela

---

266. Nas quatro divisões maiores do texto, Kant utiliza o substantivo *"Stück"* para dividir as "partes" ou "peças". Em especial, neste capítulo, Kant usa, para essa divisão menor, o substantivo *"Teil"* que se traduz mais literalmente por "parte". Essa divisão ajuda a justificar a decisão de traduzir as já citadas divisões por "peças" e não por "partes".

* Por meio dessa definição, previne-se de algumas interpretações errôneas do conceito de uma religião em geral. *Primeiramente*, que nela, no que diz respeito ao conhecimento teórico e confissão, não se exige nenhum saber assertórico (nem mesmo da existência de Deus), uma vez que, com a deficiência de nosso discernimento dos objetos suprassensíveis, essa confissão poderia já ser dissimulada, mas se exige apenas uma suposição *problemática* (hipótese) segundo a especulação a respeito da causa suprema; / no entanto, em relação ao objeto em vista do qual nossa razão que ordena moralmente instrui-nos a trabalhar, pressupõe-se uma fé que promete um efeito para este propósito final – por conseguinte, uma fé *assertórica* prática livre – que precisa apenas *da ideia de Deus* que deve resultar inevitavelmente de todo trabalho moral sério (e, por isso, crédulo) em direção ao bem, sem que se presuma ser capaz de lhe assegurar a realidade objetiva pelo conhecimento teórico. O *mínimo* de conhecimento (é possível que exista um Deus) já deve ser subjetivamente suficiente para o que pode se tornar um dever para todo ser humano[267]. *Em segundo lugar*, por meio dessa definição de uma religião em geral, previne-se da representação errônea de que a religião é um conjunto *particular* de deveres referidos imediatamente a Deus e, por meio disso, evita-se que assumamos (como os seres humanos estão, de qualquer modo, bastante inclinados a fazer), além dos deveres humanos ético-civis (de ser humano para com ser humano), ainda *serviços de corte* e que, depois, tentemos, por certo, até mesmo compensar a deficiência em relação aos primeiros por meio dos últimos. Não há quaisquer deveres particulares para com Deus em uma religião universal; pois Deus não pode receber nada de nós; nós não podemos atuar sobre e para ele. Se se quisesse tornar a reverência devida [*schuldige Ehrfurcht*] para com ele um tal dever, não estaríamos ponderando que tal reverência não é uma

267. Nas *Lições sobre a doutrina filosófica da religião*, Kant se pergunta sobre "qual é o mínimo de conhecimento útil de Deus que pode nos incitar a acreditar em um Deus". Como resposta, ele afirma que esse conhecimento mínimo ocorre "se compreendo que meu conceito de Deus é *possível* e que não contradiz as leis do entendimento" (AA 28:998-999).

religião na qual devo saber antes / que algo é um mandamento 6:154
divino para reconhecê-lo como meu dever, é a religião *revelada* (ou que precisa de uma revelação); em contrapartida, aquela religião que devo saber de antemão que algo é dever antes que eu possa reconhecê-la como um mandamento divino é a *religião natural*. – Aquele que declara simplesmente a religião natural como moralmente necessária, isto é, como dever, pode ser chamado também de *racionalista* (em questões de fé). Se ele nega a realidade efetiva de toda revelação sobrenatural divina, então ele se chama *naturalista*; ora, se ele permite, decerto, essa revelação, mas afirma que conhecê-la / e aceitá-la, como efetivamente real, 6:155
não é exigido necessariamente para a religião, então ele poderia se chamar *supranaturalista* em assuntos de fé.

O racionalista deve, em virtude desse seu título, manter-se já por si mesmo dentro dos limites [*Schranken*] do discernimento humano. Por isso, ele nunca negará, como o naturalista, e nem contestará a possibilidade interna da revelação em geral, nem a necessidade de uma revelação como um meio divino para a introdução da verdadeira religião; pois, a respeito disso, nenhum ser humano nada pode descobrir pela razão. Portanto, a questão em disputa só pode concernir às pretensões recíprocas do racionalista puro e do supranaturalista em assuntos de fé ou àquilo que um ou outro assume, de maneira necessária e suficiente, como a única revelação verdadeira, ou apenas como contingente nela.

---

ação particular da religião, mas é a disposição de ânimo religiosa em todas as nossas ações em geral em conformidade ao dever. Ainda que se diga "deve-se obedecer mais a Deus do que aos seres humanos"[268], isso não significa nada mais do que: se mandamentos estatutários em vista dos quais seres humanos podem ser legisladores e juízes entram em conflito com deveres que a razão incondicionalmente prescreve e sobre cujo cumprimento ou transgressão unicamente Deus pode ser juiz, então a autoridade dos primeiros deve ceder aos últimos. Mas se por aquilo em que se deve obedecer mais a Deus do que o ser humano se quisesse entender os mandamentos estatutários de Deus emitidos para isso por uma Igreja, então aquele princípio poderia facilmente se tornar o grito de guerra, muitas vezes ouvido, de clérigos hipócritas e ávidos por poder para a insurreição contra a autoridade civil deles. Pois o permissível [*Erlaubte*] que a autoridade civil ordena é *certamente* dever; no entanto, se algo em si permissível, mas cognoscível para nós só por meio da revelação divina, é realmente ordenado por Deus, isto (pelo menos na maioria dos casos) é altamente incerto.

268. "Pedro e os apóstolos responderam: 'É preciso obedecer antes a Deus do que aos homens'" (At 5,29).

Se se divide a religião não segundo a sua origem primeira e sua possibilidade interna (aí ela é dividida em natural e revelada), mas meramente segundo a propriedade que a torna suscetível *de comunicação externa*, então ela pode ser de dois tipos: ou a *religião natural*, da qual (uma vez existente) qualquer um pode ser convencido pela razão, ou a *religião erudita*, da qual se pode convencer outros apenas mediante a erudição (em e por meio da qual estes devem ser guiados). – Essa diferenciação é bastante importante, pois apenas a partir da origem de uma religião, nada se pode inferir de sua aptidão ou inaptidão em ser uma religião humana universal, mas muito bem a partir de sua propriedade de ser universalmente comunicável ou não; a primeira propriedade[269] constitui-se, no entanto, o caráter essencial daquela religião que deve obrigar todo ser humano.

    Consequentemente, uma religião pode ser *natural*, mas também *revelada*, se ela for constituída de modo que os seres humanos pudessem e devessem chegar a ela por si mesmos mediante o simples uso de sua razão, embora eles não *tivessem*, decerto, chegado a ela tão cedo ou de maneira tão amplamente difundida como se exige; por conseguinte, uma revelação desta religião em uma certa época e em um certo lugar poderia ser sábia e bastante vantajosa para o gênero humano, contudo, de tal modo que, porque a religião introduzida dessa forma existe e / tornou-se publicamente conhecida, qualquer um pode, doravante, se convencer de sua verdade por si mesmo e pela sua própria razão. Nesse caso, a religião é *objetivamente* uma religião natural, embora *subjetivamente* uma religião revelada; por isso, propriamente, ela também merece o primeiro nome. Pois poder-se-ia sempre, em momento posterior, chegar inteiramente ao esquecimento de que uma tal revelação sobrenatural alguma vez aconteceu, sem que com isso aquela religião perdesse, contudo, o mínimo, seja em sua apreensibilidade, seja em sua certeza ou, ainda, em sua força sobre os ânimos. É diferente, no entanto, com a religião que, devido à sua propriedade interna, pode ser considerada apenas como revelada. Se ela não fosse preservada em uma tradição inteiramente segura ou em livros sagrados, enquanto documentos, então ela desapa-

---

269. A propriedade natural.

receria do mundo e teria de ocorrer uma revelação sobrenatural, ou repetidamente e de maneira pública de tempos em tempos ou persistindo continuamente no interior de cada ser humano, sem a qual não seria possível a difusão e a propagação de uma tal fé.

Mas toda religião, mesmo a revelada, deve conter, ao fim, pelo menos em parte, também certos princípios da religião natural. Pois a revelação só pode ser acrescentada em pensamento ao conceito de uma *religião* mediante a razão, uma vez que esse conceito mesmo, enquanto derivado de uma obrigação sob a vontade de um legislador *moral*, é um conceito puro da razão. Portanto, poderemos inclusive ainda considerar, por um lado, uma religião revelada como *natural*, mas, por outro, como religião erudita, testar e distinguir o que ou quanto pertence a ela a partir de uma ou da outra fonte.

No entanto, não se permite certamente fazer isso, se temos o propósito de falar de uma religião revelada (ao menos, de uma assumida assim), sem retirar um exemplo qualquer dela a partir da história, uma vez que, caso contrário, a fim de tornar compreensível, teríamos, contudo, de inventar para nós casos, enquanto exemplos, cuja possibilidade, no entanto, poderia ser por nós contestada. Mas não podemos fazer melhor do que adotar algum livro que contenha esses casos, especialmente um livro tal que esteja intimamente entrelaçado a doutrinas morais e, com efeito, relacionadas à razão, como aspecto intermediário para elucidações de nossa ideia de uma religião revelada em geral; livro que então tomamos diante de nós, como um entre vários livros que tratam de religião e virtude sob o crédito de uma revelação, como exemplo do procedimento em si útil / de selecionar o que nele pode 6:157 ser para nós a religião racional pura e, por conseguinte, universal, sem querer invadir os assuntos daqueles a quem é confiada a interpretação do mesmo livro, enquanto o conjunto das doutrinas positivas da revelação, e, dessa forma, querer contestar a sua interpretação que se funda na erudição. Ao contrário, visto que a erudição parte, assim como os filósofos, de um único e mesmo fim, a saber o bem moral, é vantajoso para ela trazer os filósofos, mediante seus próprios fundamentos racionais, precisamente aonde ela mesma acredita chegar por outro caminho. – Ora, este livro pode ser aqui o novo testamento, enquanto fonte da doutrina de fé cristã. De acordo com nosso propósito, queremos expor agora, em duas seções, primeiramente, a religião cristã como religião natural e, então, em segunda instância, como religião erudita, segundo seu conteúdo e segundo os princípios que nela têm lugar.

Primeira seção – A religião cristã como religião natural

A religião natural como moral (em relação à liberdade do sujeito), ligada ao conceito daquilo que pode proporcionar efeito ao seu fim último (ao conceito de *Deus* como autor moral do mundo) e relacionada a uma duração do ser humano que seja adequada inteiramente a este fim (a imortalidade), é um conceito racional prático puro que, a despeito de sua infinita fecundidade, pressupõe, contudo, apenas tão pouco da faculdade racional teórica, que a todo ser humano se pode convencer suficientemente de tal religião do ponto de vista prático e, ao menos, exigir a todos o efeito dela como dever. Essa religião tem em si o grande requisito da verdadeira Igreja, a saber, a qualificação à universalidade, na medida em que se entende por isso a validade para todos (*universitas vel omnitudo distributiva*[270]), isto é, unanimidade[271] universal. Para difundi-la e conservá-la, nesse sentido, como religião do mundo, ela precisa, decerto, de um ministério[272] (*ministerium*) da Igreja meramente invisível, mas não de funcionários (*officiales*), isto é, precisa de professores, mas não de dirigentes[273], uma vez que, pela religião racional de cada indivíduo, ainda não existe nenhuma Igreja como *união* universal (*omnitudo collectiva*[274]); ou mesmo é intentada, propriamente, tal Igreja mediante aquela ideia. – No entanto, visto que uma tal unanimidade não poderia se conservar por si mesma e, por conseguinte, não poderia se

---

270. Universalidade e totalidade distributiva.
271. De modo mais literal, pode-se traduzir o termo "*Einhelligkeit*" por "consenso" ou "acordo".
272. Traduz-se "*Dienerschaft*" mais literalmente como "criadagem" ou "corpo de servidores ou servos".
273. Literalmente, traduz-se "*Vorsteher*" por "superintendentes".
274. Totalidade coletiva.

propagar em sua universalidade sem se tornar uma Igreja visível, mas apenas se se acrescentar a isso uma universalidade coletiva, isto é, uma união de crédulos em uma Igreja (visível) segundo princípios de uma religião racional pura – e visto que esta Igreja não surge, no entanto, daquela unanimidade por si mesma ou mesmo se ela tivesse sido erigida, não teria levado seus adeptos livres (como se mostrou acima) a um estado permanente como *comunidade* de crédulos (posto que nenhum desses indivíduos iluminados acredita precisar, para suas disposições de ânimo religiosas, da associação de outros em uma tal religião) – então, se não se acrescenta, além das leis naturais cognoscíveis pela simples razão, ainda certos regulamentos estatutários, mas ao mesmo tempo com autoridade (*Autorität*) legiferante, ainda faltará sempre aquilo que constitui um dever particular dos seres humanos – um meio para o fim supremo deles – a saber, a sua união permanente a uma Igreja visível universal; essa autoridade de ser um fundador de tal Igreja pressupõe um fato [*Factum*] e não meramente o conceito racional puro.

Ora, se assumimos um professor, a respeito do qual uma história (ou, ao menos, a opinião geral, não fundamentalmente contestável) narra que ele foi o primeiro a expor publicamente uma religião pura, apreensível para todos (natural) e penetrante, cujas doutrinas, enquanto preservada para nós, podemos por isso, nós mesmos, examinar e isso mesmo apesar de uma fé eclesial dominante, fastidiosa e que não visa o propósito moral (fé cujo culto servil pode servir, no aspecto principal, como exemplo de qualquer outra fé meramente estatutária, tal como era normal no mundo naquela época); se descobrimos que este professor tornou aquela religião racional universal condição suprema imprescindível de toda fé religiosa e, então, acrescentou certos estatutos que contêm fórmulas e observâncias que devem servir como meios de levar a cabo uma Igreja fundada sobre aqueles princípios, então não se pode, contudo, a despeito da contingência e da arbitrariedade das prescrições dele visando tal fim, contestar à tal Igreja o nome de verdadeira Igreja universal, nem contestar a ele mesmo a autoridade de ter convocado os seres humanos para a união nessa Igreja, que ele fez sem querer precisamente aumentar a fé com novas prescrições onerosas ou também fazer das regulações instituídas primeiramente por ele ações santas particulares e obrigatórias por si, como aspectos da religião.

6:159 / Após essa descrição, não se pode errar, decerto, sobre a pessoa que pode ser venerada não como *fundador* da *religião*, pura em relação a todos os estatutos, que está inscrita no coração de todos os seres humanos (pois ela não é de origem arbitrária), mas sim da primeira *Igreja* verdadeira. – Para a autenticação dessa sua dignidade como enviado de Deus, queremos citar algumas de suas doutrinas como documentos indubitáveis de uma religião em geral, independente do que possa se passar com a história (pois, na ideia mesma, já reside o fundamento suficiente da aceitação), e elas certamente não poderão ser outras senão doutrinas puras da razão; pois são estas doutrinas que unicamente provam a si mesmas e sobre as quais, portanto, se deve excepcionalmente basear a autenticação das outras.

Primeiramente, ele quer que não seja a observância de deveres eclesiais externos ou estatutários, mas apenas a disposição de ânimo moral pura do coração, o que possa tornar o ser humano agradável a Deus (Mt 5,20-48); que, diante de Deus, o pecado em pensamento seja considerado igual ao ato (Mt 5,27-28)[275] e, em geral, a santidade seja a meta para a qual o ser humano deve se esforçar (Mt 5,48)[276]; que, por exemplo, odiar no coração é tanto quanto matar (Mt 5,22)[277]; que uma injustiça infligida ao próximo só pode ser compensada mediante a satisfação prestada a ele mesmo e não por meio de ações de serviço de Deus (Mt 5,24)[278] e que, no que diz respeito à veracidade, o meio civil

---

275. "Ouvistes o que foi dito: *Não cometerá adultério.* Pois eu vos digo: Todo aquele que lançar um olhar de cobiça sobre uma mulher, já cometeu adultério em seu coração" (Mt 5,27-28).

276. "Portanto, sede perfeitos como o vosso Pai celeste é perfeito" (Mt 5,48).

277. "Pois eu vos digo: quem se encolerizar contra seu irmão será réu de julgamento. Quem chamar seu irmão de patife será réu perante o Sinédrio, e quem o chamar de tolo será réu do inferno de fogo" (Mt 5,22).

278. "Deixa tua oferta lá diante do altar, vai primeiro reconciliar-te com teu irmão e então volta para apresentar tua oferta" (Mt 5,24).

de extorqui-la* – o juramento – rompe o respeito à veracidade
mesma / (Mt 5, 34-37)²⁷⁹; que a propensão natural, mas má, do   6:160
coração humano deva ser inteiramente revertida, o doce sentimento de vingança se converter em tolerância (Mt 5, 38-40)²⁸⁰ e
o ódio ao seu inimigo em beneficência (Mt 5,44)²⁸¹. Então ele diz
que pretende satisfazer completamente a lei judaica (Mt 5,17)²⁸²,
embora nisso a intérprete de tal lei deve ser obviamente não
a erudição escriturária, mas uma religião racional pura, pois,
tomada segundo a letra, a lei permitia justamente o contrário
disso tudo. – Além do mais, pelas denominações de porta estreita e caminho apertado²⁸³, ele também não deixa de obser-

---

* Não é fácil discernir por que essa proibição clara contra o meio coercitivo à confissão diante de um tribunal civil, meio fundado não na conscienciosidade [*Gewissenhaftigkeit*], mas na mera superstição, é considerada tão insignificante pelos professores de religião. Pois, que se trata de superstição a coisa cujo efeito se leva, sobretudo, em conta aqui, reconhece-se pelo fato de que – no que concerne a um ser humano em quem não se confia que fala a verdade em uma declaração solene sobre cuja verdade se baseia a sentença [*Entscheidung*] do direito dos seres humanos (o direito sagrado que está no mundo) – acredita-se, contudo, que tal ser humano será induzido a falar a verdade mediante uma fórmula que não contém nada mais, a respeito daquela declaração, do que a invocação sobre ele das punições divinas (das quais ele não pode escapar, de qualquer modo, por meio de uma tal mentira), exatamente como se dependesse ou não dele prestar contas diante deste tribunal supremo. – Nas passagens da Escritura citadas, esse tipo de afirmação é apresentado como uma presunção, por assim dizer, *absurda* de tornar efetivamente reais, por meio de palavras mágicas, coisas que, contudo, não estão em nosso poder. – Vê-se bem, no entanto, que o sábio professor – quando diz lá que o que, como afirmação de verdade, vai além do "sim, sim! não, não!" é algo do mal – tinha diante dos olhos as más consequências que os juramentos trazem consigo, a saber, que a grande importância atribuída a tais quase torna permissível a mentira comum. /   6:160

279. "Pois eu vos digo: Não jureis de maneira alguma, nem pelo céu, pois é o trono de Deus, nem *pela terra*, pois é o *suporte de seus pés*; nem por Jerusalém, pois é a cidade do grande rei. Nem tampouco jures por tua cabeça, pois não poderás tornar branco ou preto nenhum de teus cabelos. Seja a vossa palavra sim, se for sim; não, se for não. Tudo o que passar disso vem do Maligno" (Mt 5,34-37).

280. "Ouvistes que foi dito: *Olho por olho, e dente por dente*. Pois eu vos digo: Não resistais ao malvado. Se alguém te bater na face direita, oferece-lhe também a outra. E se alguém quiser te processar para tirar-te a túnica, deixa-lhe também o manto" (Mt 5,38-40).

281. "Pois eu vos digo: Amai vossos inimigos e orai pelos que vos perseguem" (Mt 5,44).

282. "Não penseis que vim abolir a Lei ou os Profetas. Não vim abolir mas completar" (Mt 5,17).

283. "Entrai pela porta estreita; porque larga é a porta, e espaçoso o caminho que con- duz à perdição, e muitos são os que por ele entram. Quão estreita é a porta e apertado o caminho que leva à vida, e poucos são os que o encontram!" (Mt 7,13-14).

var a má interpretação da lei que os seres humanos permitem a si mesmos, a fim de contornar o seu verdadeiro dever moral e de se indenizar disso mediante o cumprimento do dever eclesial (Mt 7,13)*. A respeito dessas disposições de ânimo puras, ele exige, todavia, que elas devam se comprovar também em *atos* (7,16)[284] e ele nega, em contrapartida, a esperança insidiosa daqueles que, mediante a invocação e louvor do legislador supremo na pessoa de seu enviado, acreditam substituir a falta desses atos e ganhar lisonjeiramente seu favor (Mt 7,21)[285]. A respeito dessas obras, ele quer também que elas devam acontecer publicamente, por causa do exemplo a seguir (Mt 5,16)[286], e, decerto, em um estado de ânimo [*Gemüthstimmung*] alegre, não como ações extorquidas servilmente (Mt 6,16)[287] e que, então – a partir de um pequeno começo da comunicação e da difusão de tais disposições de ânimo, como uma semente em um bom campo de cultivo ou um fermento do bem –, a religião deva crescer gradualmente, mediante força interna, rumo a um Reino de Deus (Mt 13,31-33)[288]. – Finalmente, ele resume todos os deveres: 1) em uma regra *universal* (que compreende em si tanto a relação moral interna quanto a externa dos seres humanos), a saber, faça seu dever a partir de nenhum

---

* *A porta estreita* e o caminho apertado que conduzem à vida é a boa conduta de vida, a *porta ampla* e o caminho largo em que muitos andam é a *Igreja*. Não como se nela e em seus estatutos residisse o motivo dos seres humanos se perderem, mas porque se assume *o ir* à igreja e a confissão de seus estatutos ou a celebração de seus ritos como a maneira pela qual Deus quer ser propriamente servido.

284. "Por seus frutos os conhecereis. Porventura colhem-se uvas de espinhos, ou figos de urtigas?" (Mt 7,16).

285. "Nem todo o que me diz: Senhor, Senhor! entrará no Reino dos Céus, mas quem fizer a vontade de meu Pai que está nos céus" (Mt 7,21).

286. "É assim que deve brilhar vossa luz adiante das pessoas, para que vejam vossas boas obras e glorifiquem vosso Pai que está nos céus" (Mt 5,16).

287. "Quando jejuardes, não fiqueis tristes como os hipócritas que desfiguram o rosto, para os outros verem que estão jejuando. Eu vos garanto: eles já receberam a recompensa" (Mt 6,16).

288. "Ele lhes propôs outra parábola: 'O Reino dos Céus é semelhante a um grão de mostarda, que um homem toma e semeia em sua terra. É a menor de todas as sementes. Mas, quando cresce, é a maior das hortaliças e torna-se uma árvore, de *modo que em seus ramos os passarinhos vêm fazer ninhos*'. Contou-lhes outra parábola: 'O Reino dos Céus é semelhante ao fermento que uma mulher pegou e misturou com três medidas de farinha, e tudo ficou fermentado'" (Mt 13,31-33).

outro móbil senão a estima imediata por este dever, isto é, ame a Deus (o legislador de todos deveres) sobre todas as coisas[289]; 2) em uma regra *particular*, a saber, a que diz respeito, como dever universal, à relação externa com outros seres humanos: ame cada um como a ti mesmo[290], isto é, promova o bem-estar [*Wohl*] dele a partir de uma benevolência imediata, não derivada de móbeis do interesse próprio; / estes mandamentos não são meramente leis da virtude, mas preceitos da *santidade* a que devemos nos esforçar, mas em vista da qual o mero esforço se chama *virtude*. – Portanto, àqueles que acreditam esperar esse bem moral de maneira inteiramente passiva, com mãos nas cinturas, como uma dádiva celeste descida de cima, ele nega toda esperança a este respeito. Aquele que deixa inutilizada essa predisposição para o bem, que reside na natureza humana (como um tesouro[291] que lhe é confiado) – na confiança preguiçosa de que uma influência moral suprema de algum modo compensará a constituição e perfeição moral que lhe falta –, a tal pessoa ele ameaça que mesmo o bem que ela poderia ter feito por predisposição natural não deve vir a beneficiá-la por causa dessa negligência (Mt 25,29)[292].

6:161

Ora, no que diz respeito à expectativa bastante natural do ser humano de um quinhão quanto à felicidade adequado a sua conduta moral, sobretudo com tantos sacrifícios dessa felicidade que tinham de ser tomados sobre si por causa da conduta moral, ele promete (Mt 5,11-12)[293] para tais sacrifícios a recompensa de um mundo futuro, mas, segundo a diversidade das disposições

---

289. "Mestre, qual é o maior mandamento da Lei? Jesus respondeu: '*Amarás o Senhor teu Deus de todo o coração, com toda a alma e com toda a mente*. Este é o maior e o primeiro mandamento" (Mt 22,36-38).
290. "Mas o segundo é semelhante a este: *Amarás o próximo como a ti mesmo*. Destes dois mandamentos dependem toda a Lei e os Profetas" (Mt 22,39-40).
291. Literalmente, o termo "*Pfund*" significa "libra esterlina". É traduzido na tradução inglesa de Giovanni (1996) e Pluhar (2009) respectivamente como "*capital*" e "*talent*".
292. "Pois ao que tem muito, mais lhe será dado e ele terá em abundância. Mas ao que não tem, até mesmo o que tem lhe será tirado" (Mt 25,29).
293. "Felizes sereis quando vos insultarem e perseguirem e, por minha causa, disserem todo tipo de calúnia contra vós. Alegrai-vos e exultai, porque grande será a vossa recompensa nos céus. Foi assim que perseguiram os profetas antes de vós" (Mt 5,11-12).

de ânimo nessa conduta, de uma maneira diferente daqueles que fazem seu *dever por causa da recompensa* (ou também por causa da absolvição de uma punição devida) em relação àqueles seres humanos melhores que cumpriram seu dever meramente pelo seu dever mesmo. Aquele a quem o proveito próprio, o deus deste mundo, domina – quando tal pessoa, sem renunciar a ele, apenas o refina pela razão e o estende para além dos limites estritos do presente – é representado como alguém (Lc 16,3-9)[294] que, através de si mesmo, engana seu senhor e ganha dele sacrifícios em nome do dever. Pois quando lhe ocorre o pensamento de que algum dia, contudo, talvez em breve, terá de deixar o mundo e que não pode levar consigo ao outro mundo nada do que possuía aqui, então ele prontamente se decide a amortizar da sua conta o que ele ou seu senhor – o proveito próprio – poderia exigir legalmente de seres humanos em necessidade e, dessa forma, proporcionar para si, por assim dizer, créditos [*Anweisungen*][295] que sejam pagáveis em um outro mundo; por meio disso, ele procede, decerto, no que diz respeito ao móbil de tais ações beneficentes, mais *prudencialmente* do que *moralmente*, mas ainda assim em conformidade com a lei moral, pelo menos com a letra, e se permite esperar também que tal conduta não poderia ficar sem recompensa para ele no futuro*. Se se compara aqui o que é dito da beneficência

---

294. "O administrador pensou: 'O que vou fazer, pois o patrão me tira a administração? Trabalhar na terra... não tenho forças; mendigar... tenho vergonha. Mas já sei o que vou fazer para que, depois de afastado da administração, alguém me receba em sua casa'. Convocou cada um dos devedores do patrão. Perguntou ao primeiro: 'Quanto deves ao meu patrão?' A resposta foi: 'Cem barris de azeite'. Disse-lhe ele: 'Toma a conta, senta-te imediatamente e escreve cinquenta'. Depois perguntou a outro: 'E tu, quanto deves?' A resposta foi: 'Cem sacos de trigo'. Disse-lhe: 'Toma a conta e escreve oitenta'. O patrão louvou o administrador desonesto por ter agido com esperteza, pois os filhos deste mundo são mais vivos no trato com sua gente do que os filhos da luz. E eu vos digo: Fazei-vos amigos com as riquezas injustas, para que, no dia em que estas faltarem, eles vos recebam nas moradas eternas" (Lc 16,3-9).

295. Além da tradução comum do termo "*Anweisung*" como "instrução", ele também pode ser traduzido como "ordem de pagamento" ou "vale".

* Nada sabemos do futuro e tampouco devemos procurar [*forschen*] por algo mais do que o que se encontra em ligação, em conformidade com a razão, com os móbeis da moralidade e com o fim dela. / Nisso se inclui também a fé de que não há nenhuma boa ação que não terá também suas boas consequências no mundo futuro para aqueles que a praticaram; por conseguinte, o ser humano – não importa quão repreensível ele possa se encontrar no término da vida – não

aos / que estão em necessidade por meros motivos do dever (Mt 25,35-40)²⁹⁶, na qual o juiz do mundo declara como os verdadeiros eleitos para seu reino aqueles que prestaram ajuda aos que estão em necessidade sem deixar que lhes ocorram também o pensamento de que algo assim ainda é merecedor de uma recompensa – e que, dessa forma, obrigavam, porventura, o céu, por assim dizer, à recompensa – precisamente porque o fizeram sem considerar a recompensa, então se vê muito bem que o professor do Evangelho, ao falar de recompensa no mundo futuro, não quis, por meio disso, fazer dela móbil das ações, mas apenas (como representação, que eleva a alma, da compleição do bem e da sabedoria divina em guiar o gênero humano) objeto da veneração mais pura e do maior comprazimento moral para uma razão que julga a vocação do ser humano como um todo.

Ora, eis aqui uma religião completa que pode ser apresentada, de maneira compreensível e convincente, a todos os seres humanos pela sua própria razão e que, além disso, tornou-se intuitiva em um exemplo, cuja possibilidade e até mesmo a necessidade de ser para nós um arquétipo a seguir (tanto quanto seres humanos são capazes disso), sem que nem a verdade daquelas doutrinas, nem a autoridade e a dignidade do professor precise de qualquer outra autenticação (para a qual são exigidos erudição ou milagres, que não são assuntos de todos). Se nela ocorrem apelações à legislação e à formação anterior²⁹⁷ antiga (mosaica), como se

---

deve, por isso, se deixar coibir de fazer, ao menos, mais *uma* boa ação que esteja em sua capacidade e que, com isso, ele tem motivo para acreditar que, segundo a medida em que ele nutre nela um intento [*Absicht*] puro bom, essa ação será sempre de maior valor do que aquelas absolvições destituídas de ação, as quais, sem contribuir com algo para a diminuição da culpa, devem compensar a falta das boas ações.

296. "'Porque tive fome e me destes de comer, tive sede e me destes de beber, fui peregrino e me acolhestes, estive nu e me vestistes, enfermo e me visitastes, estava na cadeia e viestes ver-me'. E os justos perguntarão: 'Senhor, quando foi que te vimos com fome e te alimentamos, com sede e te demos de beber? Quando foi que te vimos peregrino e te acolhemos, nu e te vestimos? Quando foi que te vimos enfermo ou na cadeia e te fomos visitar?' E o rei dirá: 'Eu vos garanto: todas as vezes que fizestes isso a um desses irmãos menores, a mim o fizestes'" (Mt 25,35-40).

297. As edições em língua inglesa, francesa e portuguesa traduzem "*Vorbildung*" respectivamente como "*prefiguration*" (1996), "*prior development*" (2009), "*culture primitive*" e "educação prévia".

estas tivessem de servir ao professor como confirmação, tais não foram dadas como a verdade das próprias doutrinas concebidas, mas apenas como sua introdução entre pessoas que se apegavam inteira e cegamente ao antigo; isso deve ser sempre muito mais difícil – entre seres humanos cujas cabeças, preenchidas de proposições de fé estatutárias, tornaram-se quase irreceptíveis para a religião racional – do que se tal religião tivesse de ser levada à razão de seres humanos não instruídos, / mas também não corrompidos. Por causa disso, ninguém deve também estranhar em achar uma exposição que se ajusta aos preconceitos daquela época enigmática para a época atual e precisando de uma interpretação cuidadosa, embora essa exposição deixe transparecer em toda parte uma doutrina da religião – e, ao mesmo tempo, muitas vezes aponte para ela expressamente –, doutrina que deve ser compreensível a todo ser humano e convincente sem todo dispêndio de erudição.

Segunda seção – A religião cristã como religião erudita

Na medida em que uma religião expõe, como necessárias, proposições de fé que não podem ser conhecidas como tais pela razão, mas devem, não obstante, ser comunicadas a todas as épocas futuras de maneira não adulterada (segundo seu conteúdo essencial), então ela é para ser considerada (se não se quer assumir um milagre contínuo da revelação) um bem sagrado confiado ao cuidado dos *eruditos*. Pois embora *inicialmente* essa religião, acompanhada com milagres e atos, pudesse encontrar acesso em todas as partes, inclusive naquilo que não é exatamente confirmado pela razão, mesmo o relato desses milagres – junto às doutrinas que precisaram de confirmação por meio deles – terá, contudo, necessidade, *no avançar do tempo*, de uma instrução escrita, documental e imutável para a posteridade.

A aceitação dos princípios de uma religião chama-se, de modo excelente, *fé* (*fides sacra*[298]). Teremos, portanto, de considerar a fé cristã, de um lado, como uma *fé racional* pura e, de outro,

---

298. Fé santa.

como uma *fé revelada* (*fides statutaria*). Ora, a primeira pode ser considerada como uma fé aceita livremente por todos (*fides elicita*[299]), a segunda como uma fé que ordena (*fides imperata*[300]). Qualquer um pode se convencer pela razão do mal que reside no coração humano e do qual ninguém está livre; da impossibilidade de se manter alguma vez justificado diante de Deus mediante sua conduta de vida e, ainda assim, da necessidade de uma justiça tal válida diante dele; da inadequação de compensar a retidão faltante por meio de observâncias eclesiais e culto servil [*Frohndienste*] piedoso e, ao contrário, da obrigação irremissível de se tornar um ser humano melhor; e convencer-se disso se inclui na religião.

/ Mas a partir do momento em que a doutrina cristã é construída sobre fatos e não sobre meros conceitos racionais, ela já não mais se chama meramente a *religião* cristã, mas chama-se a *fé* cristã, que foi colocada como fundamento de uma Igreja. O serviço de uma Igreja que é consagrado a uma tal fé tem, portanto, dois lados; de um lado, está aquele serviço que deve ser prestado à Igreja segundo a fé histórica; do outro, aquele que lhe é devido segundo a fé racional prática e moral. Na Igreja cristã, nenhum dos dois serviços pode ser separado um do outro, enquanto subsistente por si só; o último não pode se separar do primeiro porque a fé cristã é uma fé religiosa; e o primeiro do último porque a fé cristã é uma fé erudita. 6:164

A fé cristã, como fé *erudita*, apoia-se na história e, na medida em que a erudição (objetivamente) reside em seu fundamento, não é uma fé em si *livre* e derivada do discernimento de fundamentos teóricos suficientes de prova[301] (*fides elicita*). Se ela fosse uma fé racional pura, então – embora as leis morais sobre a qual se funda, enquanto fé em um legislador divino, ordene incondicionalmente – ela teria de ser considerada, contudo, como fé livre, tal como ela foi representada na primeira seção. Como doutrina

---

299. Fé eliciada ou extraída.
300. Fé ordenada ou imposta.
301. Nas edições em língua inglesa, francesa e portuguesa, traduz-se "*teoretische Beweisgrund*" respectivamente como "*theoretically* [...] *grounds of demonstration*" (1996) "*theoretical bases of proof*" (2009), "*preuves théoriques*" e "argumentos teóricos".

histórica, ela poderia ser, por certo, desde que não se fizesse da fé dever, uma fé teoricamente livre, se todos fossem eruditos. Mas se ela deve valer para todos, mesmo os não eruditos, então não é apenas uma fé que ordena, mas uma que obedece cegamente ao mandamento, isto é, sem investigar se realmente é um mandamento divino (*fides servilis*[302]).

Na doutrina revelada cristã, no entanto, de modo algum se pode começar pela *fé incondicionada* nas proposições reveladas (por si ocultas à razão) e deixar o conhecimento erudito seguir disso, de alguma maneira meramente como uma proteção[303] contra um inimigo que ataca o trem de trás [*Nachzug*][304]; pois se assim fosse, a fé cristã não seria meramente *fides imperata*, mas até mesmo *servilis*. Essa doutrina deve, portanto, sempre ser ensinada ao menos como *fides historice elicita*[305], isto é, nela, como doutrina revelada da fé, a erudição teria de constituir não a retaguarda, mas a vanguarda e o pequeno número de eruditos escriturários (clérigos), os quais também não poderiam dispensar inteiramente o aprendizado[306] profano, arrastariam atrás de si o comprido trem dos não eruditos (laicos) que são por si pouco versados na Escritura (e entre os quais se incluem mesmo os governantes civis do mundo[307]). / – Ora, se isso não é para acontecer, então a razão humana universal em uma religião natural deve ser reconhecida e honrada como o princípio supremo que ordena na doutrina da fé cristã, mas a doutrina da revelação, sobre a qual se funda uma Igreja e que precisa dos eruditos como intérpretes e preser-

---

302. Fé servil.

303. Literalmente, traduz-se "*Verwahrung*" como "custódia".

304. Kant está usando uma metáfora para "retaguarda" ao se referir ao "trem de trás" ou ao "último vagão".

305. Fé historicamente elicitada.

306. A palavra "*Gelehrtheit*" também é traduzida por "erudição". Para diferenciá-la de "*Gelehrsamkeit*" optamos por traduzi-la por "aprendizado".

307. O termo "*weltbürgerliche Regenten*" é traduzido de modo mais literal por "governantes cosmopolitas". A tradução em língua inglesa (2009) e francesa optam pela tradução literal como "*cosmopolitan regents*" e "*souverains, citoyens du monde*". Contudo, em sua expressão, Kant não está fazendo referência a qualquer tipo de cosmopolitismo. Por isso, a tradução inglesa de Giovanni (1996) e a portuguesa parecem captar melhor o sentido do contexto ao optar por "*civil authorities*" e "governantes civis do mundo".

vadores, deve ser amada e cultivada como mero meio, embora sumamente estimável, para dar à religião natural apreensibilidade [*Fasslichkeit*], mesmo aos ignorantes, difusão e persistência.

Este é o verdadeiro *serviço* da Igreja sob o domínio do princípio bom, enquanto o serviço em que a fé na revelação deve preceder à religião é o *pseudosserviço*, pelo qual a ordem moral é inteiramente invertida e o que é apenas meio ordena incondicionalmente (como se fosse fim). A fé em proposições das quais o não erudito não pode se certificar nem pela razão nem pela Escritura (na medida em que a última teria primeiro de ser autenticada), se tornaria dever absoluto (*fides imperata*) e seria elevada assim, junto às demais observâncias ligadas a ela, enquanto culto servil, ao nível de uma fé beatífica, mesmo sem os motivos morais das ações. – Uma Igreja fundada no último princípio não tem propriamente *servos* (*ministri*), tais como os da de primeira constituição[308], mas altos *funcionários* que ordenam (*officiales*), os quais – embora não apareçam (como em uma Igreja protestante) no esplendor da hierarquia como funcionários espirituais investidos com poder externo e até mesmo protestem contra isso com palavras – querem, contudo, ser considerados, de fato, como os únicos intérpretes autorizados de uma Escritura Sagrada, depois de terem despojado a religião racional pura da dignidade que lhe é devida de ser sempre a intérprete suprema da Escritura e ter ordenado fazer uso da erudição escriturária unicamente em nome da fé eclesial. Dessa maneira, eles transformaram o *serviço* da Igreja (*ministerium*) em uma *dominação* de seus membros (*imperium*), embora, para ocultar essa presunção, eles se sirvam do modesto título de servidores. Mas essa dominação, que teria sido fácil para a razão, custa caro à Igreja, a saber, encontra-se no dispêndio de grande erudição. Pois "cega em relação à natureza, ela puxa toda a antiguidade em cima da cabeça e se enterra embaixo dela"[309]. – O curso que as coisas tomam, colocadas dessa forma, é o seguinte:

---

308. Na sentença *"so wie die von der erstern Verfassung"*, pode estar subentendido no artigo *"die"* tanto "servos" quanto "igreja". Optamos pela primeira opção, "servos", tal como a tradução francesa e inglesa de Cambridge (1996) e diferente da tradução para língua inglesa mais recente (2009) e a tradução portuguesa.

309. Werner Pluhar (2009) sugere que a referência parece ser sobre Sansão, a partir de uma citação que aparece em Edward Young (1683-1765), em suas *Conjeturas de uma composição original* (1759).

6:166   Primeiro, o procedimento prudentemente observado pelos primeiros propagadores da doutrina de Cristo para proporcionar a essa doutrina acesso em meio a seu povo, / é assumi-la como uma parte da religião mesma, válida para todas as épocas e povos, de modo que se deveria acreditar que *todo cristão teria de ser um judeu cujo messias chegou*; mas isso não concorda bem com o fato de o cristão não estar, contudo, vinculado propriamente a nenhuma lei do judaísmo (como lei estatutária), mas ter, não obstante, de aceitar fielmente o livro sagrado desse povo por inteiro, como revelação divina dada a todos os seres humanos†. – Ora, há muita dificuldade com a autenticidade desse livro (que está longe de ser comprovada pelo fato de passagens do livro – por certo, toda a história sagrada que acontece inteiramente nele – serem usadas nos livros dos cristãos no interesse deste seu fim). Antes do começo do cristianismo e antes mesmo de seu avanço já considerável, o judaísmo ainda não havia penetrado no *público*

---

† *Mendelssohn*[310] usa, de maneira bastante habilidosa, este lado fraco do modo costumeiro de se representar o cristianismo para rejeitar completamente qualquer exigência de conversão religiosa a um filho de Israel. Pois – ele diz – visto que a fé judaica é, mesmo de acordo com a confissão dos cristãos, o andar mais baixo sobre o qual o cristianismo como o andar de cima se apoia, então isto é exatamente tanto quanto querer exigir de alguém demolir o térreo a fim de se tornar residente no segundo andar. Mas sua verdadeira opinião transparece de maneira bastante clara. Ele quer dizer: primeiro eliminais vós mesmos o judaísmo de vossa *religião* (na doutrina histórica da fé, ele pode sempre permanecer como uma antiguidade) e, então, poderemos levar em consideração a vossa sugestão. (De fato, não restaria nesse caso, por certo, nenhuma outra senão a religião moral, não mesclada a estatutos). Nosso fardo não é minimamente aliviado pela rejeição do jugo das observâncias externas, se um outro nos é imposto, a saber, o jugo da confissão de fé na história sagrada, que oprime de maneira muito mais severa o ser humano conscencioso. – De resto, os livros sagrados desse povo serão, por certo, sempre conservados e respeitados, se não por causa da religião, contudo, para a erudição, uma vez que a história de nenhum outro povo remonta, com algum semblante [*Anschein*] de credibilidade, tão remotamente às épocas da Antiguidade [*Vorzeit*] nas quais se pode situar a história profana que nos é conhecida (mesmo até o começo do mundo); e, assim, o grande vazio que a história profana acaba por deixar é, contudo, preenchido pela história sagrada.

310. Moses Mendelssohn (1729-1786), filósofo judeu alemão e importante nome do Iluminismo alemão, com contribuições em diversas áreas do conhecimento, como a metafísica, teologia, estética, filosofia política e crítica literária. Por anos, Mendelssohn trocou correspondência com Kant sobre suas posições e obras filosóficas. Kant refere-se aqui ao tratado de Mendelssohn *Jerusalém ou Sobre o poder religioso e o judaísmo* (1783).

erudito, isto é, ainda não era conhecido dos contemporâneos eruditos de outros povos, sua história ainda não tinha sido, por assim dizer, inspecionada e, assim, seu livro sagrado foi levado à credibilidade histórica devido à sua antiguidade. Entretanto, mesmo admitindo essa antiguidade, não é suficiente conhecer o livro em traduções e transmiti-lo dessa forma à posteridade, mas para a segurança da fé eclesial fundada nele se exige também que haja, em todas as épocas futuras e / em todos os povos, eruditos que sejam conhecedores do idioma hebraico (tanto quanto é possível em um idioma do qual se tem apenas um único livro) e tal coisa deve ser, contudo, não meramente uma preocupação da ciência histórica em geral, mas uma preocupação – da qual depende a bem-aventurança dos seres humanos – de que haja homens que são suficientemente conhecedores do idioma para assegurar ao mundo a verdadeira religião.

6:167

A religião cristã tem, decerto, um destino similar, na medida em que, embora seus acontecimentos sagrados tenham ocorrido publicamente mesmo diante dos olhos de um povo erudito[311], sua história, ainda assim, atrasou mais do que uma geração antes de ter penetrado o público erudito desse povo e, por conseguinte, sua autenticidade teve de prescindir da confirmação por seus contemporâneos. Mas a religião cristã tem a grande vantagem sobre o judaísmo de ser representada *a partir da boca dos primeiros professores*, promanada não como uma religião estatutária, mas moral; e, ao entrar de tal modo em ligação mais estrita com a razão, ela pôde ser difundida, por meio dela mesma, com a maior segurança – ainda que sem erudição histórica – em todas as épocas e povos. Mas os primeiros fundadores das *congregações* encontraram ao fim a necessidade de entrelaçar com ela a história do judaísmo, o que foi agir prudentemente em vista da situação deles naquele tempo, embora talvez apenas em vista daquela situação e, assim, essa história chegou a nós junto ao legado sagrado de tais fundadores. Os fundadores da *Igreja* admitiram, no entanto, estes meios episódicos de recomendação[312] entre os artigos essenciais da fé e os aumentaram ou com a tradição, ou com interpretações

---

311. Kant refere-se aqui ao povo romano.
312. Em alemão, lemos *"episodische Anpreisungsmittel"*.

que obtiveram força legal a partir de concílios ou foram autenticados pela erudição; a partir da erudição ou de seu antípoda – a luz interior que qualquer leigo também pode arrogar para si – não é possível prever quantas mudanças ainda são iminentes por meio disso na fé; algo que não se pode evitar enquanto buscamos a religião não em nós, mas fora de nós.

Segunda parte
Do pseudosserviço de Deus em uma religião estatutária

A única religião verdadeira não contém nada além do que leis, isto é, princípios práticos tais de cuja necessidade incondicionada podemos nos tornar conscientes e que, portanto, podemos reconhecer como revelados mediante a razão pura (não empiricamente). / Só por causa de uma Igreja – da qual pode existir formas diferentes igualmente boas – pode haver estatutos, isto é, regulamentações sustentadas como divinas, que são arbitrárias e contingentes para nosso julgamento moral puro. Ora, sustentar essa fé estatutária (que sempre está restrita a um povo e não pode conter uma religião universal do mundo) como essencial ao serviço de Deus em geral e fazê-la condição suprema do comprazimento divino nos seres humanos é uma *desilusão religiosa*[*] [*Religionswahn*], cuja observância é um *pseudosserviço*, isto é, uma suposta veneração de Deus mediante a qual se age justamente de maneira contrária ao verdadeiro serviço por Ele mesmo exigido.

---

[*] Desilusão [*Wahn*] é o engano em sustentar a mera representação de uma coisa como equivalente à coisa mesma. Então, em um rico miserável, a desilusão da *avareza* é sustentar, como substituto suficiente, a representação de poder se servir de suas riquezas quando quiser, sem nunca se servir delas. *A desilusão de honra* põe no louvor por outros, que é, no fundo, apenas a representação externa do respeito destas pessoas (talvez de modo algum nutrido internamente), o valor que alguém deveria atribuir apenas a esse respeito; a essa desilusão pertence, portanto, também o anseio por títulos e condecorações, uma vez que estas são apenas representações externas de uma prevalência sobre outros. Mesmo a *loucura* [*Wahnsinn*] tem esse nome por ser o hábito de tomar uma mera representação (da imaginação) como a presença da coisa mesma e apreciá-la exatamente assim. – Ora, a consciência da posse de um meio para um fim qualquer (antes de se ter servido daquele meio) é a posse desse fim meramente na representação; por conseguinte, satisfazer-se com essa consciência justamente como se ela pudesse valer no lugar da posse do fim, é uma *desilusão prática*, a desilusão da qual unicamente estamos falando aqui.

§ 1. Do fundamento subjetivo universal da desilusão religiosa

O antropomorfismo – que é dificilmente evitado pelos seres humanos na representação teórica de Deus e de sua essência, mas que, de resto (desde que não influencie os conceitos de dever), é também, contudo, bastante inocente – é sumamente perigoso em vista de nossa relação prática com sua vontade e para nossa moralidade mesma; pois, nesse caso, *formamos para nós um Deus*†, a partir da maneira como acreditamos sermos capazes de ganhá-lo mais facilmente em nossa vantagem / e de nos tornarmos dispensados do esforço árduo ininterrupto de atuar sobre o aspecto mais íntimo de nossa disposição de ânimo moral. O princípio que o ser humano habitualmente forma para si acerca dessa relação é que mediante tudo o que fazemos unicamente a fim de comprazer a divindade (desde que tal coisa não entre diretamente em conflito com a moralidade, embora não contribua minimamente para ela), demonstramos nossa prontidão de servir a Deus, como súditos obedientes e, justamente por isso, agradáveis a Ele, e portanto também servimos a Deus (*in potentia*). – Não precisa que sejam sempre sacrifícios os meios pelos quais o ser humano acredita realizar esse serviço de Deus: também cerimônias, mesmo jogos públicos, como entre os gregos e romanos, tiveram muitas vezes de servir e continuam a servir para tornar uma divindade favorável a um povo ou mesmo a seres humanos particulares segundo a sua desilusão. Contudo, os sacrifícios (penitências, mortificações, peregrinações etc.) foram sempre sustentados como mais poderosos, mais eficazes ao favor do céu e mais adequados à expiação, uma vez que servem para designar mais intensamente

---

† Soa, decerto, questionável, mas de modo algum repreensível, dizer que todo ser humano *forma* para si um *Deus*; por certo, que ele deve formar para si um tal Deus, segundo conceitos morais (acompanhados com as propriedades infinitamente grandes que pertencem à faculdade de apresentar no mundo um objeto adequado a esses conceitos), / a fim de venerar nele aquele *que o fez*. Pois qualquer que seja a maneira em que um ser tenha sido dado a conhecer ou descrito a alguém como *Deus* – e, por certo, qualquer que seja a maneira como um ser tal pudesse lhe aparecer (se isso for possível) –, o ser humano deve comparar primeiro, contudo, essa representação com o seu ideal a fim de julgar se está autorizado a sustentar e venerar esse ser como uma divindade. A partir da mera revelação, sem de *antemão* colocar como fundamento aquele conceito em sua pureza, como pedra angular, não pode haver, portanto, nenhuma religião e toda veneração de Deus seria *idolatria*.

a submissão ilimitada (embora não moral) à sua vontade. Quanto mais inúteis são tais torturas autoinfligidas e quanto menos elas visam o melhoramento moral universal do ser humano, mais sagradas elas parecem ser, uma vez que, justamente pelo fato de não servirem absolutamente para nada no mundo, mas ainda assim demandarem esforço, elas parecem ter como propósito unicamente a testificação da devoção para com Deus. – Diz-se: embora Deus não tenha sido servido aqui, mediante a ação, em nenhum aspecto, ele vê, contudo, a boa vontade nisso, o coração que é, decerto, tão fraco para o cumprimento de seus mandamentos morais, mas que repara a sua carência mediante sua atestada prontidão para isso. Ora, aqui é visível a propensão para um procedimento que, por si, não tem nenhum valor moral, exceto talvez apenas como meio de elevar a faculdade de representação sensível à acompanhante das ideias intelectuais do fim ou para rebaixá-la, se porventura tal procedimento pudesse / atuar contra tais ideias*; atribuímos, contudo, a esse procedimento, em nossa opinião, o valor do fim mesmo ou, o que é exatamente a mesma coisa, atribuímos ao estado de ânimo para a receptividade das disposições de ânimo dedicadas a Deus (estado chamado *devoção*) o valor das disposições; esse procedimento é, por conseguinte, uma mera desilusão

---

* Àqueles que – nas partes onde as diferenciações entre sensível e intelectual não lhes são muito familiares – acreditam encontrar contradições da *Crítica da razão pura* consigo mesma, observo que, quando se fala de meios sensíveis de fomentar o aspecto intelectual (da disposição de ânimo moral pura) ou do obstáculo que estes meios sensíveis opõem a esse aspecto intelectual, essa influência de dois princípios tão heterogêneos nunca deve ser pensada como *direta*. A saber, como seres sensíveis, podemos atuar em oposição ou a favor da lei apenas no que diz respeito aos *fenômenos do princípio intelectual*, isto é, no que diz respeito à determinação de nossas forças físicas por meio do *livre-arbítrio*, que se manifesta em ações, de modo que causa e efeito são representados, de fato, como homogêneos. No entanto, no que diz respeito ao aspecto suprassensível (o princípio subjetivo da moralidade em nós, que se encontra selado na propriedade incompreensível da liberdade) – por exemplo, a disposição de ânimo religiosa pura – dessa propriedade da liberdade nada discernimos, além de sua lei (o que, no entanto, também já basta), no que concerne à relação de causa e efeito no ser humano; isto é, não podemos *explicar* para nós mesmos a possibilidade das ações como acontecimentos no mundo sensível, a partir da constituição moral do ser humano, como algo que seja imputável a elas[313], justamente por serem ações livres, enquanto os fundamentos de explicação de todos os acontecimentos devem ser retirados do mundo sensível.

313. Kant não está referindo ao "ser humano" como as traduções francesa e portuguesa indicam, mas às suas ações [*ihnen*].

religiosa que pode assumir todos os tipos de formas, das quais em uma ela parece mais próxima da forma moral do que na outra, e que em todas não é meramente uma ilusão [*Tauschung*] impremeditada, mas até mesmo uma máxima para atribuir ao meio, em vez do fim, um valor em si; então aí, por força dessa máxima, essa desilusão é, sob todas essas formas, igualmente absurda e, como inclinação oculta para o engano, repreensível.

§ 2. O princípio moral da religião oposto à desilusão religiosa

Primeiramente, não assumo a seguinte proposição como um princípio que necessita de prova: além da boa conduta de vida, tudo o que o ser humano supõe ainda poder fazer para se tornar agradável a Deus é mera desilusão religiosa e pseudosserviço de Deus. Digo: tudo o que o ser humano acredita ser capaz de fazer, / pois não se nega por meio disso se, além de tudo o que nós podemos fazer, ainda pode haver algo, nos mistérios da sabedoria suprema, que apenas Deus pode fazer para nos tornar seres humanos agradáveis a Ele. Mas se, porventura, a Igreja tivesse de anunciar um mistério tal como revelado, então é uma perigosa desilusão religiosa a opinião de que acreditar nessa revelação, como a história sagrada a conta para nós, e tomá-la como confissão (seja internamente ou externamente) é, em si, algo pelo qual nos tornamos agradáveis a Deus. Pois essa fé, como confissão interna do assentimento firme de alguém, é tão verdadeiramente um fazer compelido pelo medo, que um ser humano sincero poderia antes aceitar qualquer outra condição no lugar desta, uma vez que, em todos os outros serviços de caráter servil [*Frohndiensten*], ele faria em todo caso apenas algo supérfluo, enquanto aqui, em uma declaração de cuja veracidade ele não está convicto, ele faria algo contrário à sua consciência moral [*Gewissen*]. Portanto, a confissão da qual ele se persuade que ela pode, por si mesma (como aceitação de um bem que é oferecido a ele), torná-lo agradável a Deus, é algo que ele supõe poder fazer, mesmo à parte da boa conduta de vida no cumprimento das leis morais a serem praticadas no mundo, ao voltar-se diretamente a Deus com seu serviço.

6:171

Em primeiro lugar, a razão não nos deixa, em relação à deficiência de nossa própria justiça (que é válida diante de Deus), inteiramente sem consolo. A razão diz que é permitido [*dürfe*] àquele que faz cumprir a sua obrigação, em uma verdadeira disposição de ânimo devotada ao dever, tanto quanto se encontra em seu poder (ao menos em uma aproximação constante à adequação completa com a lei), esperar que o que não se encontra em seu poder será compensado de *uma ou outra maneira* pela sabedoria suprema (que pode tornar imutável a disposição de ânimo dessa aproximação constante), sem que, contudo, a razão presuma determinar e saber em que consiste esse modo de proceder[314]; esse modo de proceder pode ser talvez tão misterioso que Deus poderia revelá-lo a nós, no máximo, em uma representação simbólica na qual unicamente o aspecto prático nos é compreensível, ao passo que, teoricamente, de modo algum poderíamos apreender o que essa relação de Deus com o ser humano é em si e ligar com ela conceitos, mesmo que ele quisesse nos revelar [*entdecken*] um mistério tal. – Suponha agora que uma certa Igreja afirmasse saber de maneira determinada o modo em que Deus compensa aquela deficiência moral no gênero humano e sentenciado, ao mesmo tempo, à danação eterna todos os seres humanos que / não conhecem aquele meio de justificação – desconhecido naturalmente à razão – e que, por isso, portanto, também não o adotam como princípio religioso e o tomam como confissão, quem é então, por certo, o incrédulo aqui? Aquele que confia sem conhecer [*wissen*] na maneira como acontecerá aquilo que ele espera ou aquele que pretende conhecer absolutamente esse modo do ser humano de se redimir do mal e que, não conseguindo, desiste de toda esperança nessa redenção? – No fundo, ao último não interessa tanto

---

314. A doutrina da graça que Kant desenvolve aqui é baseada em sua doutrina dos postulados. Leva em consideração, por isso, que a graça divina necessária para compensar nossa deficiência é produto da crença racional dos agentes morais. Rudimentos dessa posição acerca da doutrina da graça (teologia sobrenatural) já são encontrados desde meados de 1760 nas *Anotações às observações do belo e do sublime* (AA 20:190; 189, 57). Esta posição já se encontra, em grande medida, desenvolvida nas *Lições de ética* de meados de 1770 (2108, p. 231-233; p. 244-245; p. 248-250; p. 259; p. 268-269; p. 288-300; p. 271-272, Menzer, 1924, p. 104-105; p. 115-116; p. 119-120, p. 127, p. 134-135, p. 138, p. 160). Cf. tb. as *Lições da doutrina filosófica da religião*, 1783-1784 (AA 28:1120-1121).

o conhecimento desse mistério (pois sua razão já o ensina que conhecer algo, para o qual ele, contudo, nada pode fazer, lhe é inteiramente inútil); mas ele quer conhecê-lo apenas para poder fazer para si (ainda que aconteça apenas internamente) – pela fé, pela aceitação, pela confissão e louvor de todo esse aspecto revelado – um serviço de Deus que possa ganhar para ele o favor do céu antes de todo dispêndio de suas próprias forças para uma boa conduta de vida – portanto, de maneira inteiramente gratuita – e possa produzir a boa conduta até mesmo de maneira sobrenatural ou, onde ele tenha agido, porventura, contra essa boa conduta, ao menos reparar a sua transgressão.

Em segundo lugar, se o ser humano se afasta, mesmo que minimamente, da máxima acima mencionada, então o pseudosserviço de Deus (a superstição) já não tem mais *quaisquer limites*; pois, para além de tal máxima, tudo (que apenas não contradiz imediatamente a moralidade) é arbitrário. Da oferenda dos lábios[315] que menos lhe custa, até a oferenda dos bens naturais que, aliás, poderiam certamente ser melhor utilizados para vantagem dos seres humanos e, por certo, até o sacrifício de sua própria pessoa ao perder-se para o mundo (na condição de eremita, faquir ou monge), ele oferece tudo a Deus, exceto sua disposição de ânimo moral; e quando ele diz que lhe oferece mesmo seu coração, não entende por isso a disposição de ânimo de uma conduta de vida agradável a Deus, mas um desejo efusivo de que aquelas oferendas possam ser aceitas como pagamento no lugar dessa disposição (*natio gratis anhelans, multa agendo nihil agens, Phaedrus*)[316].

Finalmente, uma vez que se passou à máxima de um suposto serviço agradável por si mesmo a Deus e que também, se necessário for, reconcilia-se com Ele, mas que não é puramente moral, então não há no modo – por assim dizer mecânico – de servir a

---

315. "Aceita, SENHOR, as oferendas de minha boca e ensina-me tuas decisões!" (Sl 119,108). "Por ele ofereçamos continuamente a Deus sacrifícios de louvor, isto é, o fruto dos lábios que celebram o seu nome" (Hb 13,15).

316. "A multidão, ofegando inutilmente, fazendo muitas coisas sem fazer nada". Fedro. *Fábulas*. Livro II, Fábula V. Caio Júlio Fedro (15 a.C.-50 d.C.), fabulista romano da época dos imperadores Augusto, Calígula e Cláudio, seguidor de Esopo. Por satirizar os costumes e os personagens de sua época, Fedro foi exilado no governo de Tibério.

6:173 Deus nenhuma diferença essencial que dê a preferência de um modo ao outro. Eles são todos os mesmos de acordo com o valor (ou, ao contrário, a falta de valor); e é mero ornamento considerar-se, devido ao desvio *mais refinado* do único princípio intelectual da genuína / veneração a Deus, como mais eleito do que aqueles que são supostamente culpados de um rebaixamento *mais grosseiro* à sensibilidade. Se, em conformidade aos estatutos, o devoto realiza o seu caminho para a *Igreja* ou uma peregrinação para os santuários em *Loreto*[317] ou na Palestina; se ele produz suas fórmulas de oração à autoridade celestial com os *lábios* ou por meio de uma *roda de oração*, como o tibetano (que acredita que esses desejos também alcançam com sucesso o seu fim se postos em escrito, desde que sejam *movidos* por alguma coisa, por exemplo, pelo vento, se escrito em bandeiras, ou, pelas mãos, se fechado em uma caixa como uma máquina giratória) ou qualquer que possa ser o substituto do serviço moral de Deus, é tudo a mesma coisa e de valor igual. – Aqui não importa tanto a diferença na forma externa, mas tudo depende da adoção ou do abandono do princípio único de se tornar agradável a Deus, quer seja mediante a disposição de ânimo moral, na medida em que esta se apresenta como viva nas ações enquanto fenômeno dessa disposição, quer seja mediante a ocupação devota e ociosidade*. Mas não há também talvez uma vertiginosa *desilusão de virtude* que se eleva sobre os limites da faculdade humana e que, juntamente com a rastejante desilusão religiosa, poderia ser contada na classe universal dos enganos autoinfligidos? Não, a disposição de ânimo virtuosa ocupa-se com algo *efetivamente real*, que é por

---

317. Loreto é uma pequena cidade e comuna italiana localizada na província de Ancona, na região de Marche. É conhecida como a sede da Basílica della Santa Casa, um popular local de peregrinação católica desde o século XIV.

* É um fenômeno psicológico que os adeptos de uma confissão, na qual se acredita em algo menos estatutário, sintam-se, por isso, por assim dizer, enobrecidos e como mais esclarecidos, embora eles ainda tenham conservado o suficiente de tal aspecto estatutário para não estarem autorizados a olhar com desprezo (como eles, contudo, fazem de fato), do alto de sua suposta pureza, os seus confrades na desilusão eclesial. O motivo de tal conduta é que eles se acham dessa forma, de algum modo, mais próximos – não importa o pouco que seja – da religião moral pura, embora eles ainda permaneçam sempre afeiçoados à desilusão de querer complementá-la mediante observâncias devotas nas quais a razão só é menos passiva.

si mesmo agradável a Deus, e concorda com o bem do mundo. A ela pode-se, decerto, associar uma desilusão da presunção de considerar-se como adequado à ideia de seu dever santo; mas isto é apenas contingente. Pôr o valor supremo em tal disposição de ânimo não é, no entanto, nenhuma desilusão, como por exemplo pô-lo no exercício eclesial de devoção, mas uma contribuição absolutamente efetiva para o bem do mundo.

Além disso, há um costume (pelo menos eclesial) / de chamar de *natureza* aquilo que pode ser feito pelo ser humano por força do princípio de virtude, mas chamar de *graça* aquilo que serve apenas para complementar a deficiência de toda sua faculdade moral e – uma vez que a suficiência de tal faculdade também é um dever para nós – pode apenas ser desejado ou mesmo esperado e suplicado; há um costume de considerar ambas juntas como causas atuantes de uma disposição de ânimo suficiente para uma conduta de vida agradável a Deus; e de não meramente distinguir, contudo, uma da outra, mas até mesmo de contrapor uma com a outra. 6:174

Persuadir-se de ser capaz de distinguir os efeitos da graça daqueles da natureza (da virtude) ou até mesmo ser capaz de em si produzi-los é *entusiasmo* [*Schwärmerei*]; pois não podemos, onde quer que seja na experiência, nem conhecer um objeto suprassensível e menos ainda ter influência sobre ele, a fim de fazê-lo descer até nós, ainda que no ânimo ocorra às vezes movimentos que trabalham para o aspecto moral os quais não se pode explicar e acerca dos quais somos necessitados a confessar nossa ignorância: "o vento assopra onde quer, mas não sabes de onde vem etc."[318]. Querer *perceber* em si influências celestiais é um tipo de loucura para a qual pode, por certo, até mesmo existir método (uma vez que aquelas supostas revelações internas têm ao fim sempre de se ligar às ideias morais e, por conseguinte, às ideias da razão), mas que permanece, contudo, sempre um autoengano desvantajoso à religião. Acreditar que pode haver efeitos da graça – e talvez para compensar também a imperfeição de nosso esforço virtuoso – é tudo o que podemos dizer acerca disso; de resto, somos incapazes de determinar algo em vista das marcas de tais efeitos, porém mais incapazes ainda de fazer algo para produção deles.

---

318. "O vento sopra para onde bem entende; tu ouves o barulho, mas não sabes de onde vem nem para onde vai. Assim é todo aquele que nasceu do Espírito" (Jo 3,8).

A desilusão de conseguir, mediante ações religiosas de culto, algo em vista da justificação diante de Deus, é a *superstição* religiosa; assim como a desilusão de querer provocar isto por meio do esforço para uma suposta relação com Deus é o *entusiasmo* religioso. – É desilusão supersticiosa querer se tornar agradável a Deus por meio de ações que todo ser humano pode fazer sem que precise ser exatamente um bom ser humano (por exemplo, pela confissão em proposições de fé estatutárias, pelo cumprimento de observâncias eclesiais e disciplina etc.). Ela é chamada supersticiosa porque escolhe para si meros meios naturais (não morais) que, por si, absolutamente, nada podem efetuar em relação àquilo que não é natureza (isto é, em relação ao bem moral). – No entanto, uma desilusão / chama-se entusiástica quando até mesmo o meio imaginado, enquanto suprassensível, não está na capacidade do ser humano, sem considerar, ainda, a inatingibilidade do fim suprassensível intentado por este meio; pois esse sentimento da presença imediata do ser supremo e a diferenciação desse sentimento de qualquer outro, mesmo do sentimento moral, seria uma receptividade de uma intuição para a qual não há nenhum sentido na natureza humana. – A desilusão supersticiosa – uma vez contendo um meio em si adequado a algum sujeito e, ao mesmo tempo, possível a ele, pelo menos para atuar contra os obstáculos de uma disposição de ânimo agradável a Deus – está, contudo, nessa medida, relacionada com a razão e é repreensível apenas de maneira contingente por tomar aquilo que pode ser meramente meio como objeto imediatamente agradável a Deus; a desilusão religiosa entusiástica é, em contrapartida, a morte moral da razão; razão sem a qual de modo algum pode ter lugar uma religião enquanto aquela que, como toda moralidade em geral, deve ser fundada em princípios.

Assim, o princípio de uma fé eclesial que remedia e previne a desilusão religiosa é o seguinte: que essa fé deve, ao lado das proposições estatutárias que ela não pode dispensar inteiramente por agora, conter em si, ao mesmo tempo, um princípio para levar a cabo a religião da boa conduta de vida como a meta propriamente dita, a fim de poder um dia dispensar totalmente aquelas proposições.

§ 3. Do clericalismo† como um regimento[319] no pseudosserviço do princípio bom

A veneração de poderosos seres invisíveis, que foi imposta[320] ao ser humano desamparado por causa do medo natural fundado na consciência de sua incapacidade, / não começou de imediato com uma religião, mas a partir de um serviço de Deus (ou ídolos) servil, que, quando obteve uma certa forma pública legal, tornou-se um *serviço de templo* e, apenas depois da formação[321] moral dos seres humanos ter sido gradativamente ligada com essas leis, tornou-se um *serviço eclesial*; ambos dos quais tem como fundamento uma fé histórica, até que se começou a ver, enfim, esta fé meramente como provisória e nela a representação simbólica e o meio de fomentar uma fé religiosa pura.

6:176

De um *xamã* tunguse[322] até o *prelado* europeu, que governa ao mesmo tempo a Igreja e o Estado, ou (se, em vez dos cabeças e dirigentes, quisermos ter em vista apenas os adeptos da fé segundo seu próprio modo de representação) entre o inteiramente sensível *vogul*[323], que pela manhã coloca sobre a sua cabeça a pata de

---

† Essa denominação, que designa meramente a autoridade de um pai espiritual (πάπα), adquire o significado de uma repreensão apenas por causa do conceito suplementar [*Nebenbegriff*] de um despotismo espiritual que pode ser encontrado em todas as formas eclesiais, não importa quão despretensiosa e popular elas se declarem. Por isso, ao opor as seitas, de modo algum quero ser entendido como se quisesse depreciar uma, junto com seus costumes e arranjos, na comparação com outra. Todas merecem o mesmo respeito, na medida em que suas formas são tentativas de pobres mortais de tornar para si sensível [*versinnlichen*] o Reino de Deus sobre a terra, mas merecem também a mesma repreensão quando sustentam a forma da representação dessa ideia (em uma Igreja visível) como a coisa mesma.

319. Em alemão, lemos *"Regiment"*. Pode-se traduzir por "regime" ou mesmo "governo". Nas traduções inglesas lemos, respectivamente, "regime" (1996) e *"governance"*. Nas traduções em francês e português, *"regime"* e *"ministère"*.

320. Traduz-se *"abgenöthigt wurde"*, literalmente, por "foi necessitado, forçado ou coagido".

321. Lemos *"Bildung"* nas traduções em língua inglesa e francesa, respectivamente, como *"culture"* (1996), *"education"* (2009) e *"culture"*.

322. Os povos tungúsicos são compostos por etnias de língua similar que habitam a Sibéria Oriental e o nordeste da Ásia.

323. Os voguls, chamados agora de mansi, são um povo caçador e pastor da região setentrional dos Montes Urais, relacionado com os magiares, isto é, com os húngaros e também com os estonianos e finlandeses.

uma pele de urso com a breve oração "não me golpeie morto!"[324], até o *Puritano* sublimado e Independente[325] em *Connecticut* há, decerto, uma tremenda distância na *maneira* de crer, mas não no *princípio;* pois, em relação ao princípio, eles pertencem, em seu conjunto, a uma única e mesma classe, a saber, a daqueles que põem seu serviço de Deus naquilo que em si não constitui um ser humano melhor (na fé em certas proposições estatutárias ou praticando certas observâncias arbitrárias). Só aqueles que pensam encontrar tal serviço unicamente na disposição de ânimo de uma boa conduta de vida distinguem-se daqueles outros mediante a passagem a um princípio inteiramente diferente e que se eleva bastante sobre o primeiro, a saber, aquele princípio mediante o qual eles se confessam a uma Igreja (invisível) que abarca em si todos os de bom pensamento e que unicamente pode ser, segundo a sua constituição essencial, a verdadeira Igreja universal.

Guiar em sua vantagem o poder invisível que comanda o destino dos seres humanos é um propósito que todos eles têm; eles pensam diferentemente apenas sobre como devem começar isto. Se eles sustentam aquele poder como um ser inteligente e atribuem a ele também uma vontade a partir da qual eles esperam seu quinhão, então seu esforço pode consistir apenas na escolha do modo como eles, enquanto seres submetidos à sua vontade, podem lhe ser agradáveis mediante seu fazer e deixar de fazer. Se eles o pensam como um ser moral, então se convencem facilmente, através de sua própria razão, que a condição para ganhar o comprazimento desse ser deve ser sua conduta de vida moralmente boa, sobretudo a disposição de ânimo pura como o / princípio subjetivo dessa conduta. Mas o ser supremo talvez ainda possa querer, além disso, ao fim, ser servido de um modo que não podemos conhecer pela simples razão, a saber, mediante ações nas quais por si mesmas não vemos, decerto, nada de moral, mas

---

324. *"Schlag mich nicht todt"*.
325. Os Independentes, também chamados de Separatistas, foram reformadores dissidentes da Igreja Anglicana, que fundaram as próprias congregações religiosas, nos séculos XVII e XVIII. Inicialmente, tentaram uma reforma na Igreja Anglicana, mas preferiram, posteriormente, a dissidência, pois a Igreja Anglicana, controlada pelos reis da Inglaterra, estava próxima demais à Igreja Católica Romana. John Robinson (1575-1625) é considerado o mais proeminente e influente líder do separatismo inglês.

que são empreendidas arbitrariamente por nós, quer seja como ordenadas por ele, quer seja mesmo só para atestar nossa submissão a ele; em ambos os tipos de procedimento, se eles constituem um todo de ocupações sistematicamente ordenadas, tais seres humanos estabelecem, em geral, portanto, um *serviço* de Deus. – Ora se ambos os procedimentos devem estar ligados, então teremos de assumir como modo de agradar a Deus ou cada um deles imediatamente, ou um dos dois apenas como meio para o outro como o serviço de Deus propriamente dito. Que o serviço moral de Deus (*officium liberum*) agrada a Deus imediatamente é evidente por si mesmo. Mas esse serviço moral não pode ser reconhecido como a condição suprema de todo comprazimento[326] no ser humano (comprazimento que também já reside no conceito de moralidade), se o serviço mercenário (*officium mercennarium*) puder ser *por si só* considerado como agradável a Deus; pois, então, ninguém saberia que serviço seria superior, em um caso ocorrido, para emitir posteriormente o juízo sobre seu dever ou saberia como os dois serviços complementariam um ao outro. Portanto, ações que não têm em si nenhum valor moral deverão ser assumidas como agradável a ele apenas na medida em que servem como meio para o fomento daquilo que é imediatamente bom nas ações (para a moralidade), isto é, *por causa do serviço moral de Deus*.

Ora, o ser humano que faz uso de ações que, por si mesmas, não contêm nada de agradável a Deus (nada de moral), como meios de obter em si[327] o comprazimento divino imediato e, com isso, o cumprimento de seus desejos, encontra-se, contudo, na desilusão da posse de uma arte de provocar um efeito sobrenatural mediante meios inteiramente naturais; a tais tentativas se costuma chamar *magia*, uma palavra que, no entanto, queremos trocar pela palavra habitualmente conhecida *fetichismo* (visto que magia carrega consigo o conceito suplementar de uma comunidade com o princípio mau, enquanto tais tentativas podem ser, contudo, pensadas, além disso, por mal-entendido, como assumidas com um bom propósito moral). Um efeito sobrenatural de um ser

---

326. Kant se refere aqui ao comprazimento de Deus.

327. Com "*an ihm*", Kant está se referindo, literalmente, à obtenção do comprazimento no ser humano. O comprazimento é experimentado "nele".

6:178 humano seria, no entanto, aquele que é possível em seus pensamentos apenas mediante o fato de ele supostamente atuar sobre Deus e se servir dele como meio para / produzir no mundo um efeito, para o qual suas forças não são suficientes por si e, por certo, nem mesmo seu discernimento sobre se tal efeito poderia ser também agradável a Deus; isso já contém uma absurdidade em seu conceito.

Mas se o ser humano, para além do que o torna imediatamente objeto do comprazimento divino (mediante a disposição de ânimo ativa de uma boa conduta de vida), busca, ainda, por meio de certas formalidades, tornar-se *digno* do complemento de sua incapacidade através de uma assistência sobrenatural e, nesse propósito, acredita se tornar *receptivo* ao alcance do objeto de seu desejo bom e moral meramente por meio de observâncias que, decerto, não têm nenhum valor imediato, mas servem, contudo, como meio de fomentar aquela disposição de ânimo moral, então ele, decerto, conta com algo sobrenatural como complemento de sua incapacidade moral, não todavia como algo *efetuado* [*Gewirktes*] pelo *ser humano* (por influência sobre a vontade divina), mas como algo recebido que ele pode esperar, mas não produzir. – No entanto, se ações – que, em si, tanto quanto discernimos, não contêm nada de moral e agradável a Deus – devem, não obstante, servir, em sua opinião, como um meio e, por certo, como condição para esperar imediatamente de Deus a manutenção de seus desejos, então ele deve se encontrar sob a desilusão de que, embora ele não tenha nem uma faculdade física, nem uma receptividade moral para esse aspecto sobrenatural, ele é capaz, contudo, de provocá-lo mediante ações *naturais*, mas que, em si, de modo algum estão relacionadas com a moralidade (ações cuja execução não precisa de nenhuma disposição de ânimo agradável a Deus e que, portanto, tanto o pior ser humano quanto o melhor podem executar), por meio de fórmulas de invocação, de confissões de uma fé mercenária, de observâncias eclesiais etc.; e, assim, ele pode, por assim dizer, *conjurar*[328] a assistência da divindade; pois, entre meios meramente físicos e uma causa moralmente atuante,

---

328. Também poderíamos traduzir "*herbeizaubern*" por "evocar" ou "invocar magicamente".

não há, em absoluto, nenhuma conexão segundo qualquer lei que a razão pode pensar para si, de acordo com a qual esta causa poderia ser representada como determinável para certos efeitos por aqueles meios físicos.

Portanto, aquele que dá precedência à observância de leis estatutárias que precisam de uma revelação como necessária para a religião e, decerto, não meramente como meio para a disposição de ânimo moral, mas como a condição objetiva para se tornar por meio dela imediatamente agradável a Deus e põe, depois dessa fé histórica, o esforço para uma boa conduta de vida (ao invés da observância, enquanto algo que só pode ser agradável a Deus *de maneira condicionada,* / ter de se orientar de acordo com esse 6:179 esforço, que é a única coisa *absolutamente* agradável a Deus), tal indivíduo transforma o serviço de Deus em um mero *fetichismo* e exerce um pseudosserviço que anula todo o trabalho em direção à religião verdadeira. Quando se quer ligar duas coisas boas, muita coisa depende da ordem na qual alguém as liga! – O verdadeiro *esclarecimento* consiste, no entanto, nessa distinção; o serviço de Deus torna-se, dessa forma, pela primeira vez, um serviço livre e, por conseguinte, moral. Se, no entanto, se desvia dele, então, em vez da liberdade das crianças de Deus, impõe-se ao ser humano, ao contrário, o jugo de uma lei (da lei estatutária) que, enquanto necessitação incondicionada de acreditar em algo que só pode ser conhecido historicamente e que, por isso, não pode ser convincente para todos, é um jugo ainda mais pesado* para o ser humano

---

* "Aquele jugo é suave e o fardo é leve"[329], onde o dever incumbido a cada um pode ser considerado como imposto a ele por ele mesmo e por meio de sua própria razão; jugo que ele toma, por isso, nessa medida, voluntariamente sobre si. Mas apenas as leis morais como mandamentos divinos são desse tipo; delas apenas o fundador da Igreja pura poderia dizer "meus mandamentos não são difíceis"[330]. Essa expressão não quer dizer nada mais que: tais mandamentos não são *penosos,* porque cada um discerne por si mesmo a necessidade de seu cumprimento e, por conseguinte, nada lhe é, por meio deles, imposto, enquanto os arranjos – que comandam despoticamente, embora impostos a nós para o nosso bem (mas não pela nossa razão), nos quais não podemos ver nenhuma utilidade – são por assim dizer vexações (trabalhos penosos [*Plackereien*]), aos quais alguém se submete apenas se compelido. No entanto, em si, consideradas

329."Pois meu jugo é suave e meu peso é leve" (Mt 11,30).

330."Pois o amor de Deus consiste em guardar os seus mandamentos. E os seus mandamentos não são pesados" (1Jo 5,3).

consciencioso do que toda tralha de observâncias devotas impostas que sempre pode existir; e basta celebrar essas observâncias para entrar em acordo com uma comunidade eclesial estabelecida, sem que alguém precise interna ou externamente fazer a confissão de sua fé de considerar isso um arranjo *instituído por Deus;* é, pois, propriamente por meio de tal confissão, que a consciência é onerada.

O *clericalismo* é, portanto, a constituição de uma Igreja, na medida em que nela governa um *serviço fetichista*, algo que é sempre encontrado onde princípios da moralidade não constituem o fundamento e o aspecto essencial da Igreja, mas mandamentos estatutários, regras de fé e observâncias. Ora, há, decerto, muitas formas eclesiais nas quais o fetichismo / é tão diverso e tão mecânico que parece supostamente suplantar quase toda moralidade – por conseguinte, toda religião – e tomar seu lugar; e, assim, beira muito proximamente o paganismo; mas o mais ou o menos não é o que precisamente importa aqui, onde o valor e a falta de valor se baseiam na natureza [*Beschaffenheit*] do princípio que obriga de maneira suprema. Se esse princípio impõe a submissão obediente a um estatuto, como serviço de caráter servil, mas não a homenagem livre que deve ser prestada *de maneira suprema* à lei moral, então não importa quão poucas podem ser as observâncias impostas, basta que elas sejam declaradas como incondicionalmente necessárias e, então, se trata sempre de uma fé fetichista por meio da qual a multidão é governada e, através da obediência a uma Igreja (não à religião), privada de sua liberdade moral. A constituição dessa Igreja (hierarquia) pode ser monárquica, aristocrática ou democrática; isso diz respeito apenas à organização: a sua constituição é e permanece, contudo, sob todas essas formas, sempre despótica. Onde estatutos de fé são contados como lei constitucional, aí governa um *clero* que acredita poder muito bem dispensar a razão e até mesmo, em última instância, a erudição escritural, uma vez que, como único guardião autorizado e intérprete da vontade do legislador invisível, esse clero tem exclusivamente a

---

na pureza de sua fonte, as ações – que são ordenadas por aquelas leis morais – são justamente as que são mais difíceis para o ser humano e para as quais ele desejaria de bom grado suportar os trabalhos penosos devotos mais árduos, se fosse possível fazer o pagamento destes no lugar daquelas ações.

autoridade de administrar a prescrição de fé e, portanto, provido com esse poder, lhe é permitido não convencer, mas *apenas ordenar*. – Ora, uma vez que, à parte desse clero, todo o resto é *leigo* (sem excetuar o chefe da comunidade política), então, em última instância, a Igreja governa o Estado, não exatamente pela força, mas pela influência sobre os ânimos e, além disso, também pela pretensão do benefício que o Estado deve supostamente poder tirar de uma obediência incondicionada, para a qual uma disciplina espiritual acostumou mesmo o *pensar* do povo; mas aqui, de maneira despercebida, o hábito para a hipocrisia mina a probidade e a lealdade dos súditos, aguça o seu engenho para o serviço de dissimulação [*Scheindienst*] mesmo nos deveres civis e, como todos os princípios adotados erroneamente, produz precisamente o oposto do que foi intentado.

* * *

Tudo isso é, no entanto, a consequência inevitável da transposição – que, à primeira vista, parece inofensiva – dos princípios da única fé religiosa beatífica, posto que se tratava de saber para qual dos / dois se deveria conceder o primeiro lugar, como condição suprema (para qual o outro está subordinado). É adequado, é racional assumir que não apenas os "sábios segundo a carne"[331] – eruditos e os que raciocinam com sutileza – serão evocados para esse esclarecimento em vista de sua verdadeira salvação, pois o gênero humano por inteiro deve ser suscetível a essa fé; mas, em relação "às coisas tolas do mundo"[332], mesmo o ignorante ou o mais limitado conceitualmente deve ser capaz de reivindicar uma tal instrução e convicção interna. Ora, parece, decerto, que uma fé histórica é precisamente desse tipo, principalmente se os conceitos que ela precisa para apreender os relatos são inteiramente antropológicos e bastante apropriados à sensibilidade. Pois o que é mais fácil do que apreender uma tal narrativa simples e concebida sensivelmente e comunicá-la aos outros ou repetir as palavras de mistérios com as quais não é necessário, em absoluto, ligar

---

331. "Irmãos, olhai para vós que fostes chamados por Deus: não há muitos sábios segundo a carne, nem muitos poderosos, nem muitos nobres" (1Cor 1,26).
332. "Antes, o que o mundo acha loucura, Deus o escolheu para confundir os fortes" (1Cor 1,27).

um sentido; quão fácil tal coisa encontra acesso geral, sobretudo juntamente a uma grande vantagem prometida[333], e quão profundamente se enraíza uma fé na verdade de uma tal narrativa que, além disso, se funda em um documento reconhecido por muito tempo como autêntico; e, assim, uma fé tal é, certamente, apropriada mesmo às capacidades humanas mais comuns. No entanto, embora tanto a publicação de um tal acontecimento quanto a fé em regras de conduta fundadas nele, não precisem ser dadas precisamente ou preferencialmente para eruditos ou filósofos [*Weltweise*][334], estes últimos também não estão, contudo, excluídos delas; e aí se encontram tantas dificuldades, em parte relacionadas à verdade de tal acontecimento, em parte relacionadas ao sentido em que a sua exposição deve ser tomada, que aceitar uma fé tal – que está submetida a tantas controvérsias (mesmo sinceramente intencionadas) – como a condição suprema de uma fé universal e unicamente beatífica é a coisa mais absurda que se pode pensar. – Ora, mas há um conhecimento prático que, embora baseado apenas na razão e que não precisa de nenhuma doutrina histórica, reside, contudo, tão próximo a todo ser humano, mesmo ao mais simples, como se estivesse literalmente escrito em seu coração[335]: uma lei que precisamos apenas nomear para imediatamente entrarmos em acordo com cada um sobre sua autoria e que carrega consigo na consciência de cada um a obrigação *incondicionada*, a saber, a lei da moralidade; e, o que é ainda mais, esse conhecimento ou já conduz por si só à fé em Deus ou, ao menos, determina o conceito de Deus como o conceito de um legislador moral; por conseguinte, leva a uma / fé racional pura, que não é apenas compreensível para todo ser humano, mas também venerável no mais alto grau; por certo, esse conhecimento conduz a essa fé de maneira tão natural que, se se quiser fazer o experimento, descobrir-se-á que se pode extrair tal fé de todo ser humano, inteira e absolutamente, ao perguntá-lo, sem tê-lo ensinado qualquer coisa

---

333. Literalmente, lemos "a um grande interesse prometido" [*einem grossen verheissenen Interesse*].

334. Literalmente, traduz-se "sábio do mundo".

335. "Porque esta é a aliança que firmarei com a casa de Israel depois desses dias – oráculo do senhor. Colocarei minha lei no íntimo e a escreverei em seu coração. Então eu serei seu Deus e eles serão meu povo" (Jr 31,33).

sobre ela. Portanto, não é apenas agir de maneira prudente começar desta fé e deixar a fé histórica que se harmoniza com ela segui-la, mas é também dever tomá-la como condição suprema sob a qual podemos unicamente esperar nos tornarmos participantes da salvação, independente do que a fé histórica possa nos prometer e, decerto, de tal maneira que sejamos capazes ou nos seja permitido validar, como universalmente obrigatória, a fé histórica apenas segundo a interpretação que lhe dá a fé religiosa pura (uma vez que esta contém a doutrina universalmente válida), ao passo que o moralmente crédulo está, contudo, aberto também para a fé histórica, na medida em que ele acha tal fé benéfica para a vivificação [*Belebung*] de sua disposição de ânimo religiosa pura; somente dessa forma a fé histórica tem um valor moral puro, porque é livre e não compelida por nenhuma ameaça (por meio da qual ela nunca pode ser sincera).

Ora, mas na medida em que o serviço de Deus em uma Igreja é dirigido preferencialmente à veneração moral de Deus segundo leis prescritas à humanidade em geral, pode-se, contudo, ainda perguntar se, nessa Igreja, é sempre só a *doutrina da piedade*[336] ou também a *doutrina da virtude* que deve, cada uma separadamente, constituir o conteúdo da exposição religiosa. A primeira denominação, a saber, a doutrina da piedade, talvez melhor expresse o significado da palavra *religio* (como é entendida na época atual) no sentido objetivo.

A *piedade* contém duas determinações da disposição de ânimo moral na relação com Deus; o *medo* de Deus é essa disposição de ânimo no cumprimento de seus mandamentos por dever obrigatório [*schuldige*] (do súdito), isto é, por respeito à lei; mas o amor de Deus é essa disposição a partir da própria escolha *livre* e do comprazimento na lei (como dever de filho). Ambas as determinações contêm, portanto, além da moralidade, ainda o conceito de um ser suprassensível provido com propriedades que são exigidas para consumar o conceito de sumo bem que é intentado pela moralidade, mas está além de nossa capacidade; o conceito

---

336. Lemos no texto alemão "*Gottseligkeitslehre*". As edições em língua inglesa traduzem em suas respectivas versões como "*doctrine of divine blessedness*" (1996) e "*doctrine of godliness*" (2009).

da *natureza* desse ser, se ultrapassamos a relação moral da ideia dele para conosco, sempre corre o risco de ser pensado por nós antropomorficamente e, dessa forma, muitas vezes, precisamente em detrimento de nossos princípios morais; portanto, a ideia desse ser / não pode subsistir, por si mesma, na razão especulativa, mas funda até mesmo sua origem – e ainda mais a sua força – inteiramente na referência à nossa determinação do dever, determinação que se baseia em si mesma. Ora, o que é mais natural na primeira instrução da juventude e mesmo na exposição do púlpito, a doutrina da virtude antes da doutrina da piedade ou a doutrina da piedade antes da doutrina da virtude (até mesmo sem mencionar esta última)? Ambas se encontram, obviamente, em ligação necessária uma com a outra. Mas, visto que elas não são *a mesma coisa*, esta ligação não é possível a não ser que uma tivesse de ser pensada e exposta como fim, enquanto a outra meramente como meio. No entanto, a doutrina da virtude subsiste por si mesma (mesmo sem o conceito de Deus), enquanto a doutrina da piedade contém o conceito de um objeto que representamos, em referência à nossa moralidade, como causa complementar de nossa incapacidade em relação ao fim término moral. A doutrina da piedade não pode, portanto, constituir por si o fim término do esforço moral, mas serve apenas como o meio para fortalecer aquilo que em si constitui um ser humano melhor, a disposição de ânimo virtuosa, pelo fato de que promete e assegura para esta última (enquanto um esforço para o bem e mesmo para a santidade) a expectativa do fim término do qual essa disposição virtuosa é incapaz. Em contrapartida, o conceito de virtude é tirado da alma do ser humano. O ser humano já tem esse conceito inteiramente em si, embora de maneira não desenvolvida, e, como o conceito da religião, esse conceito não precisa ser extraído por raciocínio sutil [*herausvernünftelt*] por meio de inferências. Na pureza deste conceito, no despertar da consciência de uma capacidade, de outro modo nunca conjecturada por nós, de poder se tornar mestre sobre os maiores obstáculos em nós, na dignidade da humanidade que o ser humano deve venerar em sua própria pessoa e na vocação dessa dignidade à qual ele se esforça para alcançar, nisso reside algo que eleva tanto a alma e nos guia para a divindade mesma, a qual é digna de adoração apenas por causa de sua santidade e enquanto legislador para a virtude; nisso reside que o ser humano, mesmo que ainda esteja muito distante de dar a esse conceito a força de influenciar em suas máximas, ainda assim não é relutante em ser apoiado por esse conceito³³⁷, uma vez que ele já sente a si mesmo enobrecido em certo grau mediante essa ideia, ao passo que o conceito de um soberano do mundo que torna esse dever um comando para nós ainda reside a uma grande distância dele; e, se ele começasse por esse conceito, suprimiria sua coragem* (que constitui jun-

---

337. Literalmente, traduz-se a sentença *"dennoch nicht ungern damit unterhalten wird"* por "ainda assim não é relutante em se entreter com ele".

* Os diferentes tipos de fé dos povos dão a eles, por certo, pouco a pouco, um caráter que também os distingue externamente na relação civil, que mais tarde logo lhes é atribuído como se fosse, como um todo, uma propriedade de temperamento. Então o *judaísmo*, segundo a sua primeira instituição, atraiu sobre si a acusação de *misantropia*, visto que um povo teve de se separar de todos os outros povos e evitar toda mistura com eles por causa de todas as observâncias concebíveis e, em parte, penosas. O *maometanismo* diferencia-se pelo *orgulho*, uma vez que, em vez dos milagres, ele encontra a confirmação de sua fé na vitória e na subjugação de muitos povos e suas práticas de devoção são todas do tipo corajoso†. A fé *hinduísta* dá a seus adeptos o caráter da *pusilanimidade* por razões que são diretamente opostas àquelas da crença anterior. – Ora, certamente não reside na propriedade interna da fé cristã, mas no modo como essa fé é levada aos ânimos, se uma acusação semelhante poder ser levantada contra ela em relação àqueles que estão com essa fé da forma mais sincera, mas que, começando da corrupção humana e duvidando de toda virtude, põem seu princípio religioso unicamente na devoção [*Frömmigkeit*] (sob o qual se entende o princípio de uma conduta passiva, esperada de cima, mediante uma força, em vista da piedade); eles nunca põem, pois, uma confiança em si mesmos, mas buscam, em angústia constante, por um apoio sobrenatural e pensam obter, inclusive nesse desprezo de si (que não é humildade), um meio de ganhar o favor, do qual a expressão externa (no pietismo ou na beatice [*Frömmelei*]) anuncia um tipo *servil* de ânimo.

† Esse notável fenômeno (do orgulho de um povo ignorante, embora sensato, a respeito de sua fé) pode derivar também da ilusão [*Einbildung*] de seu fundador de ter renovado, sozinho, por sua vez, o conceito da unidade de Deus e de sua natureza inteligível, conceito que, certamente, enobreceria o seu povo mediante a liberação da adoração de imagens [*Bilderdienst*] e da anarquia do politeísmo, se ele pudesse atribuir a si, com razão, esse mérito. – No que diz respeito à característica da terceira classe de companheiros religiosos – que tem como fundamento uma humildade mal-entendida – o rebaixamento da presunção na avaliação de seu valor moral mediante a confrontação com a santidade da lei deve provocar não o desprezo por si mesmo, mas, ao contrário, a resolução para se aproximar sempre mais, em conformidade com essa predisposição nobre em nós, à adequação para aquela santidade: em vez disso, a virtude, que consiste propriamente na coragem para tal coisa, é remetida, como um nome já suspeito de presunção, ao paganismo e, em contrapartida a ela, louva-se a solicitação

tamente a essência da virtude) e traria o risco de transformar a piedade em submissão aduladora e servil sob um poder ordenado despoticamente. Ora, essa coragem de estar sobre os próprios pés

6:184 / é, ela mesma, fortalecida pela doutrina da reconciliação que a ela se segue, posto que tal doutrina representa o que não pode ser mudado como abolido e abre agora para nós o caminho de uma nova conduta de vida, ao passo que, se essa doutrina constitui o começo, o esforço vão de desfazer o que foi feito (a expiação), o medo diante da imputação[340] dessa expiação, a representação de nossa inteira incapacidade para o bem e a ansiedade por causa da recaída no mal, deve privar o ser humano da coragem e trans-

6:185 feri-lo a um estado de gemido moralmente passivo, que / não empreende nada de grande ou bom, mas espera tudo a partir do desejo. – No que diz respeito à disposição de ânimo moral, tudo depende do conceito supremo ao qual se subordinam seus deveres. Se a veneração de Deus é o primeiro e, portanto, se subordina a virtude a ela, então este objeto é um *ídolo*, isto é, ele é pensado como um ser ao qual precisaríamos esperar agradar, não por meio da boa conduta moral no mundo, mas por meio de adoração e adulação; a religião é, então, idolatria[341]. Portanto, a piedade não é um substituto da virtude, a fim de dispensá-la, mas a compleição da virtude para podermos ser coroados com a esperança do sucesso final de todos os nossos fins bons.

---

rasteira de favores. – A *falsa devoção* [*Andächtelei*] (*bigotterie, devotio spuria*[338]) é o costume de pôr o exercício da devoção, em vez de em ações agradáveis a Deus (no cumprimento de todos os deveres humanos), na ocupação imediata com Deus mediante testemunhos de reverência; esse exercício deve ser contado, então, como serviço de caráter servil [*Frohndienst*] (*opus operatum*[339]); para a superstição, ele apenas acrescenta ainda a desilusão entusiástica de supostos sentimentos suprassensíveis (celestiais).

338. Fanatismo, devoção espúria.
339. Trabalho laborioso.
340. Literalmente, o termo *"Zueignung"* é traduzido por "apropriação".
341. Como Kant esclarece em uma nota da *Crítica da faculdade de julgar*: "É idolatria, em sentido prático, toda religião que concebe o ser supremo com propriedades segundo as quais algo além da moralidade pode ser condição por si suficiente para o homem conformar-se, naquilo que pode fazer, à vontade desse ser" (AA 5:460).

§ 4. Do fio condutor da consciência moral em questões de fé

A questão aqui não é como a consciência deve ser conduzida (pois ela não precisa de nenhum guia; ter uma consciência basta), mas como ela mesma pode servir como fio condutor nas mais perplexas decisões morais.

A consciência moral [Gewissen] é uma consciência [Bewußtsein] que é, por si mesma, dever. Mas como é possível pensar para si uma tal, visto que a consciência de todas as nossas representações parece ser necessária apenas do ponto de vista lógico – por conseguinte, de maneira meramente condicionada, quando queremos tornar clara a nossa representação; e, por conseguinte, não pode ser incondicionalmente dever?

É um princípio moral que não precisa de nenhuma prova que *nada se deve ousar no perigo de que seja incorreto [unrecht]* (*quod dubitas, ne feceris!*[342], Plínio). Portanto, a *consciência* de que uma ação que / *quero empreender* é correta [*recht*] é um dever incondicionado. Se uma ação, em geral, é correta ou incorreta[343], sobre isso julga o entendimento, não a consciência moral. Também não é absolutamente necessário saber de todas as ações possíveis se elas são corretas ou incorretas. Mas, daquela ação que quero empreender, eu devo não apenas julgar e ter opinião, mas também ter *certeza* de que ela não é incorreta e essa exigência é um postulado da consciência moral ao qual se opõe o *probabilismo*, isto é, o princípio segundo o qual a mera opinião de que uma ação pode muito bem ser correta já é suficiente para empreendê-la. – Poder-se-ia também definir a consciência moral da seguinte maneira: *é a faculdade de julgar moral que julga a si mesma*; só que essa definição ainda precisaria bastante de um esclarecimento prévio dos conceitos contidos nela. A consciência moral não julga as ações como casos que se encontram sob a lei, pois isso faz a razão, na medida em que é subjetivamente prática

---

342. "O que duvidas, não faça" (*Epístolas*, 1:18).

343. Os termos "*recht*" e "*unrecht*" podem ser traduzidos, nesse contexto, por "certo" e "errado". Contudo, levando em conta o correlato latino que Kant usa para estes dois termos, a saber, "*rectum*" e "*minus rectum*" (cf. MS AA 6:223) aplica-se melhor "correto" e "incorreto".

(por isso os *casus conscientiae*[344] e a casuística como um tipo de dialética da consciência moral), mas aqui a razão julga a si mesma, se ela também assumiu realmente com todo cuidado aquele juízo das ações (se elas são corretas ou incorretas), e ela coloca o ser humano como testemunha, *contra* ou a *favor* de si mesmo, de que algo foi feito ou não.

Suponha, por exemplo, um inquisidor que se agarra firmemente à exclusividade de sua fé estatutária até o ponto do martírio e que julgou um assim chamado herege (mas bom cidadão) acusado de incredulidade; agora eu me pergunto: se ele o condena à morte, pode-se dizer que ele o julgou em conformidade com a sua consciência moral (embora errônea) ou se poderia, ao contrário, acusar tal inquisidor de absoluta *falta de consciência moral*?; ele se equivocou ou agiu conscientemente de maneira incorreta [*unrecht*]?, pois pode-se dizer a ele de maneira franca que, em um caso semelhante, ele nunca poderia ter inteiramente certeza de talvez não estar agindo de maneira incorreta. Ele estava, decerto, supostamente firme na crença de que uma vontade divina revelada de maneira sobrenatural (talvez segundo o ditado *compellite intrare*[345]) o permite – ainda que não assumida como dever – extirpar a suposta incredulidade junto com os incrédulos. Mas ele estava, então, realmente convencido, tanto quanto se exige, de uma tal doutrina revelada e também do sentido dela, para arriscar com base nela matar um ser humano? Que tomar a vida de um ser humano por causa de sua fé religiosa é incorreto, isso é certo, a menos que talvez / (para admitir o caso mais extremo) uma vontade divina, que se tornou conhecida para ele de maneira extraordinária, tenha decretado diferente. Mas que Deus tenha manifestado alguma vez essa vontade terrível isso se baseia em documentos históricos e nunca é apoditicamente certo. No fim, a revelação chegou ao inquisidor por intermédio de seres humanos e foi interpretada por eles e, ainda que ela lhe tenha parecido vinda do Deus mesmo (como a ordem dada a Abrão de sacrificar seu próprio filho como uma

---

344. Casos da consciência.

345. "O senhor falou para o escravo: 'Sai pelos caminhos e atalhos e força as pessoas a entrar, para que minha casa fique cheia" (Lc 14,23).

ovelha[346]), é, ao menos, contudo, possível que aqui prevaleça um erro. Mas, então, o inquisidor correria o risco de fazer algo que seria sumamente incorreto e aqui ele age precisamente com falta de consciência moral [*gewissenlos*]. – Ora, é assim com toda fé histórica e fenomênica, a saber, que sempre permanece a *possibilidade* de que nela seja encontrado um erro; com efeito, há falta de consciência moral em segui-la na possibilidade de que talvez aquilo que ela exige ou permite seja incorreto, isto é, sob o risco da violação de um dever humano que é certo em si mesmo.

Mais ainda: mesmo que uma ação que foi ordenada por uma tal lei positiva (considerada como) revelada seja também em si permitida [*erlaubt*], levanta-se a pergunta se é permitido [*dürfen*] aos chefes espirituais ou professores, segundo sua suposta convicção, impor ao povo (sob pena de perder a posição deles) a confissão de tal lei como *artigo de fé*. Visto que a convicção não tem por si quaisquer outros fundamentos de prova além dos históricos e no juízo desse povo (desde que ele examine minimamente a si mesmo) permanece, no entanto, sempre a absoluta possibilidade de um erro que tenha talvez acontecido naqueles fundamentos ou em sua interpretação clássica, então o clérigo forçaria [*nöthigen*] o povo a confessar, ao menos internamente, algo tão verdadeiro quanto sua crença em Deus, isto é, a confessar, por assim dizer, na presença de Deus algo que, como tal, contudo, ele não sabe com certeza, como por exemplo reconhecer, como uma parte da religião decretada imediatamente por Deus, a instituição de um dia certo para o fomento periódico público da piedade ou confessar como firmemente autenticado[347] por ele um mistério que ele sequer entende. Aqui o chefe espiritual do povo procederia ele mesmo contra a consciência moral ao impor aos outros, enquanto fé, algo do qual ele mesmo nunca pode estar completamente convencido; e, por isso, ele deveria considerar muito bem o que faz,

---

346. "Depois desses acontecimentos, Deus pôs Abraão à prova. Chamando-o, disse: 'Abraão', e ele respondeu: 'Aqui estou'. E Deus disse: 'Toma teu único filho Isaac a quem tanto amas, dirigi-te à terra de Moriá e oferece-o ali em holocausto sobre um monte que eu te indicar'" (Gn 22,1-2).

347. Na sentença original está escrito *"geglaubt von ihm"*. Mas se, como parece, Kant se refere a Deus ao usar o pronome *"ihm"*, seria correto *"beglaubt"* no lugar de *"geglaubt"*.

uma vez que tem de responder por todo abuso oriundo de uma fé servil desse tipo. – Portanto, pode talvez haver verdade naquilo que alguém tem fé e, contudo, ao mesmo tempo, inveracidade na fé (ou mesmo na confissão meramente interna dela) e esta inveracidade é, em si, condenável.

/ Embora, como observado acima, seres humanos que tenham feito apenas o começo mínimo na liberdade de pensar* – visto que antes estavam sob o jugo servil da fé (por exemplo, os protestantes) – considerem-se, por assim dizer, imediatamente enobrecidos quanto menos tenham necessidade de ter fé (em algo de positivo e pertencente à prescrição sacerdotal), é justamente o contrário com aqueles que, contudo, ainda não puderam fazer – ou não quiseram – uma tentativa desse tipo; pois seu princípio é o seguinte: é aconselhável ter fé em demasiado do que muito pouco. Pois o que se faz mais do que se deve ao menos não prejudica, mas pode, contudo, talvez muito bem ajudar. – Nessa desilusão, que faz a desonestidade nas confissões religiosas princípio (para o qual se decide tanto mais fácil, uma vez que a religião repara todo erro; com efeito o da desonestidade), funda-se a assim chamada máxima de segurança em questões de fé (*argumentum a*

---

* Admito que não consigo me acomodar à expressão da qual homens astutos se servem muito bem: um certo povo (que está em processo de cultivo de uma liberdade legal) não está maduro para a liberdade; os servos de um proprietário de terras ainda não estão maduros para a liberdade; e, assim, também os seres humanos em geral ainda não estão maduros para a liberdade de crença. Mas, segundo uma pressuposição desse tipo, a liberdade nunca tomará lugar, pois não se pode *amadurecer* para ela se antes não se foi posto em liberdade (deve-se ser livre a fim de se poder servir de suas próprias forças, em conformidade a fins, na liberdade). As primeiras tentativas serão, certamente, cruas, ligadas comumente a uma condição mais árdua e perigosa do que quando se está ainda sob as ordens, mas também sob a provisão dos outros; mas não se amadurece para a razão de nenhuma outra maneira senão mediante tentativas *próprias* (temos de ser livres para que nos seja permitido empreendê-las). Nada tenho contra o fato de que aqueles que têm o poder em mãos, sendo necessitados [*genöthigt*] pelas circunstâncias temporais, adiem sempre mais e mais a soltura desses três grilhões. Mas tomar como princípio, que aqueles que estão uma vez sujeitos a tais grilhões não são adequados à liberdade e que se está sempre autorizado a afastá-los dela, é uma intervenção nas prerrogativas da divindade mesma, que criou o ser humano para a liberdade. É, certamente, mais conveniente para governar no Estado, em casa ou na igreja, quando se é capaz de impor um princípio tal. Mas é também mais justo?

*tuto*³⁴⁸): se o que confesso em relação a Deus é verdadeiro, então eu acertei; se não é verdadeiro, mas, de resto, também é algo que não é em si ilícito [*Unerlaubtes*], então meramente tive fé nisso de maneira supérflua – o que, decerto, não era necessário – e apenas me impus talvez uma inconveniência que não é, contudo, nenhum crime. O perigo decorrente da desonestidade de sua pretensão – *a violação da consciência moral* – de fazer passar como certo, mesmo diante de Deus, algo do qual ele / é, contudo, consciente que não tem a propriedade exigida para que seja afirmado com confiança incondicionada, tudo isso *o hipócrita considera como nada*. – A genuína máxima de segurança, unicamente conciliável com a religião, é, ao contrário, precisamente esta: o que não pode ser por mim conhecido pela minha própria razão, como meio ou como condição da bem-aventurança, mas apenas pela revelação e que pode ser assumido em minhas confissões apenas por intermédio de uma fé histórica, mas que, de resto, não contradiz os princípios morais puros, não posso, decerto, ter fé e afirmar com certeza; mas tampouco posso rejeitar, com certeza, como falso. Não obstante, sem determinar nada a respeito disso, levo em conta que não importa qual possa ser o aspecto salvífico contido aí, ele virá em meu benefício enquanto eu, porventura, não me tornar indigno dele por meio da deficiência da disposição de ânimo moral em uma boa conduta de vida. Nessa máxima está a verdadeira segurança moral, a saber, a segurança diante da consciência moral (e não se pode exigir de um ser humano mais); em contrapartida, o perigo supremo e insegurança estão no suposto meio prudencial em contornar de maneira astuta as consequências prejudiciais que poderiam surgir para mim da não confissão e que, pelo fato de aderir aos dois partidos, poderia arruinar minha posição com ambos. –

6:189

Se o autor de um símbolo³⁴⁹, o professor de uma igreja – ou, por certo, qualquer ser humano na medida em que deva admitir internamente para si mesmo a convicção em proposições como revelações divinas – perguntasse para si "você, por certo, se arrisca, na presença daquele que prescruta corações e com a renúncia de tudo o que é de valor e sagrado para você, afirmar a verdade

---

348. Argumento de segurança.
349. Na tradução em língua inglesa de Giovanni (1996), traduz-se "*Verfasser eines Symbols*" como "autor de um credo" [*author of a creed*].

6:190 dessas proposições?", então eu teria de ter uma conceito bastante desfavorável da natureza humana (ao menos, contudo, não inteiramente incapaz do bem) para não prever que mesmo o mais ousado professor da fé deveria estremecer diante da questão†. / Mas se isso assim é, como coaduna com a conscienciosidade [*Gewissenhaftigkeit*] insistir, todavia, em uma tal declaração de fé que não permite qualquer restrição e fazer passar a presunção de tais afirmações até mesmo por dever e por algo relacionado ao serviço de Deus, quando, no entanto, a liberdade humana que é exigida para tudo que é moral (tal como a aceitação de uma religião) é posta inteiramente ao chão[351]; e nem mesmo se concede lugar para a boa vontade que diz "Creio, estimado senhor, ajuda a minha incredulidade!"[352]†.

---

† O mesmo homem que é tão ousado de dizer – "aquele que não tem fé nessa ou naquela doutrina histórica como uma verdade preciosa *está condenado*" – teria, contudo, também de ser capaz de dizer – "se o que eu conto a vocês aqui não for verdade, *quero ser condenado!*" – Se houvesse alguém que pudesse fazer uma declaração terrível desse tipo, então eu aconselharia dirigir-se a ele segundo o ditado persa de um *Hadgi*[350]: "se alguém esteve uma vez na Meca (como peregrino), vá embora da casa onde ele mora com você; se ele esteve duas vezes lá, saia da rua onde ele se encontra; mas se ele esteve lá três vezes, abandone a cidade ou até mesmo o país onde ele mora!"

350. Termo árabe para designar respeitosamente àquele que peregrina a Meca

351. Lemos, *"zu Boden zu schlagen"*.

352. "Imediatamente o pai do menino exclamou: 'Eu creio, mas ajuda minha falta de fé" (Mc 9,24).

† *Oh sinceridade!* Tu, Astreia[353], que escapastes da terra para o céu, como trazer-te (o fundamento da consciência moral e, por conseguinte, de toda religião interna) de lá novamente a nós? Posso admitir, embora seja bastante de se lamentar, que a franqueza (dizer *toda* verdade que se conhece) não é encontrada na natureza humana. Mas a *sinceridade* (que *tudo que se diz*, é dito com veracidade) se deve poder exigir de todo ser humano e, inclusive, se não houvesse para ela em nossa natureza nenhuma predisposição, cujo cultivo é apenas negligenciado, a raça humana deveria ser, em seus próprios olhos, objeto do mais profundo desprezo. Essa exigida propriedade do ânimo é, no entanto, uma tal que está exposta a muitas tentações e custa muito sacrifício; por isso, também exige força moral, isto é, virtude (que deve ser adquirida); mas essa propriedade deve ser

353. Astreia (donzela ou virgem das estrelas), filha de Zeus com Têmis, personifica, assim como a mãe, a justiça. Abandonou a terra pós a Idade de Ouro para não ver o sofrimento pelo qual passaria a humanidade nos tempos subsequentes. Rumou então para o céu, tomando a forma da constelação de Virgem. Sua balança tornou-se a constelação de Libra.

Observação geral

O bem que o ser humano pode fazer por si mesmo segundo leis da liberdade, em comparação com a faculdade que lhe é possível apenas pela assistência sobrenatural, pode-se chamar *natureza* em distinção da *graça*. Não como se entendêssemos pela primeira expressão uma propriedade física diferente da liberdade, mas meramente porque, para essa faculdade, ao menos conhecemos as *leis* (da *virtude*) e, portanto, a razão tem dela, como um *análogo da natureza*, um fio condutor visível e apreensível; em contrapartida, / se, quando e o quê ou quanto a graça atuará 6:191 em nós, isso nos permanece inteiramente oculto; e a respeito disso, assim como com o sobrenatural em geral (ao qual pertence a moralidade como *santidade*), a razão está desamparada de todo conhecimento das leis segundo as quais ele pode ocorrer.

O conceito de uma intervenção sobrenatural em nossa faculdade moral, embora deficiente, e mesmo em nossa não totalmente purificada e, pelo menos fraca, disposição de ânimo para satisfazer todo nosso dever, é transcendente e uma mera ideia de cuja realidade nenhuma experiência nos pode assegurar. – Mas mesmo assumi-la como ideia em um propósito meramente prático é bastante arriscado e dificilmente conciliável com a razão, uma vez que o que nos deve ser imputável como boa conduta moral não deveria acontecer mediante uma influência alheia, mas apenas por meio do melhor uso possível de nossas próprias forças. No entanto, a impossibilidade disso (de que ambos os casos ocorram um ao lado do outro) também não pode ser, contudo, precisamente provada, uma vez que a liberdade mesma, embora não contendo nada de sobrenatural em seu conceito, permanece, não obstante,

---

vigiada e cultivada mais cedo do que todas as outras, uma vez que a propensão oposta, se se permite a ela criar raízes, dificilmente é extirpada. – Compara-se com isso agora a nossa maneira de educar, sobretudo em matéria de religião ou, melhor, de doutrinas da fé, em que a fidelidade de memória na resposta às perguntas concernentes a tais doutrinas sem considerar a fidelidade de confissão (para a qual nunca se realiza um exame) já é assumida como suficiente para formar um crédulo, que sequer entende o que ele afirma como sagrado; e não mais alguém se surpreende a respeito da falta de sinceridade que forma internamente nada mais do que hipócritas.

segundo a sua possibilidade, precisamente tão incompreensível para nós quanto o aspecto sobrenatural que se gostaria de assumir como substituto da determinação espontânea, mas deficiente, da liberdade.

Mas visto que da liberdade pelo menos conhecemos afinal as *leis* segundo as quais ela deve ser determinada (as leis morais), mas não podemos conhecer o mínimo de uma assistência sobrenatural – se uma certa força moral percebida em nós vem realmente dela ou também em quais casos e sob quais condições é para esperá-la –, então de modo algum seremos capazes de fazer uso dessa ideia, para além da pressuposição geral de que o que a natureza não é capaz em nós a graça efetuará, desde que empreguemos aquela natureza (isto é: nossas próprias forças) tanto quanto possível[354]: nem em vista de como poderíamos (para além do esforço firme em direção à boa conduta de vida) atrair essa cooperação, nem como poderíamos determinar em quais casos temos de esperá-la em nós. – Essa ideia é inteiramente transcendente[355] e, além disso, nos é salutar nos manter a uma distância respeitosa dela, como algo sagrado, a fim de não nos tornarmos – na desilusão de nós mesmos fazermos milagres ou de percebermos milagres em nós – impróprios para todo uso da razão ou nos deixarmos seduzir pela inércia de esperar de cima, em ociosidade passiva, o que deveríamos buscar em nós mesmos.

/ Ora, *meios* são todas as causas intermediárias que o ser humano tem *em seu poder* para efetuar, por meio delas, um certo propósito e não há nenhum outro meio (e não pode haver nenhum outro) para se tornar digno da assistência celeste senão o esforço sério de melhorar sua constituição moral tanto quanto possível[356] e tornar-se receptivo, por meio disso, à compleição – que não está em seu poder – da adequação dessa constituição moral ao comprazimento divino, uma vez que aquela assistência

---

354. Lemos, literalmente, "segundo a possibilidade" [*nach Möglichkeit*].

355. O termo "*überschwenglich*" é traduzido nas edições de língua inglesa, francesa e portuguesa como "*escapes us*" (1996), "*extravagant*" (2009). "*transcendante*" e "hiperbólica".

356. Lemos, literalmente, "segundo toda possibilidade" [*nach aller Möglichkeit*]. Para melhor fluência da frase optamos pela adaptação.

divina que ele espera tem ela mesma como propósito, ao fim, propriamente, apenas sua moralidade. Mas que o ser humano impuro não vai buscar essa assistência nisso, mas prefere buscá-la em certos eventos sensíveis (os quais ele certamente tem em seu poder, mas que também não são capazes de tornar por si nenhum ser humano melhor e que agora devem provocar tal coisa de maneira sobrenatural) já era bastante de se esperar *a priori*, e é assim que também acontece de fato. O conceito de um assim chamado *meio de graça*, embora (segundo o que acabou de ser dito) seja em si contraditório, serve, contudo, aqui como um meio de enganar a si mesmo [*Selbsttäuschung*], um autoengano que é tão comum quanto prejudicial à verdadeira religião.

O serviço de Deus verdadeiro (moral), que os crédulos têm de prestar não apenas como súditos pertencentes ao seu reino, mas também como cidadãos dele (sob leis da liberdade), é, decerto, invisível, assim como esse reino mesmo; isto é, é um *serviço dos corações* (em espírito e verdade)[357] e só pode consistir na disposição de ânimo, na observância de todos os deveres verdadeiros como mandamentos divinos, não em ações determinadas exclusivamente a Deus. Mas, no ser humano, o invisível precisa ser, contudo, representado mediante algo visível (sensível); por certo – o que é ainda mais – precisa, por causa do prático, ser acompanhado por algo visível; e, embora seja intelectual, precisa ser tornado por assim dizer intuitivo (segundo uma certa analogia); e, embora isto seja apenas um meio, certamente não dispensável, mas, ao mesmo tempo, bastante sujeito ao perigo da má-interpretação, de tornar representável para nós o dever no serviço de Deus, tal coisa é, contudo, facilmente considerada por meio de uma *desilusão* que se esgueira sobre nós, como o *serviço de Deus mesmo*, e é também comumente chamada assim.

Esse alegado serviço de Deus, reconduzido a seu espírito e significado verdadeiro, a saber, a uma disposição de ânimo que se dedica ao Reino de Deus em nós e fora de nós, pode ser dividido, mesmo por meio da razão, em quatro observâncias do dever, às

---

357. "Mas vem a hora, e já chegou, em que os verdadeiros adoradores hão de adorar o Pai em espírito e verdade; estes são os adoradores que o Pai deseja. Deus é espírito, e quem o adora deve adorá-lo em espírito e verdade" (Jo 4,23-24).

quais têm sido atribuídas, de maneira correspondente, certas formalidades que não se encontram com elas em ligação necessária: / pois, desde os tempos antigos, essas formalidades foram consideradas como bons meios sensíveis para servir de esquemas a estas observâncias do dever e, então, para despertar e sustentar nossa atenção em direção ao verdadeiro serviço de Deus. Elas fundam-se, em seu conjunto, no propósito de fomentar o bem moral: 1) para fundá-*lo firmemente em nós mesmos* e despertar a sua disposição repetidamente no ânimo (a oração privada); 2) a *difusão externa* dele por meio de reunião pública em dias legalmente dedicados a isso a fim de permitir que lá sejam ouvidas doutrinas religiosas e desejos (e, com isso, disposições de ânimo semelhantes) e, assim, comunicá-las consistentemente (o ir à igreja); 3) a sua *propagação* para a posteridade pela admissão de novos membros ingressantes na comunidade de fé, enquanto dever de também os instruir nela (na religião cristã, o *batismo*); 4) a *conservação dessa comunidade* por meio de uma formalidade pública repetida que torna permanente a união destes membros em um corpo ético e, decerto, segundo o princípio de igualdade de seus direitos entre si e a partilha em todos os frutos do bem moral (a comunhão).

Todo começo em assuntos de religião, se não é meramente tomado de modo moral e, contudo, apreendido como meio que se faz *em si* agradável a Deus e que, por conseguinte, satisfaz a todos os nossos desejos através dele, é uma *fé fetichista*, que é uma persuasão de que aquilo que nada é capaz de efetuar, nem segundo leis da *natureza*, nem segundo leis morais racionais, já efetuará o que é, contudo, desejado apenas pelo fato de que se acredita firmemente que isso se efetuará; e, então, liga-se com esta fé certas formalidades. Mesmo onde já penetrou a convicção de que tudo aqui depende do bem moral que só pode surgir do fazer, o ser humano sensível ainda busca, contudo, para si, um caminho secreto para contornar aquela condição penosa, a saber, que, desde que ele observe *os modos* (a formalidade), Deus aceitaria muito bem isso como o ato mesmo; algo que teria de ser, certamente, chamado então de uma graça extravagante[358] de Deus, se não fosse antes uma graça sonhada sob confiança preguiçosa ou até

---

358. As edições em língua inglesa, francesa e portuguesa traduzem, respectivamente, "*überschwengliche*" por "*superabundant*", "*extravagant*", "*surabondante*" e "hiperbólica".

mesmo uma confiança hipócrita. E, assim, em todos os tipos públicos de fé, o ser humano inventou certos costumes como *meios da graça*, muito embora nem todos estes tipos de fé se refiram, como no tipo cristão de fé, a conceitos práticos da razão e a disposições de ânimo em conformidade a esses conceitos (como, por exemplo, dos cinco grandes mandamentos no tipo maometano de fé, a ablução, / a oração, o jejum, a esmola, a peregrinação a Meca, apenas a esmola mereceria se tornar exceção, se acontecesse por verdadeira disposição de ânimo virtuosa e, ao mesmo tempo, religiosa para com o dever humano e, assim, mereceria também ser sustentada realmente como um meio da graça; mas em contrapartida, uma vez que, segundo essa fé, a esmola pode muito bem coexistir com a extorsão de outras pessoas, daquilo que é oferecido na pessoa do pobre, como um sacrifício a Deus, então ela não merece ser exceção).

6:194

Pode haver especificamente três tipos de *fé desilusória* envolvendo a transgressão, que nos é possível, dos limites de nossa razão em relação ao sobrenatural (que não é, segundo as leis da razão, nem um objeto do uso prático nem do teórico). *Primeiramente*, a fé de conhecer pela experiência algo que nós mesmos não podemos, contudo, aceitar como possível que aconteça segundo leis objetivas da experiência (a fé em *milagres*). *Segundo*, a desilusão que aquilo do qual nós mesmos não podemos fazer qualquer conceito mediante a razão, devemos, contudo, assumir entre nossos conceitos da razão como necessário ao nosso bem moral[359] (a fé em *mistérios*). *Terceiro*, a desilusão de ser capaz de produzir, mediante meros meios naturais, um efeito que é um mistério para nós, a saber, a influência de Deus em nossa moralidade (a fé nos *meios da graça*). – Tratamos dos dois primeiros tipos artificiais de fé nas observações gerais às duas peças deste escrito imediatamente precedentes a esta. Ainda nos resta tratar agora, portanto, dos meios da graça (que são, ademais, diferentes dos *efeitos da graça*[†], isto é, das influências morais sobrenaturais nas quais nos comportamos meramente de maneira passiva e cuja suposta experiência é, no entanto, uma desilusão entusiástica que pertence meramente ao sentimento).

---

359. Lemos no original "*zu unserm moralischen Besten*".

† Cf. Observação geral à primeira peça.

1. *A oração*, pensada como serviço de Deus *formal*[360] *interno* e, por isso, como meio da graça, é uma desilusão supersticiosa (um fetichismo); pois ela é meramente um *desejo declarado* diante de um ser que não precisa de nenhuma declaração da disposição de ânimo interna daquele que deseja; por meio dela, portanto, nada se faz e, por conseguinte, não se executa nenhum dos deveres que nos são incumbidos como mandamentos divinos; por conseguinte, não se serve realmente a Deus. Um desejo sincero de ser agradável a Deus em todo nosso fazer e deixar de fazer, / isto é, a disposição de ânimo, que acompanha todas as nossas ações, de levar a cabo essas ações como se acontecessem no serviço de Deus, é o *espírito da oração*[361] que pode e deve ter lugar em nós "sem cessar". Mas vestir este desejo (mesmo que seja apenas internamente) em palavras e fórmulas* pode, no máximo, carregar consigo

---

360. Com "formal", Kant está se referindo aqui ao serviço de Deus cerimonial que é baseado, especialmente, em fórmulas.

361. Kant desenvolve sua perspectiva sobre a "oração" em uma das seções das *Lições de ética*: "A declaração de nossa disposição através de palavras é do mesmo modo bastante inútil, visto que Deus vê nosso âmago, e não precisamos, por isso, declarar--nos a Ele através de palavras. Portanto, do ponto de vista objetivo, as orações são totalmente desnecessárias" (2018, p. 253-261; Menzer, 1924, p. 122-129). Trad. B. Cunha e C. Feldhaus: Marília: Unesp, 2018.

* Naquele desejo, enquanto espírito da oração, o ser humano busca atuar apenas sobre si mesmo (para a vivificação de suas disposições de ânimo mediante a *ideia de Deus*), mas nesse outro desejo no qual ele se declara por palavras – por conseguinte externamente – ele busca atuar *sobre* Deus. No primeiro sentido, uma oração pode acontecer com completa sinceridade, embora o ser humano não se arrogue, ele mesmo, ser capaz de afirmar, com plena certeza, a existência de Deus; na segunda forma, como *alocução*, ele assume esse objeto supremo como pessoalmente presente ou, ao menos, põe-se (mesmo internamente), como se estivesse convencido de sua presença, na opinião de que, mesmo que não fosse assim, tal coisa pelo menos não poderia prejudicá-lo, mas, ao contrário, poderia proporcionar-lhe favor; por conseguinte, nessa última oração (literal), a sinceridade não pode ser encontrada tão perfeitamente quanto na primeira (no simples espírito da oração). – Qualquer um encontrará a verdade dessa última observação confirmada se pensar para si um ser humano piedoso e bem-intencionado [*gutmeinenden*], mas, de resto, limitado em relação a tais conceitos religiosos purificados, que um outro ser humano pega de surpresa – não quero nem dizer rezando em voz alta – mas apenas no gesto que indica isso. Espera-se, sem que ele o diga, que a pessoa rezando ficará confusa ou embaraçada, como se fosse uma situação da qual ela tem de se envergonhar. Mas por que isso? Que um ser humano seja encontrado falando alto consigo mesmo levanta, de antemão, a suspeita de que ele tem um pequeno acesso de loucura; e ele é igualmente

apenas o valor de um meio para a repetida / vivificação daquela disposição de ânimo em nós, mas não tem imediatamente nenhuma relação com o comprazimento divino e, justamente por

---

julgado assim (não inteiramente de maneira incorreta) se, quando está sozinho, é encontrado em uma ocupação ou gesto que só quem pode ter é aquele que tem diante dos olhos alguém exterior a si, o que, contudo, não é o caso no exemplo assumido. – O professor do Evangelho, no entanto, expressou o espírito da oração de maneira bastante excelente em uma fórmula que torna dispensável a oração e, com isso, ao mesmo tempo, a fórmula mesma (como letras). Nela não se encontra nada além do que o intento para uma boa conduta de vida, o que, ligado à consciência de nossa fragilidade, contém um desejo constante de ser um membro digno no Reino de Deus; portanto, nenhum pedido propriamente dito de algo que Deus poderia muito bem, segundo a sua sabedoria, recusar a nós, mas um desejo que, se for sério (ativo), produz seu objeto mesmo (tornar-se um ser humano agradável a Deus). Mesmo o desejo relativo ao meio de conservação de nossa existência (ao pão) por um dia, visto que é expressamente dirigido não para a continuação desta existência, mas ao efeito de uma necessidade sentida que é meramente animal, é mais uma admissão [*Bekenntniss*] daquilo que a *natureza quer* em nós do que um pedido refletido particular daquilo que o ser humano *quer*, tal como seria o pedido do pão para o outro dia, algo que aqui é excluído de maneira distinta e suficiente. – Uma oração desse tipo, que acontece na disposição de ânimo moral (só vivificada mediante a ideia de / Deus), uma vez que ela produz, enquanto espírito moral da oração, seu objeto mesmo (de ser agradável a Deus), é a única que pode acontecer na *fé*, que quer dizer o mesmo que se manter assegurado de que a oração *será atendida* [*Erhörlichkeit*]; mas nada além da moralidade pode ser desse tipo em nós. Pois mesmo que o pedido tenha se referido apenas ao pão do dia de hoje, ninguém pode se manter assegurado de que ele será atendido, isto é, que a sua concessão ao requerente está ligada necessariamente à sabedoria de Deus; talvez possa concordar melhor com essa sabedoria permiti-lo morrer hoje devido a essa falta do pão. Também é uma desilusão absurda e, ao mesmo tempo, presunçosa experimentar, mediante a importunação insistente do pedido, se Deus não pode ser desviado (para nossa vantagem presente) do plano de sua sabedoria. Portanto, não podemos sustentar com certeza, como atendível, nenhuma oração que tenha um objeto não moral, isto é, não podemos rezar para algo assim na *fé*. Por certo, mesmo que o objeto fosse moral, mas só possível mediante influência sobrenatural (ou, pelo menos, se o esperamos meramente a partir disso, porque não queremos nós mesmos nos esforçar em vista dele, como, por exemplo, a mudança de mentalidade, o vestir-se do novo homem, chamada renascimento), é, contudo, tão demasiadamente incerto se Deus o achará em conformidade a sua sabedoria para compensar nossa deficiência (autoinfligida) de modo sobrenatural, que temos, antes, motivos para esperar o contrário. Portanto, mesmo aqui, o ser humano não pode rezar na fé. – A partir disso, pode-se esclarecer o que pode significar uma fé que faz milagres (que estaria sempre, ao mesmo tempo, ligada a uma oração interna). Visto que Deus não pode emprestar ao ser humano nenhuma força para atuar de maneira sobrenatural (uma vez que isso é contraditório) e visto que o ser humano não é capaz de determinar – de sua parte, de acordo com os conceitos que pode

isso, também não / é dever para todos; pois um meio só pode ser prescrito àquele que dele *precisa* para certos fins, mas nem de longe todos têm necessidade deste meio (de falar em e propriamente *consigo mesmo*, embora supostamente de maneira tanto mais compreensível *com Deus*); ao contrário, devemos trabalhar apenas para que, mediante a purificação contínua e a elevação da

> formar para si dos fins bons possíveis no mundo – o que a sabedoria julga a respeito de tais fins e, portanto, não pode, por intermédio do desejo gerado nele e por ele mesmo, fazer uso da força divina para seus intentos, então não se pode pensar, em absoluto, tomado segundo a letra, um dom milagroso, – a saber, um dom tal que, quer ele tenha ou não, reside no ser humano mesmo ("se tivésseis fé do tamanho de um grão de mostarda" etc.)[362]. Uma fé tal é, portanto – se deve significar algo em algum lugar – uma mera ideia da importância preponderante da constituição moral do ser humano, se ele a possuísse em sua inteira perfeição moral agradável a Deus (que ele, contudo, nunca alcança) para além de todas as outras causas motrizes que Deus pode ter em sua sabedoria suprema; por conseguinte, é um fundamento para poder confiar que – se alguma vez fôssemos ou viéssemos a ser *inteiramente* o que devemos ser e (na aproximação constante) pudéssemos ser – a natureza teria de obedecer aos nossos desejos que, então, no entanto, nunca seriam, eles mesmos, destituídos de sabedoria.
>
> No entanto, no que diz respeito à *edificação* que é intentada pelo ir à igreja, nela a oração pública não é, decerto, também nenhum meio da graça, mas sim uma solenidade ética, seja mediante a entonação unida do hino de fé, seja mediante a *alocução*, que compreende em si toda preocupação moral dos seres humanos, dirigida formalmente em nome da congregação inteira por meio da boca do clérigo; / alocução que – visto tornar representável tal preocupação moral como preocupação pública na qual o desejo de cada um deve ser representado como unido ao desejo de todos para um mesmo fim (a instauração do Reino de Deus) – é capaz não apenas de elevar a emoção até o entusiasmo [*Begeisterung*] moral (enquanto as orações privadas, visto serem externadas sem essa ideia sublime, perdem inteiramente, pouco a pouco, a influência sobre o ânimo por meio do costume), mas tem também por si um fundamento mais racional do que a oração privada para revestir, em uma alocução formal, o desejo moral que constitui o espírito da oração, sem, contudo, pensar nela a presentificação do ser supremo ou a própria força particular dessa figura retórica, enquanto um meio da graça. Há aqui, pois, um propósito particular, a saber, pôr tanto mais em movimento, por meio de uma solenidade externa que representa *a união de todos os seres humanos* no desejo comum do Reino de Deus, o móbil moral de cada indivíduo; isso não pode acontecer mais adequadamente do que ao se dirigir a palavra ao chefe desse Reino exatamente como se ele estivesse presente nesse lugar em particular.
>
> 362."Então os discípulos chegaram perto de Jesus e, em particular, lhe perguntaram: 'Por que nós não pudemos expulsar este demônio? Ele respondeu: 'Por causa de vossa pouca fé. Eu vos garanto: Se tivésseis uma fé do tamanho de um grão de mostarda, diríeis a este monte: 'sai daqui para ali' e ele iria, e nada vos seria impossível'" (Mt 17,19-20).

disposição de ânimo moral, esse espírito da oração seja revigorado suficientemente em nós e a sua letra (ao menos para nosso próprio benefício) possa, finalmente, desaparecer. Pois, ao contrário, essa letra, como tudo o que é dirigido indiretamente a um certo fim, enfraquece o efeito da ideia moral (que, considerada subjetivamente, chama-se *devoção* [*Andacht*]). Então a consideração da profunda sabedoria da criação divina nas menores coisas e sua majestade no que é grande – tal como ela já pôde ser, decerto, conhecida desde sempre pelos seres humanos, mas têm sido ampliada para a suprema admiração nos tempos modernos – é uma força tal que não apenas desloca o ânimo para aquela disposição [*Stimmung*] que afunda e, por assim fizer, aniquila o ser humano em seus próprios olhos, que se chama *adoração*, mas é também, em consideração à sua própria vocação moral, uma força que nele eleva tanto a alma que palavras de comparação, mesmo se fossem aquelas da oração do Rei *Davi* (que sabia pouco de todos aqueles milagres), deveriam desaparecer como um som vazio, uma vez que o sentimento que surge de uma tal intuição da mão de Deus é inefável. – Além disso, visto que seres humanos, na disposição de seu ânimo para a religião, gostam de transformar tudo aquilo que tem propriamente relação apenas com seu próprio / melhoramento moral em serviço de corte, no qual as humilhações e as glorificações são comumente tanto menos sentidas do ponto de vista moral quanto mais prolixas são, então é antes necessário – mesmo no exercício de oração mais inicial empregado com crianças que ainda precisam da letra – inculcar cuidadosamente que o discurso (mesmo pronunciado internamente; e, por certo, até mesmo as tentativas de afinar o ânimo para a apreensão da ideia de Deus que deve se aproximar de uma intuição) não vale aqui como algo em si, mas tem a ver apenas com a vivificação da disposição de ânimo para uma conduta de vida agradável a Deus, para a qual aquele discurso é apenas um meio para a imaginação, uma vez que, de outro modo, todas aqueles devotos testemunhos de reverência carregam o risco de provocar nada mais do que a veneração hipócrita de Deus em vez de um serviço prático dele que não consiste em meros sentimentos.

6:198

2. *O ir à igreja*, pensado como *solene serviço externo de Deus em geral* em uma igreja – levando em consideração que é uma apresentação sensível da comunidade dos crédulos – não é

para cada *indivíduo* apenas um meio que é exaltado para a sua *edificação**, mas também um dever imediatamente incumbido a ele para com o *todo*, como cidadão de um Estado divino representado aqui na terra, pressupondo que esta / Igreja não contenha formalidades que levam à idolatria e, assim, possa sobrecarregar a consciência, por exemplo, certas adorações de Deus na personificação de sua bondade infinita sob o nome de um ser humano, visto que a apresentação sensível dele é contrária à proibição da razão: "não deves fazer para ti nenhuma imagem"[363] etc. Mas querer usar o ir à igreja em si como meio da graça, exatamente como se tivesse, dessa forma, servido, imediatamente, a Deus e ligado graças particulares com a celebração dessa solenidade (que é uma representação meramente sensível da universalidade da religião) é uma desilusão que, decerto, concorda bastante com a maneira de pensar de um bom cidadão em uma comunidade política e com o decoro externo; mas não apenas não contribui em nada para a sua qualidade, como cidadão no Reino de Deus, mas antes a adultera e serve para esconder aos olhos dos outros e mesmo aos seus próprios olhos, por meio de um verniz enganoso, o conteúdo moral ruim de sua disposição de ânimo.

---

* Se se busca um significado adequado a essa expressão, então não se deve, por certo, indicá-lo de outra maneira senão que por edificação se entende a *consequência moral da devoção sobre o sujeito*. Ora, essa consequência não consiste na emoção (como a que reside no conceito de devoção), embora a maioria dos supostos devotos (que, por isso, se chamam também santimoniosos [*Andächtler*]) a ponham inteiramente nela; por conseguinte, a palavra edificação deve significar a consequência da devoção no melhoramento efetivo do ser humano. Mas este melhoramento não tem sucesso a menos que alguém se dirija sistematicamente a obras, que estabeleça profundamente firmes princípios no coração segundo conceitos bem-entendidos, que erija sobre tais princípios disposições de ânimo que sejam adequadas à importância diversificada dos deveres que dizem respeito a elas, que as guarde e as assegure contra as impugnações das inclinações e, dessa forma, por assim dizer, *edifique* um novo ser humano como um *templo de Deus*. Facilmente se vê que essa construção só pode avançar lentamente; mas ao menos deve-se ver, contudo, que algo tem sido *realizado*. No entanto, os seres humanos acreditam bastante que se *edificam* assim (por meio do ouvir ou do ler e cantar), enquanto nada absolutamente foi *construído* e, por certo, nem sequer uma mão colocou-se à obra, supostamente porque eles esperam que aquele edifício moral, como os muros de Tebas, se erguerá por si mesmo através da música dos suspiros e dos desejos ardentes.

363. "Não farás para ti ídolos, nem figura alguma do que existe em cima, nos céus, nem embaixo, na terra, nem do que existe nas águas, debaixo da terra" (Ex 20,4).

3. A *iniciação* solene, que acontece apenas uma vez, à comunidade eclesial, isto é, a primeira admissão *como membro de uma Igreja* (na Igreja cristã pelo batismo) é uma solenidade muito significativa que impõe grande obrigação, quer seja ao iniciado, se ele estiver em condições de confessar sua fé mesma, quer seja às testemunhas que se comprometem a cuidar de sua educação nessa fé, e que visa algo de sagrado (a formação de um ser humano como cidadão em um Estado divino); no entanto, em si mesma, esta solenidade não é nenhuma ação de outros, que é santa ou produza santidade e receptividade para a graça divina nesse sujeito; por conseguinte, ela não é nenhum *meio da graça*, por maior que fosse sua reputação na primeira igreja grega de ser capaz de lavar todos os pecados de uma vez, desilusão que exibia publicamente também sua afinidade com uma superstição quase mais do que pagã.

4. Uma solenidade, muitas vezes repetida, de uma *renovação, continuação* e *propagação dessa comunidade eclesial* segundo leis da *igualdade* (a comunhão) - a qual talvez possa também, após o exemplo do fundador de uma tal Igreja (ao mesmo tempo também em memória dele), acontecer mediante a formalidade da fruição comum na mesma mesa - contém em si algo grande que expande o modo de pensar estreito, egoísta e intolerante, sobretudo em assuntos de religião, em direção à ideia de uma *comunidade moral* cosmopolita; / e é um bom meio de vivificar uma congregação para a disposição de ânimo moral do amor fraterno que nela está representada. Mas exaltar que Deus ligou graças particulares à celebração dessa solenidade e admitir entre os artigos de fé a proposição de que essa celebração - que é, contudo, meramente uma ação eclesial - é, em tal ação, ainda, um *meio da graça*, é uma desilusão da religião que não pode atuar de outra maneira senão diretamente contra o espírito da religião. - O *clericalismo* seria, portanto, em geral, o domínio usurpado do clero sobre os ânimos ao dar a si a autoridade de que está na posse exclusiva dos meios da graça.

6:200

* * *

Todos esses enganos autoinfligidos que são induzidos artificialmente em assuntos de religião têm um fundamento comum. Entre todas as propriedades morais divinas, da santidade, da graça e da justiça, o ser humano volta-se imediatamente, de modo costumeiro, para a segunda, a fim de contornar, assim, a condição assustadora de estar em conformidade às exigências da primeira. É custoso ser um bom *servidor* (aqui ouve-se falar sempre só de deveres); por isso, o ser humano preferiria ser um *favorito*, pois então muito lhe é perdoado ou, se o dever tiver sido, por certo, violado de modo bastante grosseiro, tudo é, por sua vez, corrigido por meio da mediação de alguma pessoa favorecida no mais alto grau, ao passo que este servidor continua a ser o servo indisciplinado[364] que era. Mas para satisfazer-se, com alguma aparência quanto à praticabilidade desse seu intento, ele transfere, como de costume, seu conceito de um ser humano (junto com as faltas deste) para a divindade; e, assim como mesmo nos melhores *superiores de nossa espécie*, o rigor legiferante, a graça benevolente e a justiça pontual não trabalham cada um de maneira separada e por si (como deveria ser) para o efeito moral das ações dos súditos, mas se *misturam* no modo de pensar do chefe humano na composição de seus decretos, de tal modo que se precisa apenas tentar alcançar uma destas propriedades – a sabedoria frágil da vontade humana – a fim de determinar as outras duas a cederem, então o ser humano também espera realizar a mesma coisa com Deus ao se voltar meramente para sua *graça*. (Por isso, foi uma separação importante para a religião / a das propriedades de Deus mencionadas ou, antes, das suas relações com o ser humano, a fim de tornar cognoscível cada propriedade separadamente mediante a ideia de uma personalidade tríplice que deve ser pensada em analogia àquela separação). Para este fim, o ser humano dedica-se a todas as formalidades concebíveis mediante as quais deve mostrar o quanto ele *venera* os mandamentos divinos, a fim de não ter necessidade *de observá-los*; e, para que os seus desejos ociosos possam servir de compensação para a transgressão destes deveres, ele clama "Senhor! Senhor!" apenas para não ter necessidade de "fazer a vontade do pai celeste"[365]. E, assim, a partir das solenidades, no uso de certos meios para vivificar as disposições de ânimo verdadeiramente práticas, ele forma para si o conceito de que elas são, em si mesmas, meios da graça; ele até mesmo faz passar a fé

---

364. Lemos no texto original *"lose Knecht"*, que pode ser traduzido, literalmente, como "servo solto".

365. "Nem todo aquele que me diz: 'Senhor, Senhor', entrará no Reino dos Céus mas quem fizer a vontade de meu Pai que está nos céus" (Mt 7,21).

de que elas mesmas são como uma parte essencial da religião (o homem comum faz passá-las até mesmo como o todo da religião) e deixa à providência onibenevolente fazer dele um ser humano melhor, enquanto dedica-se à *devoção* (uma veneração passiva da lei divina), em vez de se dedicar à *virtude* (a aplicação de suas próprias forças na observância do dever por ele venerado), muito embora seja unicamente a virtude, *ligada à devoção*, que pode constituir a ideia que se entende pelo termo *piedade* (a verdadeira disposição de ânimo religiosa). – Se a desilusão deste suposto favorito do céu cresce nele até a imaginação entusiástica de sentir efeitos particulares da graça (até mesmo a ponto da presunção da intimidade de um suposto *trato* oculto com Deus), então a virtude acaba até mesmo por enojá-lo e torna-se, para ele, um objeto de desprezo; por isso, não é de se admirar que se reclame publicamente que a religião contribua ainda muito pouco para o melhoramento dos seres humanos e que a luz interior (embaixo do alqueire)[366] destes indivíduos dotados de graça não quer também luzir externamente por meio de boas obras; e tudo isto, decerto (como se poderia muito bem exigir de acordo com essa sua pretensão), *com prioridade* diante de outros seres humanos naturalmente honestos que, em suma, assumem, em si, a religião não para substituir, mas para fomentar a disposição de ânimo virtuosa que aparece ativamente em uma boa conduta de vida. O professor do Evangelho deu-nos, todavia, em mãos, as evidências externas da experiência exterior mesma como pedra angular pela qual se pode reconhecer os seres humanos – e cada um pode reconhecer a si mesmo – pelos seus frutos. Ainda não se viu, no entanto, que aqueles indivíduos extraordinariamente favorecidos (eleitos), segundo a sua opinião, não superam minimamente o homem natural honesto, ao qual se pode confiar no trato, nos negócios e / na necessidade; vê-se, antes, que, tomado no todo, eles dificilmente podem resistir à comparação com este, prova de que o caminho correto não é avançar da graça para a virtude, mas antes da virtude para a graça.

6:201

---

366. "[Não] se acende uma lamparina para se pôr debaixo de uma vasilha, mas num candelabro, para que ilumine todos os da casa. É assim que deve brilhar vossa luz diante das pessoas, para que vejam vossas boas obras e glorifiquem vosso Pai que está nos céus" (Mt 5,15-16).

GLOSSÁRIOS

PORTUGUÊS-ALEMÃO

A
absolução: Entsündigung
adequação: Angemessenheit
admitir: aufnehmen
adoção: Annehmung
ajuizamento: Beurteilung
alegria maliciosa: Schadenfreude
amor de si: Selbstliebe
ânimo: Gemüt
anseio: Senhsucht
aparência: Erscheinung
apreensibilidade: Faßlichkeit
arquétipo: Urbild
arranjo: Anordnung
arranjo: Veranstaltung
assistência: Beistand
ausência de lei: Gesetzlosigkeit
ato: Tat
autoatividade: Selbsttätigkeit
autoridade: Ansehen
B
beatice: Frömmelei
beatitude: Seligmachung
bem-aventurança: Seligkeit
bem-estar: Wohl
benevolência: Wohlwollen
buscar: umzusehen
C
causalidade: Ursache
ciúme: Eifersucht
clericalismo: Pfaffentum
coação: Nötigung
começo: Anfang
compatibilidade: Verträglichkeit
compensação: Vergütung
compensar: ersetzen
compleição: Vollendung
comprazimento: Wohlgefallen
confissão: Bekenntnis
conforto: Wohlbehagen
consciência moral: Gewissen
consciência: Bewußtsein
conscienciosidade: Gewissenhaftigkeit
consolidação: Befestigung
constantemente: bestandig
constituição: Beschaffenheit
contentamento: Zufriedenheit
continuamente: bestandig
contrário a fins: zweckwidrig
cooperação: Mitwikung
costume: Gebrauch
crença: Glaude
culpa: Schuld
D
decisão: Entscheidung
defectibilidade: Mangelhaftigkeit
deleite: Vergnügen
desacordo: Verstimmung
desaventurado(a): unselig
desfecho: Ausschlag
desilusão: Blendwerk
desilusão: Wahne
desprazimento: Mißfallen
determinabilidade: Bestimmbarkeit
determinidade: Bestimmtheit
dever: Pflicht
devoção: Andacht
devoção: Frömmigkeit
discernimento: Einsicht
disposição de ânimo: Gesinnung
dissonância: Verstimmung
dívida: Schuld
documentação: Beweistümer

E
efetuar: bewirken
egoísmo: Eigennutz
engano: Betrug
entusiasmo: Schwärmerei
esperança: Hoffnung
estado de ânimo: Gemütsstimmung
exegese: Deutung
extrair mediante raciocínio sutil: herausklügeln
extravagante: überschwenglich
F
faculdade de apetição: Begehrungsvermögen
falsa devoção: Andächtelei
fé: Glaude
felicidade: Glückseligkeit
fenômeno: Erscheinung
fim término: Endzweck
firmeza: Festigkeit
formação: Bildung
fragilidade: Gebrechlichkeit
fruição: Genuß
fundação: Begründung
fundação: Gründung
fundamento de determinação: Bestimmungsgrund
fundamento de prova: Beweisgrund
fundamento: Grundlage
G
genuinidade: Ächtheit
graça: Gnade
I
igreja: Kirche
ilusão: Einbildung
imaginação: Einbildung
impulso artificioso: Kunsttrieb
impureza: Unlauterkeit
incredulidade: Unglauben
incrédulo: Ungläubiger
ingratidão: Undankbarkeit
inocência: Unschuld
instituição: Einrichtung
instituição: Veranstaltung
instrução: Ausbildung
intenção final: Endabsicht
intenção: Absicht
interpretação: Deutung
inveja: Neide
J
juízo: Urteil
L
levar a cabo: bewirken
libertação do pecado: Entsündigung
livre-arbítrio: Willkür
loucura: Wahnsinn
M
mal: Böse
mal físico: Übel
mal moral: Böse
maldade: Bosheit
males: Übel
malignidade: Bösartigkeit
mandamento: Gebot
manifestação: Erscheinung
mentalidade de escravidão: Sklavensinn
milagre: Wunder
móbil: Triebfeder
modelo: Vorbild
motivo: Bewegungsgrund
mudança de mentalidade: Sinnesänderung
N
natureza: Beschaffenheit
necessidade: Bedürfniß
necessitação: Nötigung
norma: Richtschnur
O
obrigação: Verbindlichkeit
organização: Veranstaltung
P
padrão: Maßtabe
pecado: Sünde
persistência: Beharrlichkeit
perversão: Verkehrtheit
piedade: Gottseligkeit
politeísmo: Vielgötterei
povo: Volk
praticabilidade: Tunlichkeit
prazer: Vergnügen
predisposição: Anlage

pretensão: Anspruch
princípio: Grundsatz
procurar ao redor: umzusehen
propagação: Bekanntmachung
propensão: Hang
proposição fundamental: Grundsatz
proposição: Satz
propósito final: Endabsicht
propósito: Absicht
propriedade: Beschaffenheit
prova: Beweistümer
proveito próprio: Eigennutz
provir: herkommen
provocar: bewirken
pseudosserviço: Afterdienst
punição: Strafe
pureza: Lauterkeit
R
raciocínio sutil: Vernünftelei
realizar: ausrichten
redentor: Erlöser
reerguer-se: Wiederaufstehen
referência: Beziehung
regulação: Verordnung
regulamentação: Verordnung
reivindicação: Anspruch
relação: Beziehung
reputação: Ansehen
resolução: Entscheidung
resolução: Vorsatz
restabelecimento: Wiederstellung
reverência: Ehrfurcht
rudeza: Rohigkeit
S
sagrado: Heilig
salvação: Heil
santo: Heilig
serviço: Dienste
serviço de dissimulação: Scheindienst
serviço mercenário: Lohndienst
significado: Bedeutung
sinceridade: Aufrichtigkeit
solicitação de favor: Gunstbewerbung
sublimidade: Erhabenheit
superstição: Aberglaube
suscetibilidade de imputação: Zurechnungsfähigkeit

T
trabalhar: hinwirken
trabalho: Bearbeitung
transcendente: überschwenglich
tratamento: Bearbeitung
U
uso: Gebrauch
unicidade: Einigkeit
V
vicário: Stellvertreter
vício: Laster
virtude: Tugend
voluptuosidade: Wollust
vontade: Wille

ALEMÃO-PORTUGUÊS

A
Aberglaube: superstição
Absicht: intenção, propósito
Ächtheit: genuinidade
Afterdienst: pseudosserviço
Andacht: devoção
Andächtelei: falsa devoção
Anfang: começo
Angemessenheit: adequação
Anlage: predisposição
Annehmung: adoção
Anordnung: arranjo
Ansehen: autoridade, reputação
Anspruch: pretensão, reivindicação
aufnehmen: admitir
Aufrichtigkeit: sinceridade
Ausbildung: instrução
ausrichten: realizar
Ausschlag: desfecho
B
Bearbeitung: tratamento, trabalho
Bedeutung: significado
Bedürfniß: necessidade
Befestigung: consolidação
Begehrungsvermögen: faculdade de apetição
Begründung: fundação
Beharrlichkeit: persistência

Beistand: assistência
Bekanntmachung: propagação
Bekenntnis: confissão
Beschaffenheit: constituição, propriedade, natureza
bestandig: constantemente, continuamente
Bestimmbarkeit: determinabilidade
Bestimmtheit: determinidade
Bestimmungsgrund: fundamento de determinação
Betrug: engano
Beurteilung: ajuizamento,
Bewegungsgrund: motivo
Beweisgrund: fundamento de prova
Beweistümer: documentação, prova
bewirken: efetuar, provocar, levar a cabo
Bewußtsein: consciência
Beziehung: referência, relação
Bildung: formação
Blendwerk: desilusão
Bösartigkeit: malignidade
Böse: mal, mal moral
Bosheit: maldade

D
Deutung: exegese, interpretação
Dienste: serviço

E
Ehrfurcht: reverência
Eifersucht: ciúme
Eigennutz: proveito próprio, egoísmo.
Einbildung: imaginação, ilusão
Einigkeit: unicidade
Einrichtung: instituição
Einsicht: discernimento
Endabsicht: intenção final, propósito final
Endzweck: fim término
Entscheidung: resolução, decisão
Entsündigung: libertação do pecado, absolução
Erhabenheit: sublimidade
Erlöser: redentor
Erscheinung: fenômeno, aparência, manifestação
ersetzen: compensar

F
Faßlichkeit: apreensibilidade
Festigkeit: firmeza
Frömmelei: beatice
Frömmigkeit: devoção

G
Gebot: mandamento
Gebrauch: uso, costume
Gebrechlichkeit: fragilidade
Gemüt: ânimo
Gemütsstimmung: estado de ânimo
Genuß: fruição
Gesetzlosigkeit: ausência de lei
Gesinnung: disposição de ânimo
Gewissen: consciência moral
Gewissenhaftigkeit: conscienciosidade
Glaube: fé, crença
Glückseligkeit: felicidade
Gnade: graça
Gottseligkeit: piedade
Grundlage: fundamento
Grundsatz: proposição fundamental, princípio
Gründung: fundação
Gunstbewerbung: solicitação de favor

H
Hang: propensão
Heil: salvação
Heilig: santo, sagrado
herausklügeln: extrair mediante raciocínio sutil
herkommen: provir
hinwirken: trabalhar
Hoffnung: esperança

K
Kirche: igreja
Kunsttrieb: impulso artificioso

L
Laster: vício
Lauterkeit: pureza
Lohndienst: serviço mercenário

M
Mangelhaftigkeit: defectibilidade
Maßtabe: padrão
Mißfallen: desprazimento
Mitwikung: cooperação

N
Neide: inveja
Nötigung: necessitação, coação
P
Pfaffentum: clericalismo
Pflicht: dever
R
Richtschnur: norma
Rohigkeit: rudeza
S
Satz: proposição
Schadenfreude: alegria maliciosa
Scheindienst: serviço de dissimulação
Schuld: dívida, culpa
Schwärmerei: entusiasmo
Selbstliebe: amor de si
Selbsttätigkeit: autoatividade
Seligkeit: bem-aventurança
Seligmachung: beatitude
Senhsucht: anseio
Sinnesänderung: mudança de mentalidade
Sklavensinn: mentalidade de escravidão
Stellvertreter: vicário
Strafe: punição
Sünde: pecado
T
Tat: ato
Triebfeder: móbil
Tugend: virtude
Tunlichkeit: praticabilidade
U
Übel: mal físico, males
überschwenglich: transcendente, extravagante
umzusehen: procurar ao redor, buscar
Undankbarkeit: ingratidão
Unglauben: incredulidade
Ungläubiger: incrédulo
Unlauterkeit: impureza
Unschuld: inocência
unselig: desaventurado(a)
Urbild: arquétipo
Ursache: causalidade
Urteil: juízo

V
Veranstaltung: arranjo, organização, instituição
Verbindlichkeit: obrigação
Vergnügen: deleite, prazer
Vergütung: compensação
Verkehrtheit: perversão
Vernünftelei: raciocínio sutil
Verordnung: regulação, regulamentação
Verstimmung: dissonância, desacordo
Verträglichkeit: compatibilidade
Vielgötterei: politeísmo
Volk: povo
Vollendung: compleição
Vorbild: modelo
Vorsatz: resolução
W
Wahne: desilusão
Wahnsinn: loucura
Wiederaufstehen: reerguer-se
Wiederstellung: restabelecimento
Wille: vontade
Willkür: livre-arbítrio
Wohl: bem-estar
Wohlbehagen: conforto
Wohlgefallen: comprazimento
Wohlwollen: benevolência
Wollust: voluptuosidade
Wunder: milagre
Z
Zufriedenheit: contentamento
Zurechnungsfähigkeit: suscetibilidade de imputação
zweckwidrig: contrário a fins

pensamento humano

Confira outros títulos da coleção em

livrariavozes.com.br/colecoes/pensamento-humano

ou pelo Qr Code

Conecte-se conosco:

facebook.com/editoravozes

@editoravozes

@editora_vozes

youtube.com/editoravozes

+55 24 2233-9033

www.vozes.com.br

Conheça nossas lojas:

www.livrariavozes.com.br

Belo Horizonte – Brasília – Campinas – Cuiabá – Curitiba
Fortaleza – Juiz de Fora – Petrópolis – Recife – São Paulo

EDITORA VOZES

VOZES NOBILIS

Vozes de Bolso

Vozes Acadêmica

EDITORA VOZES LTDA.
Rua Frei Luís, 100 – Centro – Cep 25689-900 – Petrópolis, RJ
Tel.: (24) 2233-9000 – E-mail: vendas@vozes.com.br